U0552782

本书获得教育部人文社会科学研究青年项目(13YJCZH032)、云南大学政治学博士后流动站博士后培养专项经费和四川大学"青年杰出人才"培育项目(SKSY201809)资助

中国基本公共服务均等化与社会转型

丁忠毅 著

中国社会科学出版社

图书在版编目（CIP）数据

中国基本公共服务均等化与社会转型／丁忠毅著 .—北京：中国社会科学出版社，2019.7
ISBN 978-7-5203-4759-4

Ⅰ.①中… Ⅱ.①丁… Ⅲ.①公共服务—研究—中国 Ⅳ.①D669.3

中国版本图书馆 CIP 数据核字（2019）第 154431 号

出 版 人	赵剑英	
责任编辑	孔继萍	
责任校对	张依婧	
责任印制	郝美娜	

出　　版	中国社会科学出版社
社　　址	北京鼓楼西大街甲 158 号
邮　　编	100720
网　　址	http://www.csspw.cn
发 行 部	010-84083685
门 市 部	010-84029450
经　　销	新华书店及其他书店
印刷装订	环球东方（北京）印务有限公司
版　　次	2019 年 7 月第 1 版
印　　次	2019 年 7 月第 1 次印刷
开　　本	710×1000　1/16
印　　张	19.25
插　　页	2
字　　数	306 千字
定　　价	108.00 元

凡购买中国社会科学出版社图书，如有质量问题请与本社营销中心联系调换
电话：010-84083683
版权所有　侵权必究

内容提要

　　社会转型是一国社会的现代性不断成长的过程，是其实现现代化目标的重要途径。对转型国家而言，在把握社会转型的一般规律和借鉴原发现代化国家社会转型经验的基础上，合理选择适合本国国情的转型战略，建立完善社会转型的动力机制，有效防控转型矛盾和风险，着力避免"转型陷阱"，是其成功实现现代化的关键。从社会转型的一般规律来看，无论各国社会转型的初始条件如何，其社会转型的合意性推进，必须以人的基本生存和发展需要的满足为前提和保障。近代以来，原发现代化国家社会转型的经验表明，基本公共服务供给是现代社会实现和保障人的基本生存和发展权利的基本途径。普遍享有基本公共服务是一国公民的合法政治社会权利，由此决定了基本公共服务供给是现代市场经济条件下政府的核心职能。基本公共服务供给在根本上受制于一国的经济社会发展水平、主流意识形态（发展理念）和发展战略安排等诸多因素，基本公共服务体制机制也必然随着社会转型而变迁。而基本公共服务在满足人的基本生存与发展需要、促进经济社会健康发展等方面的重要正向功能，又决定了其对促进社会合意性转型的重要意义。因此，基本公共服务体制变迁与社会转型之间存在既相互制约、又相互促进的互动关系。

　　中国作为最大的后发现代化国家，其社会转型具有现代化建设和社会主义建设的双重规定性。改革开放以来，中国社会转型的本质是中国特色社会主义的发展和自我完善。长期以来，中国城乡、区域和不同社会群体之间的基本公共服务具有显著的非均等供给特征。这种差别化的供给，在一定时期内有其合理性和必要性，但在本质上是对公民均等享有基本公共服务权利的制度化排斥，违背了社会主义公平正义原则，难以有效满足人民日益增长的美好生活需要，容易诱发一系列社会矛盾和社会问题，从而影响经济社会高质量发展和社会稳定，制约社会合意性转型。当前，我国社会转型的合意性推进，要求将基本公共服务均等化战略作为满足广大民众基本生存和发展需要、促进经济社会高质量发展和社会和谐稳定的基础性战略。在我国社会全面快速转型的背景下，应站在促进中国特色社会主义自我发展与完善、推进国家治理体系和治理能力现代化的高度，努力促进基本公共服务均等化与社会转型的协调推进和良性互动，有效发挥基本公共服务推动社会合意性转型的正向功能，并在社会转型过程中实现基本公共服务事业的优态发展，从而不断满足人民日益增长的美好生活需要。

  近年来，我国理论界对基本公共服务均等化的内涵、主要内容和实现路径等问题进行了大量的研究，产生了大量富有价值的理论成果，但将基本公共服务与社会转型紧密联系起来，探讨二者互动关系的研究成果相对较少。本书以马克思、恩格斯人的需要理论为逻辑起点，综合运用政治学、社会学、历史学、公共管理和经济学等学科的理论和方法，试图对当前中国基本公共服务均等化与社会转型的互动共进问题进行全面而系统的研究。

  全书由绪论和六章内容组成。绪论主要介绍了本书的选题背景、研究意义、研究现状、研究思路、可能的创新之处和不足。第一章主要奠定本书的理论基础；第二、第三章采用大历史、长时段的研究方法，考察了1840年以来中国社会转型螺旋式推进的历史进程、当前中国社会转型的动力系统和总体发展趋势；分阶段考察了新中国成立70年来我国基本公共服务体系变迁与社会转型的互动关系，并进行了总体反思；第四章则着重考察了我国基本公共服务非均等供给的主要表征，分析了基本公共服务长期非均等供给对我国社会合意性转型的负面影响，并对2003年以来我国基本公共服务均等化的实施情况，进行了动态跟踪；第五章从当前我国社会合意性转型对基本公共服务均等化的新要求、基本公共服务均等化体制的宏观制度环境培育和运行机制建设等方面，探讨了促进基本公共服务均等化与社会转型良性互动的可能路径。

第一章，社会合意性转型：基本条件与基本公共服务均等化的价值。总体而言，社会合意性转型应满足以下基本条件：（1）主流意识形态的现代转型；（2）政治有效性的持续供给；（3）经济发展方式的切实转变；（4）民众政治社会心理与社会转型的适应性。基本公共服务均等化供给对促进社会合意性转型的重要价值则体现在以下方面：（1）以社会福利观念转型带动主流意识形态的整体转型；（2）以提高政治合法性改善政治有效性；（3）以人力资本投资驱动经济发展方式转变；（4）以社会权利均衡强化民众的认同与支持。对基本公共服务在促进社会合意性转型过程中的重要价值的探讨，有助于厘清基本公共服务均等化与社会转型互动共进的内在机理。

第二章，中国社会转型的演进阶段、动力系统及总体趋势。本章采用大历史、长时段分析方法，将1840年以来中国社会转型分为现代转型的启动与道路选择（1840—1949年）、传统社会主义模式下的探索（1949—1978年）和中国特色社会主义道路的探索与实践（1978年至今）三个大的阶段。在全球化条件下，民主化浪潮、经济发展外部环境变化等国际因素是中国社会转型的外部驱动力；国内经济社会发展理念转变、市场经济发展、政治发展和广大民众对社会发展进步的期待，则是我国社会转型的内生动力。根据当前中国社会转型的现实情况和原发现代化国家社会转型的经验，未来20年中国社会转型具有以下方面的趋势，即以党的自身建设引领社会合意性转型、转变经济发展方式是践行五大发展理念的中心任务，以保障和改善民生为核心的社会建设是促进社会合意性转型的基础性战略选择。

第三章，1949年以来基本公共服务供给与社会转型互动共进的回顾与反思。本章从历史的角度，分阶段对1949—2002年中国基本公共服务体系变迁与社会转型的互动共进关系进行了总体回顾，并对不同阶段的互动情况进行简要反思。虽然在中国不同发展阶段所建立的基本公共服务体系有其内在依据和合理性，并基本上适应了社会转型的需求，但长期以来中国基本公共服务供给与社会转型的互动共进在总体上处于失衡状态。这既不利于中国基本公共服务事业的优态发展，也不利于社会转型的合意性推进。

第四章，基本公共服务非均等供给对社会合意性转型的阻碍及均等化战略的推进。本章首先从城乡、区域和不同社会群体三个向度，考察了城乡二元结构和区域非均衡发展战略条件下我国基本公共服务非均等供给的主要表征。基本公共服务的长期非均等供给，背离了社会主义公平正义原则，导致社会转型缺乏坚实的价值理念支撑；不利于保障和改善民生，导致社会合意性转型的主体基础不牢；制约经济的包容性发展，阻碍经济发展方式调整优化，导致经济社会难以实现科学发展。这些负面影响正是当前我国基本公共服务均等化战略实施的必然性和紧迫性的内在依据。为促进社会合意性转型，2003年以来，我国开始推进基本公共服务均等化，并在基础教育、公共医疗卫生、社会保障等基本公共服务领域取得了重要进展。但当前我国基本公共服务均等化战略的实施，仍受到传统发展理念和发展方式的束缚，仍存在战略实施的封闭性、供给主体与筹资渠道单一，以及民众参与机制、政府回应机制与激励机制不完善等诸多问题。这些问题的存在，制约了中国基本公共服务均等化水平的提高，不利于中国特色社会主义现代化建设和国家治理体系与治理能力现代化的顺利推进。

第五章，推进基本公共服务均等化与社会转型良性互动的路径思考。基本公共服务均等化与社会转型良性互动的关键和重点，是适应国家治理体系与治理能力现代化的时代要求，站在促进社会合意性转型和中国特色社会主义自我发展与完善的高度，构建一整套持续促进基本公共服务均等化的体制机制。为此，需要明确当前我国社会合意性转型对基本公共服务均等化的新要求，加强宏观制度环境培育，着重构建基本公共服务均等化战略的基本框架。在新时代，我国社会转型的合意性推进，内在的要求在基本公共服务均等化过程中，更加注重维护社会公平正义，进一步强化执政党和政府的合法性基础；切实推动经济发展方式转变，不断提高经济发展的内生动力；优化城乡、区域间发展要素结构，促进城乡、区域协调发展；有效防控民生风险，促进社会和谐稳定；增强前瞻性，减少基本公共服务均等化体制自身转型的成本。在宏观制度环境培育方面，应形成基本公共服务均等化体制构建与经济建设、社会主义民主政治建设、社会建设协调互动的格局，进一步强化政府基本公共服务职能，健全基本公共服务均等化的法律制度体系。在基本公共服务均等化体系基本框架构建过程中，应重点强化政府的主导作用，着重建立完善基本公共服务均等化协调机制、多元合作治理机制、基础设施均衡覆盖机制和激励机制。

目 录

绪 论 …………………………………………………………… (1)
    一 选题背景 ………………………………………………… (1)
    二 研究意义 ………………………………………………… (6)
    三 研究现状述评 …………………………………………… (8)
    四 核心概念界定 …………………………………………… (36)
    五 研究思路与研究方法 …………………………………… (39)
    六 可能的创新点与不足之处 ……………………………… (42)

第一章 社会合意性转型：基本条件与基本公共服务均等化的价值 …………………………………… (44)
  第一节 社会合意性转型的基本条件 ……………………… (45)
    一 主流意识形态的现代转型 ……………………………… (45)
    二 政治有效性的持续供给 ………………………………… (53)
    三 经济发展方式的切实转变 ……………………………… (58)
    四 民众政治社会心理与社会转型的适应性 ……………… (61)
  第二节 基本公共服务均等化对促进社会合意性转型的重要价值 ………………………………………… (65)
    一 以政治社会权利均衡强化民众认同和支持 …………… (67)
    二 以提高政治合法性改善政治有效性 …………………… (69)
    三 以社会投资驱动经济社会包容共享发展 ……………… (73)
    四 以社会福利观念转型带动主流意识形态的转型与战略优化 ……………………………………… (76)

第二章　中国社会转型的演进阶段、动力系统及总体趋势…………（80）
　第一节　近代以来中国社会转型的螺旋式推进……………………（82）
　　一　现代转型的启动与道路选择：1840—1949 年………………（84）
　　二　传统社会主义模式下的探索：1949—1978 年………………（90）
　　三　中国特色社会主义道路的探索与实践：1978 年至今………（95）
　第二节　当前中国社会转型的动力系统……………………………（104）
　　一　当前中国社会转型的外部驱动力……………………………（105）
　　二　当前中国社会转型的内生动力………………………………（109）
　第三节　当前中国社会转型的总体发展趋势………………………（114）
　　一　以党的自身建设引领社会合意性转型………………………（114）
　　二　以发展方式转型升级促进经济持续健康发展………………（116）
　　三　以基本公共服务为核心的社会建设作为
　　　　社会合意性转型的基础性战略………………………………（118）

**第三章　1949 年以来基本公共服务供给与社会转型
　　　　互动共进的回顾与反思**…………………………………（123）
　第一节　1949—1978 年中国基本公共服务供给与
　　　　社会转型互动的回顾与反思…………………………………（126）
　　一　1949—1956 年中国基本公共服务供给与
　　　　社会转型的互动………………………………………………（126）
　　二　"十年建设时期"中国基本公共服务供给与
　　　　社会转型的互动………………………………………………（137）
　　三　"文化大革命"时期中国基本公共服务供给与
　　　　社会转型的互动………………………………………………（140）
　　四　对 1949—1978 年中国基本公共服务供给与
　　　　社会转型互动关系的反思……………………………………（142）
　第二节　1979—2002 年中国基本公共服务供给与社会
　　　　转型互动的回顾与反思………………………………………（148）
　　一　1979—1992 年基本公共服务供给与社会转型的互动……（151）
　　二　1993—2002 年基本公共服务供给与社会转型的互动……（157）

三　对1979—2002年中国基本公共服务供给与
　　　　社会转型互动共进的反思 …………………………（171）

第四章　基本公共服务非均等供给对社会合意性转型的阻碍及均等化战略的推进 ……………………（175）

　第一节　基本公共服务非均等供给的主要表征 ………………（176）
　　一　城乡基本公共服务的非均等供给 ……………………（176）
　　二　东中西部地区基本公共服务的非均等供给 …………（190）
　　三　不同社会群体间基本公共服务的非均等供给 ………（194）
　第二节　基本公共服务非均等供给对社会合意性
　　　　转型的不利影响 ………………………………………（197）
　　一　背离社会主义公平正义原则，导致社会转型
　　　　缺乏价值理念支撑 ……………………………………（197）
　　二　民生问题突出，导致社会合意性转型的主体
　　　　基础不牢 ………………………………………………（199）
　　三　制约经济包容性发展，阻碍经济发展方式的
　　　　调整优化 ………………………………………………（201）
　　四　社会稳定问题凸显，导致社会合意性转型缺乏稳定的
　　　　社会环境 ………………………………………………（205）
　第三节　中国基本公共服务均等化战略的推进 ………………（207）
　　一　2003年以来中国基本公共服务均等化的进展情况 …（208）
　　二　对中国基本公共服务均等化推进情况的总体评价 …（213）

第五章　推进基本公共服务均等化与社会转型良性互动的路径思考 …………………………………（220）

　第一节　当前我国社会合意性转型对基本公共
　　　　服务均等化的新要求 …………………………………（221）
　　一　维护社会公平正义，进一步强化执政党和
　　　　政府的合法性基础 ……………………………………（222）
　　二　推动经济发展方式转变，不断提高经济
　　　　发展的内生能力 ………………………………………（225）

三　优化城乡、区域间发展要素结构，促进
　　　　城乡、区域协调发展 …………………………………（229）
　　四　防控民生风险，促进社会和谐稳定 ………………（231）
　　五　增强前瞻性，减少基本公共服务均等化
　　　　体制机制转型的成本 …………………………………（234）
第二节　培育中国基本公共服务均等化的宏观制度环境 ………（236）
　　一　促进基本公共服务均等化与民主政治建设的
　　　　有机互动 ………………………………………………（237）
　　二　进一步强化政府基本公共服务职能 ………………（243）
　　三　促进基本公共服务均等化与社会建设的协调互动 …（246）
　　四　健全基本公共服务均等化的法律制度体系 ………（248）
第三节　中国基本公共服务均等化的运行机制建设构想 ………（251）
　　一　强化政府在基本公共服务均等化中的主导作用 …（252）
　　二　建立完善基本公共服务均等化的协调机制 ………（258）
　　三　构建政府主导的基本公共服务多元合作治理机制 …（260）
　　四　加强基本公共服务基础设施均衡覆盖机制建设 …（264）
　　五　完善基本公共服务均等化的激励机制 ……………（268）

结　语 ……………………………………………………………（272）

参考文献 …………………………………………………………（275）

后　记 ……………………………………………………………（299）

绪　　论

一　选题背景

马克思主义认为，人的需要是"自然的必然性"①，人的需要的持续有效满足是人类"创造历史"、促进社会发展进步的基本条件和重要动力。② 生产力发展水平的提高和生产关系的调整优化，则是人的需要得到有效满足的基本前提。在人类历史发展进程中，人的自然需要和社会需要经历了由合二为一到逐渐分离的转变，其重要标志是国家这一以公共权力为支撑的政治组织的产生。国家的产生使社会个体的基本需要，特别是其社会需要，必须更多地依靠国家作用的发挥才能得到有效满足，由此导致国家在满足人的社会需要方面发挥着至关重要的作用。这也决定了国家除了履行"政治统治"职能外，还必须以履行一定的"社会职能"作为其持续存在的必要前提，且国家"政治统治"职能的合法有效行使，也必须以有效满足人的基本需求为限度。在现代国家制度体系下，基本公共服务供给作为政府履行其"社会职能"的重要内容和重要形式，在满足人的需求方面发挥着越来越重要的作用。在这一背景下，促进公

---

　① 《马克思恩格斯文集》第1卷，人民出版社2009年版，第42页。
　② 马克思恩格斯对"人的需要"进行了系统的阐述。在其著作中，马克思恩格斯多次对人的"社会创造的需要和自然的需要"进行了论述。如马克思指出："一切人类生存的第一个前提，也就是一切历史的第一个前提，这个前提是：人们为了能够'创造历史'，必须能够生活。但是为了生活，首先就需要吃喝住穿以及其他一些东西。因此第一个历史活动就是生产满足这些需要的资料，即生产物质生活本身，而且，这是人们从几千年前直到今天单是为了维持生活就必须每日每时从事的历史活动，是一切历史的基本条件。""已经得到满足的第一个需要本身、满足需要的活动和已经获得的为满足需要而用的工具又引起新的需要，这种新的需要的产生是第一个历史活动。"（《马克思恩格斯选集》第1卷，人民出版社1995年版，第79页。）"人的需要"理论在马克思主义理论体系中，具有重要的地位。

共服务体系与公共服务能力现代化日益成为国家治理体系与治理能力现代化的重要内容。

作为社会产品和公共资源分配的重要形式，一国基本公共服务的制度安排、供给能力与供给绩效，在很大程度上影响其公民基本需要的满足方式和满足程度。均等享受政府提供的基本公共服务，是一国公民的基本政治与社会权利，在根本上关乎社会公平正义和社会和谐稳定，关乎政府的合法性。基本公共服务投资，兼具消费性和生产性投资的双重特性，在扩大社会消费需求，特别是在改善一国经济社会发展条件、培育有利于经济社会长期持续发展的人力资本、促进经济社会协调发展等方面具有基础性作用。欧美发达国家现代化转型的历史经验表明，基本公共服务供给体系的建立和完善，是其实现经济发展与社会稳定的重要制度保障。总之，基本公共服务供给是满足人的美好生活需要、保障公民政治社会权利、维护社会公平正义、提高社会"善治"水平、提升一国软实力水平，以及推动经济社会持续健康与促进社会长期和谐稳定的重要途径。

1949年，中华人民共和国成立后，中国共产党以马克思主义理论为指导，在继承革命根据地、解放区公共服务供给制度和借鉴苏联基本公共服务供给模式的基础上，逐步建立了以平均主义为价值导向、城乡分割为主要特征的基本公共服务供给制度。这一制度安排是历史的产物，在总体上与当时中国社会的主流意识形态、计划经济体制、工业化和城市化发展战略相适应，为巩固新生政权、恢复经济社会发展提供了重要支撑，并在一定程度上体现了社会主义制度的优越性，但这一制度安排也具有一定的历史局限性。[①] 例如，过分地强调国家责任，而忽视了社会

[①] 对中华人民共和国成立初期我国基本公共服务供给的成就与问题的认识，理论界存在着不同的认识，特别是一些学者给予了全面否定性的评论。从历史的角度来看，中华人民共和国成立初期所形成的基本公共服务供给制度具有其历史合理性，但也有其历史局限性，不能因为其历史局限性而否定其历史合理性，无视其历史成就。景天魁、毕天云、高和荣、郑秉文、马杰等人对计划经济体制下我国社会保障制度的研究，有助于我们更客观理性地认识计划经济体制下我国基本公共服务供给的成就与不足。参见景天魁、毕天云、高和荣等《当代中国社会福利思想与制度》，中国社会出版社2011年版，第21—22页；马杰、郑秉文《计划经济条件下新中国社会保障制度的再评价》，《马克思主义研究》2005年第1期；郑秉文《中国社会保障制度60年：成就与教训》，《中国人口科学》2009年第5期；郑秉文、于环、高庆波《新中国60年社会保障制度回顾》，《当代中国史研究》2010年第3期；郑秉文《中国社会保障40年：经验总结与改革取向》，《中国人口科学》2018年第4期。

和个人的责任；服务的可及性更多地基于就业而非公民基本权利；[①] 城乡基本公共服务供给分割化与差别化长期固化，造成对广大农民合法权利的制度化排斥。这些问题的存在对经济社会的长期稳定发展造成了一定的负面影响。随着改革开放的深入推进，传统以计划经济体制为基础的公共服务供给制度逐渐失去了其赖以存在的价值支撑与经济基础，以市场化与社会化为导向的基本公共服务供给制度逐步确立。基本公共服务供给的市场化与社会化改革，虽然在一定程度上有利于改变政府在基本公共服务供给中的垄断局面，提高基本公共服务供给的效率，满足民众的多样性需要，但由于政府在义务教育、基本医疗卫生和保障性住房等基本公共服务事业领域，不仅未能有效履行其基本职能，反而借市场化改革之名，将其直接推向市场[②]，造成基本公共服务供给的过度"商品化"，使广大民众日益增长的基本公共服务需求与政府公共服务供给不足的矛盾，日益成为当前我国社会主要矛盾的重要表征。

当前，中国正处于从以经济转型为主向社会全面转型、从生存型社会向发展型社会转型的关键时期，人民群众的美好生活需要日益增加。在新时代，社会转型具有社会主义建设和现代化建设的双重规定性。社会转型的合意性推进，需要深刻把握政治、经济、社会发展的互动规律，实现政治、经济与社会发展的相互支撑、协同推进。一般而言，政治有效性是经济、社会持续健康发展的基本保障[③]；政治发展必须以一定的经济基础、社会资本和稳定的社会环境为条件；经济和社会发展又相互制约。在政治制度既定的情况下，实现经济和社会发展有机结合的政策举

[①] [英]沙琳：《需要和权利资格：转型期中国社会政策研究的新视角》，中国劳动保障出版社2007年版，第5—24页。

[②] 黄金辉、丁忠庚、丁忠毅：《促进社会长期稳定的新思路——论优化基本公共服务供给》，《理论视野》2011年第4期。

[③] 政治与经济社会发展具有紧密的内在联系。人和社会的发展，既离不开对理想政治制度的不懈追求，也离不开现实政治对经济社会发展的有效作用。参见林尚立《有效政治与大国成长——对中国三十年政治发展的反思》，《公共行政评论》2008年第1期。

措,即发展型社会政策①,越来越成为改善经济社会发展质量的政策选择。

卡尔·波兰尼指出:"就近百年而言,现代社会由一种双向运动支配着:市场的不断扩张以及它所遭遇的反向运动(即把市场的扩张控制在某种确定方向上)。"②所谓反向运动,是基于社会保护原则而展开的"对社会变迁的一般防御行为",以及对损害社会组织的混乱的反抗,其"目标是对人和自然以及生产组织的保护"③。改革开放以来,随着我国社会主义市场经济体制的建立和完善,中国经济保持了快速增长,并于2010年在GDP总量上超过日本,成为全球第二大经济体。与经济发展所取得的巨大成就相对照的是社会发展的相对滞后,一段时期内,我国经济社会发展"一条腿长、一条腿短"的问题十分突出。市场扩张和社会保护之间内在张力的不断扩大,特别是社会保护机制的不完善,不利于我国经济社会的协调发展。导致这一局面的重要原因在于,基本公共服务的非均等化供给和供给总量的不足。基本公共服务供给领域存在的突出问题,限制了广大民众共享改革发展成果,造成民生问题日益凸显,使经济发展缺乏必要的社会安全网络和稳定器,不利于社会转型期对社会矛盾和风险的防控,从而不利于社会主义现代化建设目标的实现,阻碍中国顺利成长为世界强国。因此,加快构建与中国社会转型现实情况和总体发展趋势相适应的基本公共服务均等化体制机制,是有效满足广大民众基本生存和发展需要,保障广大民众共享发展成果,促进经济社会协调发展,维护社会长期和谐稳定,推动社会合意性转型的重要突破口和平台。

---

① 发展型社会政策,是指"在一个全面的、国家导向的发展过程中寻求社会政策和经济政策的结合"。发展型社会政策把"经济发展视为社会福利的一项合意、必要的因素",主张社会项目应将促进发展作为"自身的责任"。参见[英]安东尼·哈尔、詹姆斯·梅志里《发展型社会政策》,罗敏、范酉庆译,社会科学出版社2006年版,第38—44页;[美]詹姆斯·米奇利《社会发展:社会福利视角下的发展观》,苗正民译,格致出版社、上海人民出版社2009年版。注:因为译者不同,詹姆斯·梅志里、詹姆斯·米奇利实为同一学者,即James Midgley。熊跃根:《社会政策:理论与分析方法》,中国人民大学出版社2009年版,第158—179页。

② [英]卡尔·波兰尼:《大转型:我们时代的政治与经济起源》,冯钢、刘阳译,浙江人民出版社2007年版,第112页。

③ 同上书,第112—115页。

进入21世纪以来，执政党和政府日益认识到基本公共服务供给在促进经济社会发展、实现社会长期繁荣稳定方面的重要作用，在"十一五""十二五""十三五"规划以及党的十七大、十八大、十九大政治报告等重要文件中，多次强调要逐步实现基本公共服务均等化。党的十九大报告明确指出，要"完善公共服务体系，保障群众基本生活，不断满足人民日益增长的美好生活需要，不断促进社会公平正义"，到2035年使"基本公共服务均等化基本实现"[①]，进一步明确了新时代我国基本公共服务均等化的价值取向、实践使命和战略目标。基本公共服务均等化战略的实施，使我国民生事业取得了重大成就，在很大程度上满足了人民日益增长的美好生活需要。2007年以来，九年义务教育实现全面免费，新型农村合作医疗的覆盖面不断扩大、政府补贴标准持续提高，医疗制度改革不断深化，最低生活保障制度不断完善，保障性住房建设力度不断加大，覆盖城乡的基本养老制度逐步建立。以上基本公共服务事业建设的进展，有效缓解了普通民众"上学难、看病难、住房难"的压力，为保障和改善民生提供了重要保障。基本公共服务均等化战略的提出与实施，是全面建成小康社会的重要战略选择，也是贯彻落实五大发展理念的内在要求。基本公共服务均等化战略的实施，必然受到当前我国社会全面快速转型的现实规约，也将对社会转型产生重要影响。深刻把握基本公共服务均等化与社会转型的互动关系，一方面，从经济、政治与社会建设维度，深入探讨社会转型对基本公共服务均等化的规约；另一方面，全面分析基本公共服务均等化对推进我国社会合意性转型的重要意义，站在促进社会合意性转型和中国特色社会主义的自我发展与完善的高度，思考构建我国基本公共服务均等化战略实施的可能路径，并将其作为社会合意性转型的重要突破口和基础性平台，有效推动二者的良性互动，是当前中国特色社会主义现代化建设亟待解决的重大理论与实践问题。

---

① 习近平：《决胜全面建成小康社会 夺取新时代中国特色社会主义伟大胜利——在中国共产党第十九次全国代表大会上的报告》，《人民日报》2017年10月28日。

二 研究意义

当前中国社会正处在以经济转型为主的阶段向全面转型的快速推进阶段，正处在从生存型阶段过渡到以人的自身发展与人生价值实现为目标的发展型阶段。在这一阶段，人民的美好生活需要日益增长。社会快速全面转型是改革开放以来中国社会的基本特点，其基本目标是完成中国现代国家建设，实现社会主义现代化，促进中国由世界大国成长为世界强国，其本质是中国特色社会主义的成长和自我完善。社会转型是社会结构升级、社会发展的基本途径。但转型过程中又潜藏着一系列难以预料的社会风险，容易导致社会失范、失序甚至崩溃，从而使整个社会陷入"转型陷阱"。有效避免"转型陷阱"、推进社会合意性转型的关键，在于从经济社会发展的内在要求出发，培育有利于社会转型的经济社会发展理念，优化国家治理模式，并从主流意识形态转型、政治有效性供给、经济发展方式转变和民众政治社会心理调适等方面，为社会转型提供强大的动力源泉和支撑体系。从总体上看，改革开放以来，以渐进式改革为基本特征的社会转型的持续有序推进，使中国经济社会发展取得了举世瞩目的成就。中国现代化转型的模式，也被以乔舒亚·库珀·雷默（Joshua Cooper Ramo）为代表的一些国内外学者冠名为"北京共识""中国模式"，引起了全世界的极大关注。但受传统社会发展模式历史惯性、国家治理理念和方式革新滞后等诸多因素的影响，当前我国社会快速转型过程中，也面临着诸多突出问题和矛盾。其中，人民群众日益增长的美好生活需要与政府基本公共服务供给不足、供给不均之间的矛盾，日益成为我国社会主要矛盾的重要表征。

基本公共服务供给，关乎社会基本秩序与社会凝聚力的形成与维护；关乎公民社会需求的实现程度；关乎社会多样性与文化多元性；关乎社会公平公正，主要包括城乡、区域、阶层差距的缩小并减少社会排斥。[1] 基本公共服务的长期非均等供给和供给总量的不足，严重影响了我国经济社会的科学发展：一是严重制约经济发展方式的转变，限制经济发展质量和效益的提高；二是导致政治发展缺乏必要的社会资本和稳定的社

---

[1] 熊跃根：《社会政策：理论与分析方法》，中国人民大学出版社2009年版，第27页。

会环境，从而不利于社会主义民主政治的稳定有序推进；三是不利于广大民众共享改革发展成果，不利于切实改善广大民众的民生问题，从而有悖于社会主义的公平正义原则，使全面改革开放缺乏广大民众的支持和认同。总之，我国基本公共服务供给不足严重影响了社会转型共识的形成、社会转型动力的凝聚，不利于社会转型的合意性推进。而基本公共服务的有效供给，具有为社会转型提供价值理念支撑、促进经济发展方式转变、培育政治改革的社会资本，以及促进社会稳定、和谐等重大社会价值。因而，基本公共服务均等化是推进社会合意性转型的重要突破口和基础性平台。在新时代，必须站在切实保障和改善民生问题、促进社会和谐稳定、促进社会合意性转型从而进一步完善中国特色社会主义制度和推进国家治理体系与治理能力现代化的高度，加快基本公共服务均等化，并促进社会转型与基本公共服务均等化的良性互动。因此，本书具有重要的理论和实践意义，主要体现在以下方面：

第一，本书在马克思、恩格斯社会发展理论的指导下，借鉴吸收西方社会转型理论，试图从意识形态（国家发展理念）、政治有效性、经济发展方式和民众政治社会心理等方面，在理论上探讨推进社会合意性转型的必要条件，有利于为推动中国社会转型提供必要的理论支撑，为增强执政党和政府以及社会其他力量积极创造推进社会合意性转型条件的自觉性和主动性，提供智力支持。

第二，本书在中国特色社会主义自我发展与完善视野下，将基本公共服务供给与社会转型联系起来，分析当前中国社会转型对基本公共服务供给提出的要求，探讨基本公共服务均等化在推动社会转型中的正向功能，考察当前基本公共服务供给存在的主要问题及其对社会合意性转型的不利影响，揭示二者相互促进、相互掣肘的关系，有利于更加深刻地理解基本公共服务均等化的重大意义，更全面深入地审视当前中国基本公共服务供给存在的主要问题，找准现阶段促进社会合意性转型的突破口和基础性平台，从而为促进基本公共服务均等化与社会转型的良性互动、协调持续推进，进而为促进中国特色社会主义的自我发展与完善提供必要的理论支撑。

第三，本书拟采用法国年鉴派史学长时段的研究视野考察中国社会转型的背景，分析当前中国社会转型的国际国内环境、结构特征和现阶段中国社会转型的总体目标，有利于从总体上把握中国社会转型的全貌，更加客观地判断当前中国社会转型的历史方位，更加深刻地理解当前中国社会转型对基本公共服务均等化的内在需求。

第四，本书采用大历史的研究方法对1949年以来中国基本公共服务体制变迁与社会转型互动关系进行历史回顾，并对各阶段二者互动关系进行反思，总结不同阶段二者互动关系的共性特征、基本经验、不足与教训，有利于从历史角度把握我国基本公共服务体制变迁与社会转型的互动关系及其对当前二者互动关系发展所形成的路径依赖，并分析影响二者良性互动的核心因素，从而有利于发挥历史的垂鉴作用，为推动当前我国基本公共服务均等化与社会转型的良性互动提供有益的经验借鉴。

第五，本书试图在深刻把握基本公共服务均等化与社会转型相互促进、相互掣肘关系的基础上，探讨在社会加速转型背景下，进一步完善基本公共服务均等化体制的有效路径。本书力图突破当前理论界主要将基本公共服务均等化理解为公共财政体制构建的理论认识局限，主要从完善基本公共服务均等化的投入保障机制、促进基本公共服务均等化与政府职能转变的互动、夯实基本公共服务均等化的民主政治基础，以及促进基本公共服务均等化与社会建设的互动等多个维度，探讨了基本公共服务均等化与社会转型良性互动的可能路径，有利于为形成基本公共服务均等化的强大合力，促进基本公共服务均等化战略的持续深入推进提供新的思路，从而有效化解当前中国经济社会发展的突出矛盾，为中国社会转型的合意性推进提供有益的理论支持和可行的路径选择。

三　研究现状述评

（一）对基本公共服务均等化的研究

1. 国外学者对公共服务的研究概述

一般而言，公共服务的概念，主要与现代政府职能的界定相关。霍布斯、卢梭、洛克等政治哲学家在论述其社会契约论思想过程中，便或多或少地论述了政府的公共服务职能。亚当·斯密在《国民财富的性质和原因的研究》这一影响深远的著作中，便将"建立和维持某些公共机关和公共工程"视为现代政府的三大职责之一。① 马克思、恩格斯更是从历史唯物主义的高度，分析了国家阶级统治职能和社会职能的辩证统一关系，并指出：随着生产力的发展，国家的统治职能将逐步弱化，而社会职能，其中很重要的职能即为公共服务职能，将逐渐强化。公共服务的经典概念，可以追溯到保罗·萨缪尔森在《公共支出纯理论》一书中对"公共产品"的定义。萨缪尔森指出，公共产品具有"非排他"和"非竞争"这两种基本属性，是一种每个人对它的消费都不会减少他人对其消费的产品。② 詹姆斯·M. 布坎南指出，"根据正统定义，纯公共物品或服务是指相关群体的全体成员可同等获得的（equally available）那些物品或服务"③。这些产品与服务的生产单位对应了"多个同质的消费单位，即同时可供多人消费。一旦生产出来，阻止群体内的任何人享用（既可能给个人带来正效用，也可能带来负效用），都是没有效率的"④。布坎南同时也指出，"现实财政制度中由公共融资的物品和服务，绝少表现出这里的纯公共性"⑤。20世纪70年代以来，西方发达国家进行了声势浩大的"新公共管理"与"新公共服务"等治道变革运动，其理论领袖戴维·奥斯本和特德·盖布勒主张用企业家精神来改造公共部门，以提高政府公共服务效率和质量。⑥ 美国学者登哈特夫妇在批判和借鉴新公共管理理论的基础上，提出了新公共服务理论，指出政府在公共服务过程中，并不仅仅是"掌舵"或"划桨"的问题，也不能将公民完全视为"顾客"，而应更加重视对公民的赋权，进一步增强政府的回应性，以提高公共服

---

① 亚当·斯密指出："这类机关和工程，对于一个大社会当然是有很大利益的，但就其性质说，设由个人或少数人办理，那所得利润决不能偿其所费。所以这种事业，不能期望个人或少数人出来创办或维持。"参见［英］亚当·斯密《国民财富的性质和原因的研究（下卷）》，郭大力、王亚南译，商务印书馆2007年版，第284页。

② Samuelson, Paul A., "The Pure Theory Public Expenditure", *Review of Economics and Statistics*, Vol. 36, 1954, pp. 387–389.

③ ［美］詹姆斯·M. 布坎南：《公共物品的供给与需求》，马珺译，上海人民出版社2017年版，第47页。

④ 同上。

⑤ 同上。

⑥ ［美］戴维·奥斯本、特德·盖布勒：《改革政府——企业家精神如何改革着公营部门》，周敦仁等译，上海译文出版社1996年版。

务的质量。① 文森特·奥斯特罗姆探讨了公共服务供给的多中心供给机制建设问题。② 莱斯特·M. 萨拉蒙探讨了在现代福利国家中，如何通过构建政府与非营利组织的伙伴关系，以有效化解公共服务供给过程中"政府失灵""市场失灵"和"志愿失灵"等问题，从而改善公共服务供给绩效的路径。③ 安瓦·沙等人对发展中国家公共服务的绩效评估问题进行了研究，并重点研究了如何引导公共服务资源流向穷人这一重大现实问题，对改善发展中国家公共服务供给绩效具有一定的借鉴意义。④

2. 国外学者对基本公共服务均等化的研究简述

近代工业革命以来，特别是19世纪80年代德国疾病（含生育）、工伤和养老三项社会保险法颁布以来⑤，西方发达国家的基本公共服务均等化进程日益加快，并使这些国家逐渐成长为福利国家。总体而言，"国外学者并未对基本公共服务均等化问题进行系统而直接的现实探索和理论考察"⑥。目前的研究主要集中在后发现代化国家的基本公共服务均等化领域，其焦点又特别集中在东欧、俄罗斯等原社会主义国家在社会转型中的基本公共服务均等化问题。Julian Le Grand⑦、Emmanuel Jimenez⑧、Word Bank、Dominique van de Walle⑨ 等学者分别对医疗卫生、教育等基本公共服务领域的群体间非均等供给现象进行了系统研究，指出了公共服务供给不均等的严重性。Mclure, Charles E., Jr. 在研究俄罗斯税权分配和财政联邦主义的基础上，发现俄罗斯各地区由于自然禀赋特别是资

---

① [美] 珍妮特·V. 登哈特、罗伯特·B. 登哈特：《新公共服务：服务，而不是掌舵》，方兴、丁煌译，中国人民大学出版社2004年版。

② [美] 文森特·奥斯特罗姆：《美国联邦主义》，王建勋译，生活·读书·新知三联书店2003年版。

③ [美] 莱斯特·M. 萨拉蒙：《公共服务中的伙伴——现代福利国家中政府与非营利组织的关系》，田凯译，商务印书馆2008年版。

④ [美] 安瓦·沙：《公共服务提供》，孟华译，清华大学出版社2009年版。

⑤ 谢圣远：《社会保障发展史》，经济管理出版社2007年版，第74页。

⑥ 张贤明等：《基本公共服务均等化研究》，经济科学出版社2017年版，第7页。

⑦ Julian Le Grand. *The Strategy of Equality*: *Redistribution and the Social Services*. George Allen and Unwin, London, 1982.

⑧ Emmanuel Jimenez. Human, Pysical Infrastrucuture: Public Investment and Pricing Policy in Developing Countries, *Handbook of Development Economics*, Vol. Ⅲ, Chapter 43, 1995.

⑨ Dominique van de Walle, Kimberly Nead., eds. *Public Spending and the Poor*: *Theory and Evidence*, Johns Hopkins University Press, Baltimore and London, 1995.

源能源分布的不均，造成了地区间财力的巨大差异，这种差异成为地区间公共服务供给不均的主要因素。① Bert Hoffman，Susana Cordeiro Gurra 指出，中国、印度尼西亚、菲律宾和越南等国地区间财力的巨大差异，导致其地方政府公共服务供给能力存在显著差异。② Kai-yuen Tsui 认为，中国地区间财力的巨大差异是其地区间公共服务水平差距的重要原因，其财政转移支付项目并未显著缩小地区间的财力差距。为了促进地区间基本公共服务均等化，应加大对营业税、增值税等税收的返还力度。③

3. 国内学者对基本公共服务均等化的研究④

进入21世纪以来，随着执政党和政府对公共服务职能的日益重视，我国决策层和理论界围绕公共服务的概念、主要内容与供给方式等问题进行了较为系统的研究，产生了大量理论成果。根据对中国社会科学引文索引（CSSCI）数据库的检索，1999—2018 年 CSSCI 来源期刊共刊发标题含"公共服务"的文章达 2853 篇，另有大量专著问世。

在一般性研究公共服务理论与实践问题的同时，众多研究者还重点围绕"基本公共服务均等化"这一战略任务，对基本公共服务与基本公共服务均等化的内涵、基本公共服务均等化的现状、基本公共服务的对策思路等问题进行了较深入的研究，产生了丰富的成果，根据对中国社会科学引文索引（CSSCI）数据库的检索，2006—2018 年 CSSCI 来源期刊共刊发标题同时包含"公共服务"和"均等化"的文章为 447 篇，以基本公共服务均等化为主题的专著也达数十本（参见图 0—1）。这些研究成果对进一步推进我国基本公共服务均等化战略、提升均等化水平、解决基本公共服务长期非均等供给所导致的社会矛盾与问题提供了一定的理论支撑。

---

① Mclure, Charles E., Jr., The Sharing of Tax on Natural Resources and The Future of The Russian Federalism. In Christine I. Wallich, ed., *Russia and the Challenge of Reform*. Palo Alto, Calif.: Hoover Institution Press, 1994.

② Bert Hoffman, Susana Cordeiro Gurra, *Fiscal Disparities in East Asia: How Large and Do They Matter*, Chapter 4 in East Asia Decentralizes, World Bank, Washington DC, 2005.

③ Kai-yuen Tsui. Local Tax System, Intergovernmental Transfers and China's Local Fiscal Disparities. *Journal of Comparative Economics* 33 (2005): 173-196.

④ 本部分的主要内容来源于本研究的阶段性成果。参见拙文《近年来中国基本公共服务均等化问题研究回顾与反思》，《中共四川省委省级机关党校学报》2014 年第 2 期。

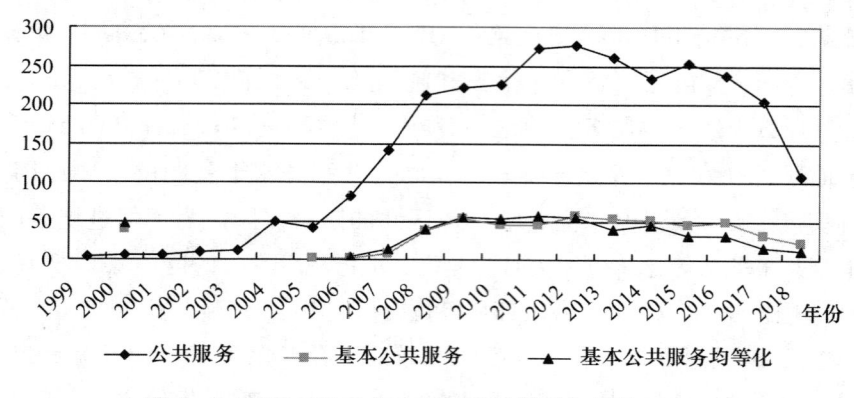

图 0—1　1999—2018 年中国社会科学引文索引（CSSCI）
来源期刊刊发标题含"公共服务""基本公共服务"和
"基本公共服务均等化"文章的数量

（1）基本公共服务的概念与主要内容。

从认识论的角度来看，厘清基本公共服务的概念，是顺利推进基本公共服务均等化战略的认知性前提。我国学者在对公共服务相关问题的研究过程中，借用了萨缪尔森对"公共产品"的经典定义，将效用的不可分割性、消费的非竞争性和收益的非排他性作为公共服务的基本特性[1]。从已有文献对公共服务的定义来看，近年来，国内研究者主要从以下几个方面对公共服务的概念进行了界定：

一是从公共需求和公共利益的角度，将公共服务视为满足广大民众公共需要、维护公共利益的产品和服务。持这一观点的研究者从马克思和西方学者的人的需求理论出发，认为公共服务是基于公共利益、满足公共需求的"一般性或普遍性服务"[2]。

二是从政府基本职能角度，认为公共服务是由政府部门，或者政府部门授权的社会组织与市场组织利用公共资源为广大民众提供的服务。按照这一观点，凡是由政府或经其授权的部门利用公共资源所提供的服务，均是公共服务。

---

[1] 王谦：《城乡公共服务均等化的理论思考》，《中央财经大学学报》2008 年第 8 期。
[2] 柏良泽：《"公共服务"界说》，《中国行政管理》2008 年第 2 期。

三是从公民基本权利的角度，认为公共服务是公民基于其合法的政治社会权利，而无论性别、经济社会地位、信仰、种族等方面的差异都能普遍享有的服务。

四是部分私人物品因其特殊性也可以纳入公共服务的范畴。部分私人物品因其具有"生产弱竞争性"和"消费弱选择性"特点，也应纳入公共服务的范围[①]。刘尚希从分担居民消费风险的角度出发，认为公共服务"实际上涵盖了私人产品和公共产品"[②]。李茂生也表达了类似观点，他指出：虽然不具有公共服务的基本特性，但关涉公共利益又因市场失灵而供给不足甚至难以供给的产品和服务，也应纳入公共服务的范畴[③]。柏良泽也从供给机制的角度指出，"具有公共性的组织按照非市场规则供给的公共服务均可称为公共服务"[④]。

虽然不同学者对公共服务概念进行界定的角度有所差异，但大多数学者都不是从单一的角度对公共服务的概念进行解读，而是将公共服务视为利用公共资源提供的、关乎广大民众基本政治社会权利和公共利益的、每一个公民都能平等享受的服务。同时，将公共服务分为基本公共服务和非基本公共服务已成为大多数研究者的共识。[⑤]

推进基本公共服务均等化战略，是2006年以来执政党和政府为化解我国基本公共服务长期非均等化供给所导致的经济社会矛盾，特别是日益凸显的民生问题的重要战略举措。对基本公共服务概念问题的研究主要集中在基本公共服务均等化战略实施之初，不同研究者从不同角度对其进行了解读和界定，归纳起来主要有以下几种代表性观点：

一是从基本人权、基本生存和发展权利的角度，认为基本公共服务是保障广大民众的基本生存和发展权利的公共服务，是公共服务的最核心部分。《"十三五"推进基本公共服务均等化规划》指出："基本公共

---

① 马庆钰：《公共服务的几个基本理论问题》，《中共中央党校学报》2005年第1期。
② 刘尚希：《基本公共服务均等化：现实要求和政策路径》，《浙江经济》2007年第13期。
③ 陈昌盛、蔡跃洲：《中国政府公共服务：体制变迁与地区综合评估》，中国社会科学出版社2007年版，第2页。
④ 柏良泽：《中国基本公共服务均等化的路径和策略》，《中国浦东干部学院学报》2009年第1期。
⑤ 王爱君：《基本公共服务均等化的制度路径研究》，经济科学出版社2017年版，第37页。

服务是由政府主导、保障全体公民生存和发展基本需要、与经济社会发展水平相适应的公共服务。"①

二是从政府公共服务职能的"底线"角度，认为基本公共服务是由政府承担最终责任和"托底"的公共服务。张贤明教授认为，不同社会群体所享受的基本公共服务的差别必须控制在可控的范围内，"至少在一些与人们生存权利息息相关的方面要做到大体均等，也就是'底线相等'"②。

三是从不同经济社会发展阶段政府和社会所能均衡供给的能力对基本公共服务的概念进行界定。如吕炜、王伟同指出，基本公共服务的概念是在现阶段我国经济社会发展水平不能同时满足所有公共服务均衡供给的情况下，在对不同公共服务的重要性与基础性进行排序基础上而作出的范围限定③。邱霈恩也大体同意这一观点，认为应将基本公共服务限定在"公共财力能够承受得起的范围内"。但他进一步指出，基于对公共服务重要性和基础性排序而界定出来的基本公共服务，必须具有必要的社会共识④。

四是从公共服务面向的对象角度，将公共服务分为普适性和补救性两类⑤，有的研究者又称其为制度型和补缺型公共服务。其中基本公共服务属于普适性（制度型）的公共服务，即每一个社会成员都能享受的公共服务，在公共服务内容体系中处于基础地位。

五是从民生的角度对基本公共服务进行界定，认为基本公共服务在很大程度上是为解决基本民生、保障社会公平正义而提供的公共服务。如安体富等人指出，基本公共服务是指关涉民生的"纯公共服务"，主要包括"义务教育、公共卫生、基础科学研究、公益性文化事业和社会救济等"⑥。

---

① 《国务院关于印发"十三五"推进基本公共服务均等化规划的通知》。
② 张贤明等：《基本公共服务均等化研究》，经济科学出版社2017年版，第35页。
③ 吕炜、王伟同：《发展失衡、公共服务与政府责任》，《中国社会科学》2008年第4期。
④ 邱霈恩：《基本公共服务均等化：全民均等受益、共享发展成果》，《红旗文稿》2010年第3期。
⑤ 柏良泽：《中国基本公共服务均等化的路径和策略》，《中国浦东干部学院学报》2009年第1期。
⑥ 安体富、任强：《公共服务均等化：理论、问题与对策》，《财贸经济》2007年第8期。

六是从公共财政支出的角度指出，基本公共服务是完全由公共财政支出的公共服务。如邱霈恩就指出基本公共服务理应是"完全免费的官方服务"①。

七是从福利经济居民消费需求的角度对基本公共服务概念进行界定②。如一些学者认为"低层次"和"无差异"消费的公共服务都属于基本公共服务③。

八是从公平、人本、权利和责任等价值维度对基本公共服务的概念进行分析④。

综观已有研究对基本公共服务概念的界定，虽然不同学者的侧重点不同，但也有诸多共同之处：（1）都认为基本公共服务是政府职能的重要体现，政府应发挥主导作用。（2）基本公共服务关乎广大民众的基本生存与发展权利，每一位社会成员都应享有合法的基本公共服务权利。（3）基本公共服务的界定必须以经济社会的发展水平为依据，并随着经济社会发展而变化。（4）基本公共服务体现了社会价值和利益的分配，对维护社会公平公正、增强社会凝聚力和促进社会稳定具有重要价值。当然，上述不同观点之间也存在冲突之处。如在一些国家政府在公共服务方面只承担"托底"责任，即所谓的补缺型公共服务体制。在这些国家里，补缺型公共服务可能就是基本公共服务，而不是一些学者所认为的那样只有"制度型"公共服务才属于基本公共服务的范畴。此外，一些学者的观点也需要进一步研究和探讨，如基本公共服务是否应该是"完全免费的官方服务"等观点有待进一步商榷。

在对基本公共服务概念进行界定的基础上，不同的学者对当前我国基本公共服务的范围进行了探讨。由于对基本公共服务概念界定的差异，不同的学者对基本公共服务范围的界定也呈现出较大的差别。如常修泽认为，当前我国基本公共服务应包括基本民生、公共事业、基础公益、

---

① 邱霈恩：《基本公共服务均等化：全民均等受益、共享发展成果》，《红旗文稿》2010年第3期。

② 田焱：《关于保障房后期公共服务管理理论上的种种思考》，《中共四川省委省级机关党校学报》2013年第5期。

③ 刘尚希：《基本公共服务均等化：现实要求和政策路径》，《浙江经济》2007年第13期。

④ 孙建军、何涛：《基本公共服务均等化研究述评》，《云南社会科学》2010年第5期。

公共安全四个方面的内容，具体应包括公共就业、基本社会保障、义务教育、公共医疗卫生、公共文化、公益性基础设施建设与生态环境保护、社会安全等内容[1]。薛元也将基本公共服务的内容分为"底线生存""基本发展""基本环境"和"基本安全"服务四个方面，具体内容大多与常修泽的界定相同，但薛元将基本住房保障、公共通信等服务纳入了基本公共服务的范围，进一步扩大了基本公共服务的范围[2]。与一些研究者将相对较多的公共服务项目纳入基本公共服务范围的界定思路相比，另一些研究者对基本公共服务的范围的界定则相对小得多。他们在借鉴国际经验的基础上，认为我国基本公共服务应主要包括公共医疗卫生、"基本教育（义务教育）、社会救济、就业服务、养老保险和保障性住房"[3]等项目。

（2）基本公共服务均等化的内涵。

均等化是基本公共服务供给的内在要求。但国内外不同学者对"均等化"的理解存在较大差异。在政治哲学上，其典型的观点有起点均等、机会均等、能力均等与质量均等之说[4]。政治哲学价值取向的差异，必然导致不同研究者对基本公共服务均等化内涵的解读的多元化。综观已有文献，国内研究者对基本公共服务均等化的内涵的解读主要有以下几种观点：

一是基本公共服务均等化是使广大民众都能享受达到"社会平均水平"的基本公共服务。如邱霈恩指出，"基本公共服务均等化就是以基本公共服务的社会平均水平为基线，根据离该线的远近程度，实施远者多予、近者少予和超者不予的公共政策"[5]，从而使每一位社会成员"享受

---

[1] 常修泽：《中国现阶段基本公共服务均等化研究》，《中共天津市委党校学报》2007年第2期。

[2] 薛元：《"十二五"期间促进基本公共服务均等化的政策研究》，《中国经贸导刊》2010年第20期。

[3] 国家发改委宏观经济研究院课题组：《促进我国的基本公共服务均等化》，《宏观经济研究》2008年第5期。

[4] 唐世喜、周宇：《基本公共服务均等化的关键点和突破口》，《中共四川省委省级机关党校学报》2011年第1期。

[5] 邱霈恩：《基本公共服务均等化：全民均等受益、共享发展成果》，《红旗文稿》2010年第3期。

到社会平均水平的基本公共服务"的过程。

二是认为基本公共服务均等化是使每一位社会成员能够享受到国家统一标准的基本公共服务的过程。根据这一观点，基本公共服务化、均等化就是标准化的过程。

三是认为基本公共服务均等化的核心是机会、过程和结果均等，并以政府投入和产出均等为保障的过程。一些学者特别指出，在保障全体公民享有大致均等的基本公共服务的同时，还应尊重和保障部分社会成员对公共服务的自由选择权[①]。《"十三五"推进基本公共服务均等化规划》指出："基本公共服务均等化是指全体公民都能公平可及地获得大致均等的基本公共服务，其核心是促进机会均等，重点是保障人民群众得到基本公共服务的机会，而不是简单的平均化。"[②]

四是认为基本公共服务均等化的核心是公共财政均等化的过程。从财政学的观点来看，基本公共服务供给的基础在于一国的财政实力，基本公共服务非均等供给的重要表征就是公共财政支出的差异。因此，从公共财政的角度而言，基本公共服务均等化就是城乡、区域和不同群体之间用于基本公共服务的财政支出大致均等的过程。

五是认为基本公共服务均等化就是基本公共服务消费的均衡过程。持这一观点的研究者主要从基本公共服务所产生的消费效应的角度对均等化进行了界定，为理解基本公共服务均等化的内涵提供了新的视角。诚然，在不同地区，即使用于基本公共服务的公共财政支出能够实现均等，但由于政府公共服务能力、物价水平、消费偏好的差异，民众所消费的基本公共服务所产生的效用也可能存在较大差异。因此，持这一观点的研究者认为，从基本公共服务消费均衡化的角度理解基本公共服务均等化更具合理性和现实意义。

六是认为基本公共服务具有"全民性"，不是特殊性公共服务而是具有普惠性。[③]

---

① 常修泽：《中国现阶段基本公共服务均等化研究》，《中共天津市委党校学报》2007年第2期。
② 《国务院关于印发"十三五"推进基本公共服务均等化规划的通知》。
③ 杨宜勇、曾志敏：《"十三五"国家基本公共服务凸显均等化》，《中国投资》2017年第4期。

虽然不同学者从不同的角度和侧重点对基本公共服务均等化的概念进行了界定，但均等化绝不是单维度的均等化，高质量的均等化必然是多种力量共同作用的结果。此外，正如大多数研究者认为的那样，对当下的中国而言，均等化不等于平均化，平均化既不符合公平公正原则，也不符合效率原则，我国基本公共服务均等化是一个具有"层次性、阶段性、区域性"特征的动态过程①。

（3）我国基本公共服务供给现状及均等化的对策。

长期以来，受我国城市、工业优先发展战略、"先富带动后富"非均衡发展战略等诸多因素的影响，我国基本公共服务在城乡、区域和不同社会群体之间具有明显的非均衡供给特征。众多学者和研究机构对我国城乡、区域基本公共服务的非均衡供给状态进行了分析。王绍光等学者对我国医疗卫生领域城乡、区域非均等供给状况进行了考察②。一些学者对边疆民族地区基本公共非均等供给进行了评估。③还有一些研究者对教育、社会保障的非均等供给问题进行了研究。导致我国基本公共服务非均等供给的原因是多样的，其中城乡二元结构、传统身份制造成的制度区隔与排斥④、过渡市场化与社会化、需求方收入差异⑤、转移支付制度不合理⑥、事权和支出责任不匹配，⑦ 以及政府单中心供给机制和筹资机制的内在不足，是研究者们普遍提到的原因。

当前，在我国社会全面快速转型过程中，推进基本公共服务均等化战略既具必然性，也具现实可能性。从必然性层面来看，一些学者指出，推进基本公共服务均等化战略是体现五大发展理念、破解"市场失灵"、

---

① 中国财政学会"公共服务均等化问题研究"课题组：《公共服务均等化问题研究》，《经济研究参考》2007年第58期。

② 王绍光：《政策导向、汲取能力与卫生公平》，《中国社会科学》2005年第6期。

③ 李丽：《少数民族地区基本公共服务均等化问题研究》，中国经济出版社2015年版。

④ 王玮：《多重约束条件下我国均等化财政制度框架的构建》，中国社会科学出版社2011年版。

⑤ 解垩：《城乡卫生医疗服务均等化研究》，经济科学出版社2009年版。

⑥ 缪小林、王婷、高跃光：《转移支付对城乡公共差距的影响——不同经济赶超省份的分组比较》，《经济研究》2017年第2期。

⑦ 任晓辉、朱为群：《新型城镇化基本公共服务支出责任的界定》，《财政研究》2015年第10期；党秀云、彭晓祎：《我国基本公共服务供给中的中央与地方事权关系探析》，《行政论坛》2018年第2期。

化解社会矛盾和顺应世界各国社会政策发展趋势的必然选择[①]。从可行性层面来说，我国基本公共服务的制度体系已初步形成[②]，各地实践探索形成的经验，以及不断增强的政府财政能力，都为当前我国基本公共服务的推行提供了坚实基础。对我国基本公共服务均等化推进的具体思路，已有文献主要有以下建议：

一是"制定基本公共服务均等化的战略规划"[③]，明确基本公共服务的最低标准。标准即标杆，只有明确了基本公共服务的国家标准，才有助于为各地切实推进基本公共服务均等化提供有效的参照和目标。

二是加快服务型政府建设，合理划分各级政府的财权事权。推进基本公共服务均等化内在的要求政府将其核心职能转移到公共服务职能上来，加快服务型政府建设步伐[④]。也只有服务型政府建设的不断深入，才能为基本公共服务均等化的持续推进提供根本保障。在服务型政府建设过程中，还必须按照财权事权相匹配的原则，合理划分中央政府和地方政府的财权与支出责任，特别应保障县乡政府在基本公共服务供给过程中的财力。

三是建立以基本公共服务均等化为导向的公共财政体制，完善财政转移支付制度。从财政学角度看，基本公共服务均等化在本质上是一个财政学命题。因此，在基本公共服务均等化过程中，必须建立以均等化为导向的公共财政体制。针对城乡间、区域间政府财政能力的不均衡，必须进一步完善财政转移支付制度，加强对财力困难地区的扶助。根据对基本公共服务均等化问题研究文献的分析，在促进均等化的对策中，"公共财政""转移支付""财政均等化"等关键词的词频较高[⑤]，这也充分反映了学界对改革财政制度在推进基本公共服务均等化中的重要地位，已达成普遍共识。

[①] 于香情、李国健：《基本公共服务均等化必然性分析与对策研究》，《东岳论丛》2009年第2期。

[②] 《国务院关于印发"十三五"推进基本公共服务均等化规划的通知》。

[③] 迟福林：《政府转型与基本公共服务》，《中国浦东干部学院学报》2009年第1期。

[④] 姜晓萍、邓寒竹：《中国公共服务30年的制度变迁与发展趋势》，《四川大学学报》(哲学社会科学版) 2009年第1期。

[⑤] 参见姜晓萍、田昭等《基本公共服务均等化知识图谱与研究热点述评》，中国人民大学出版社2016年版，第8—9页。

四是加快基本公共服务均等化立法进程。"基本公共服务均等化从政府的行动计划提升到社会普遍遵行的行为准则,需要成文法加以促进和规范。"① 范健认为,基本公共服务供给在很大程度上关乎基本人权,并在比较块状(分领域)和条状(公共服务流程)立法模式的基础上,主张采用综合立法模式,呼吁颁布实施《基本公共服务均等化基本法》,并对基本法的框架进行了初步构想②。李德国、陈振明指出,需从"顶层设计、分权、质量改善等原则出发,加强公共服务立法的系统性、民主性和科学性"③。

五是构建基本公共服务均等化的多元供给机制,推动多中心治理。一些学者基于政府、市场和社会在基本公共服务供给中的优势与不足,从治道变革的角度提出应构建政府、市场、社会组织和公民个体优势互补、良性互动的基本公共服务均等化供给机制。

六是加强政府基本公共服务供给能力研究。王玉华、李森从完善省以下政府财政体制的角度,探讨了加强基层政府公共服务能力的途径④。彭膺昊以马克思主义国家理论为视角,对当前我国西部农村基层政府公共服务供给能力进行多角度的探讨⑤。淳于淼泠等学者对我国西部地区地方政府的公共服务供给能力进行了实证研究。⑥

七是从城乡统筹的角度,探讨了基本公共服务均等化的可能路径。黄金辉等人在实证调研的基础上,总结了成都在统筹城乡综合配套改革进程中促进城乡基本公共服务均等化的经验,剖析了当前存在的问题,并从促进供给主体和筹资渠道多元化、优先发展人力资本积累型公共服

---

① 郑曙光:《促进基本公共服务均等化立法政策探析》,《浙江学刊》2011 年第 6 期。

② 范健:《试论实现"基本公共服务均等化"的法制基础》,《甘肃理论学刊》2008 年第 3 期。

③ 李德国、陈振明:《公共服务的法治建构:渊源、框架与路径》,《厦门大学学报》(哲学社会科学版)2015 年第 4 期。

④ 王玉华、李森:《基层政府公共服务能力研究》,中国财政经济出版社 2010 年版。

⑤ 彭膺昊:《西部农村基层政府公共服务供给能力研究》,博士学位论文,四川大学,2011 年。

⑥ 淳于淼泠、郭春甫、金莹:《政府公共服务供给能力研究:以西部地区地方政府为例》,北京大学出版社 2017 年版。

务项目等方面提出了改进思路[1]。一些学者专门探讨了传统身份制对城乡基本公共服务均等化的负面影响，并指出基本公共服务均等化战略的实施必须逐步改变户籍制度所造成的城乡二元分割局面[2]。

八是在国家治理现代化视域下对公共服务均等化路径的思考。徐勇、项继权等学者指出，基本公共服务均等化问题并不是"单纯的经济问题"，"其背后是权利和体制问题"[3]，因此必须从综合体制改革的角度思考基本公共服务均等化的路径问题。郁建兴等人还从构建城乡一体化社会政策体系等方面探讨了基本公共服务均等化的可能路径[4]。高传胜探讨了公共服务供给与包容性发展的契合性，分别探讨了基础性、经济性、社会性、安全性公共服务对实现包容性发展的功能及不同类别公共服务的发展战略[5]。基本公共服务均等化是国家治理体系和治理能力现代化的重要体现。[6] 张紧跟认为，"应该以国家治理现代化来推进基本公共服务均等化"[7]；胡志平指出，为适应国家治理转型，应构建"以法治化保障、包容性增长和民生型社会政策体系支撑的基本公共服务均等化战略"[8]。

总之，近年来有关基本公共服务均等化具体路径的研究成果，很多具体的理论建议已经转为现实的政策，为基本公共服务均等化战略的推进提供了有力的理论支撑和智力支持。但当前有关基本公共服务均等化问题的研究仍然存在一些亟待深化的重大理论与现实问题。

一是加强整体性研究。基本公共服务均等化并非一些学者所认为的那样仅仅是一个财政学命题。因为根据这一观点，我们无法理解一些国

---

[1] 黄金辉、丁忠毅：《成就与问题：成都农村公共服务事业建设审视》，《财经科学》2010年第1期。

[2] 于建嵘：《基本公共服务均等化与农民工问题》，《中国农村观察》2008年第2期。

[3] 徐勇、项继权：《让人人平等享有基本公共服务》，《华中师范大学学报》（人文社会科学版）2008年第1期。

[4] 郁建兴：《中国的公共服务体系：发展历程、社会政策与体制机制》，《学术月刊》2011年第3期。

[5] 高传胜：《论包容性发展的中国要义》，《上海行政学院学报》2011年第5期。

[6] 张晖：《国家治理现代化视域下的城乡基本公共服务均等化》，《马克思主义理论学科研究》2018年第6期。

[7] 张紧跟：《论国家治理体系现代化视野中的基本公共服务均等化》，《四川大学学报》（哲学社会科学版）2015年第4期。

[8] 胡志平：《公共服务均等化与国家治理的"三维"匹配性》，《探索》2016年第3期。

家即使在经济发展达到了较高水平，其基本公共服务均等化水平仍然不高的问题。基本公共服务均等化是一个涉及国家的意识形态（发展理念）调整、经济发展、民主政治发展、政府职能转变、公共财政体制改革、治理机制变革、法治建设等诸多领域的重大理论与现实问题，必须从推进国家治理体系与治理能力现代化的高度，在对其进行系统化、整体性研究基础上，才可能对其有更加深刻全面的了解，也才可能为基本公共服务均等化战略的持续有序推进提供更有力的理论支撑。

二是对基本公共服务均等化促进我国经济社会健康发展的正向功能缺乏系统研究。只有更加系统深入地研究基本公共服务均等化在何种意义上、以何种方式促进我国经济社会的良性发展，才能增强各级政府推进基本公共服务均等化战略的自觉性和主动性，为基本公共服务均等化战略实施注入更强劲的动力；也才能更好地确定各项基本公共服务事业建设的优先序，积极推进基本公共服务供给的供给侧改革，更好地满足广大民众的基本公共服务需求。

三是对我国全面深化改革和社会全面快速转型向基本公共服务均等化所提出的新要求的研究不足。这一研究的不足可能使当前的基本公共服务均等化体制机制建设缺乏必要的前瞻性，导致相关的改革创新缺乏连贯性，并难以适应我国全面深化改革过程中的新情况、新问题，从而难以发挥其在全面深化改革中的"安全阀"作用。

四是缺乏对当前我国基本公共服务均等化战略实施所面临的有利条件和制约因素的系统分析，不利于因势利导、攻坚克难、扬长补短，从而不断提高基本公共服务均等化水平，使广大民众共享改革发展红利，不断满足人民日益增长的美好生活需要。

（二）中国社会转型研究的现状

"社会转型"理论是结构功能主义学派现代化理论体系的重要理论之一。随着20世纪90年代我国市场经济体制的逐步确立和完善，我国逐渐步入了社会全面快速转型的新时期。在这一背景下，理论界开始重视对"社会转型"问题的研究，并于20世纪90年代和当前出现了两次社会转型研究的热潮，从而为推进我国社会合意性转型提供了必要的理论支撑。

1. 西方学者对"社会转型"的研究

"社会转型"研究是西方学术界长期关注的重要领域。随着资本主义制度在英法等国的建立和完善，西方社会开始进入新的快速转型时期，为社会转型的理论研究提供了实践基础。从理论上看，维科率先提出了"人是历史的创造者"这一思想，并指出不同民族都将按照神、英雄和人三个前后相继的时代向前发展。[①] 孔多塞在《人类精神进步史表纲要》中指出，随着人类理性的不断发展，人类将从自然环境和历史的束缚下解放出来，理性是人类历史进步的动力。[②] 维科、孔多塞等人的历史哲学观念的核心和本质是历史进步主义，对社会转型问题的研究产生了深远影响。在历史进步主义影响下，孔德、斯宾塞、涂尔干等著名思想家对社会转型问题的研究进一步深化，他们大多都坚持历史进步的趋势不可逆，不同社会从传统向现代转型的道路选择都概莫能外，只能走西方的、一元的社会转型道路。20世纪30年代以来，斯宾格勒、汤因比等历史学家对不同文化特质的社会的转型发展道路进行了研究，认为社会转型具有多元化的道路，由此对传统的一元化社会转型道路论提出了挑战。20世纪50年代后，西方社会转型理论的研究又出现了"新进化主义"流派[③]，这一流派试图从不同学科寻找共同的证据，以维护经典的一元化转型论的权威，其代表性理论成果就是帕森斯的社会趋同理论。帕森斯从结构—功能的角度出发，认为社会结构与社会系统的功能必须相适应，一国社会系统功能的调整，必然带动社会结构的变迁，其内在机制主要体现为帕森斯所谓的"适应性增长""分化""容纳"和"价值概括化"。[④]

20世纪70年代以后，西方发达国家出现的经济滞胀、亚洲"四小龙"的持续快速发展，以及苏联解体和东欧剧变等重大社会变迁，促使理论界重新审视传统的社会转型理论，思考社会转型的本质问题。此后，社会转型被认为是一国现代化的重要进程，是一国经济、政治、社会结构变迁的过程。一国社会转型的道路具有多样性，原发现代化国家的现

---

① 参见［意］维科《新科学》，朱光潜译，商务印书馆1989年版。
② ［法］孔多塞：《人类精神进步史表纲要》，何兆武、何冰译，江苏教育出版社2006年版。
③ 孙慕天、刘玲玲：《西方社会转型理论研究的历史和现状》，《哲学动态》1997年第4期。
④ ［美］帕森斯：《社会行动的结构》，张明德等译，译林出版社2003年版。

代化道路仍然是后发现代化国家学习和借鉴的对象。① 如安东尼·吉登斯等一些西方学者认为，现代社会转型所孕育出来的生活方式，是一个"西方化"的工程。②

总之，西方学者主要从西方原发现代化国家的社会发展理念、社会制度变迁，以及社会发展历程的角度对社会转型进行了深入研究，为理解社会转型提供了深厚的理论资源。但西方社会转型理论大多没有从社会基本矛盾运动的深层机制来研究西方社会的转型历程，从而难以真正把握社会转型的本质特征。同时，受文化传统、价值立场等因素的影响，西方社会转型理论往往将原发现代化国家的转型道路作为后发国家实现现代转型的普遍道路，并将西方国家的社会发展状况描绘为人类社会发展的普遍图景，从而忽视了转型道路的多元化与人类发展目标的多样性。

2. 中国学者对社会转型问题的研究

20世纪90年代初，伴随着中国市场经济体制的建立，中国社会加快了社会转型的步伐，为社会转型的学术研究提供了鲜活的社会实践。李培林等学者开始将"社会转型"问题纳入研究视野，其关注的焦点是中国现代化建设的实践。从总体上看，中国社会转型研究主要有两种传统：一是运用西方社会转型理论来解释中国的现代社会转型；二是运用马克思主义社会发展理论来理解研究中国社会转型的重大理论与实践问题。关于社会转型研究的热潮也大致有两个阶段：一是20世纪90年代以经济体制转型为核心的社会转型研究；二是21世纪初至今以经济社会全面转型为焦点的社会转型研究。这与中国社会转型的实践发展大致吻合。正如雷龙乾所指出的那样，社会转型概念进入中国社会科学和哲学研究视野的原因主要是当代中国的社会转型实践的必然结果，绝不是一种纯粹的理论思辨。③ 长期以来，中国学者对社会转型的基本内涵、中国社会转型的内容、动力、特征和目标等问题进行了较深入的研究。

---

① 参见孙慕天、刘玲玲《西方社会转型理论研究的历史和现状》，《哲学动态》1997年第4期。
② [英]安东尼·吉登斯：《现代性的后果》，田禾译，译林出版社2000年版。
③ 雷龙乾：《中国社会转型的哲学阐释》，人民出版社2004年版。

（1）"社会转型"的内涵。

我国台湾学者蔡明哲把"Social Transformation"译为"社会转型"，认为社会转型是由传统社会走向现代社会的成长与发展过程。[①] 李培林指出，社会转型是一种整体性发展，是一种包括经济结构和其他社会结构层面的特殊的结构变动。[②] 张雄认为："社会转型乃是代表着历史发展趋势的实践主体，自觉推进历史转折的历史创造性活动。当社会生产力提出质问发展的新要求时，历史的实践主体，按照确认的'发展逻辑'，对原型社会的结构、体制进行全面、系统地自觉转变，以求实现社会演化的创新。"[③] 阎志刚指出，社会转型是以社会系统通过以社会结构变迁为核心的调整优化形成相对稳定的新的关系网络的过程。[④] 刘祖云指出："转型，是指事物从一种运动形式向另一种运动形式转变的过渡过程"，"社会转型是指社会从传统型向现代型转变的过渡过程"，"是传统因素与现代因素此消彼长的进化过程"，"是一种整体性的社会发展过程"。[⑤] 晏辉采用结构—功能主义的分析视角，认为转型是通过事物结构变化以增加（减少）其功能的过程。"社会转型实质上是社会结构的变迁，具体表现为借助于社会规范体系的重建而实现的生产方式、交往方式和生活方式的转型。"[⑥] 杨桂华从社会哲学的角度指出，社会转型是社会系统和社会结构模式的转变和调整。[⑦] 雷龙乾认为，从马克思主义哲学立场来看，社会转型实际上应该被看作人类存在方式从传统形态向现代形态的现代化历史实践。社会转型是指人类社会和人类存在方式从传统向现代形态的结构性、整体性转变过程。广义的社会转型可理解为人类历史上所有

[①] 蔡明哲：《社会发展理论——人性与乡村发展取向》，巨流图书公司1987年版，第17页。
[②] 李培林：《另一只看不见的手：社会结构转型》，《中国社会科学》1992年第5期。
[③] 张雄：《历史转折论——一种实践主体发展哲学的思考》，上海社会科学院出版社1994年版，第199页。
[④] 阎志刚：《社会转型与转型中的社会问题》，《广西社会科学》1996年第4期。
[⑤] 刘祖云：《中国社会发展三论：转型·分化·和谐》，社会科学文献出版社2007年版，第1—13页。
[⑥] 晏辉：《论社会转型的实质、困境与出路》，《内蒙古大学学报》（人文社会科学版）1998年第1期；王帆宇：《社会转型：结构性特征及其在当代中国的表现》，《广东社会科学》2014年第2期。
[⑦] 杨桂华：《社会转型社会控制论》，山西教育出版社1998年版，第220—221页。

社会形态或类型的转化或跃迁，例如，从封建社会向资本主义社会的转变这类进步性的社会结构变迁。又比如，一个民族的社会结构或行为方式整体上被入侵者改造性质的社会结构变迁。[①] 商红日从马克思主义理论出发认为，"社会转型是生产力与生产关系的矛盾运动的表现，通常指由传统农业社会向现代工业社会的历史变迁过程，这种历史变迁就是现代生产力与生产关系的整体建构"[②]。孙立平认为，转型中包含了现代化的内容，但转型不仅仅是现代化。[③] 李琳在其博士论文中指出，"社会转型"至少具有以下三种主要含义：（1）社会体制在较短时间内急剧的转变。（2）社会结构的重大转变。（3）社会发展的阶段性转变。[④] 郑杭生指出，社会转型，"意指社会从传统型向现代型的转变，或者说由传统型社会向现代社会转型的过程"，"是社会生活和组织模式不断从传统走向现代、走向更加现代和更新现代的变迁过程"，具体可视为"从农业的、乡村的、封闭半封闭的传统型社会，向工业的、城镇的、开放的现代型社会的转型"[⑤]。江必新指出，"社会转型不仅仅表征为经济形态的转轨，更是一个价值更替、秩序重构、文明再生的过程"[⑥]。

在一般性探讨社会转型概念的同时，一些学者还借鉴了"新布达佩斯学派"的观念，认为"社会转型"主要是指原苏东社会主义国家，以及中国等社会主义国家从高度集权的计划经济体制向市场经济体制的转变。如冯绍雷指出，社会转型，"主要是指 20 世纪 70 年代以来，从高度集权的政治经济体制向现代市场经济和现代民主法治体制的转化所伴随的社会转型，而其中又特别指向原苏联东欧国家高度集权的政治与指令

---

① 雷龙乾：《中国社会转型的哲学阐释》，人民出版社 2004 年版。
② 商红日：《马克思主义政治学的当代中国主体——社会转型及和谐社会的基本问题》，载汪永成主编《当代中国政治发展报告Ⅳ》，社会科学文献出版社 2005 年版，第 248—258 页。
③ 孙立平：《社会转型：发展社会学的新议题》，《社会学研究》2005 年第 1 期。
④ 李琳：《政策供给与社会转型——对 1978 年后中国社会发展的一种分析》，博士学位论文，复旦大学，2004 年。
⑤ 郑杭生：《改革开放三十年：社会发展理论和社会转型理论》，《中国社会科学》2009 年第 2 期。
⑥ 江必新：《法治思维——社会转型期治国理政的应然向度》，《法学评论》2013 年第 5 期。

性计划体制向着市场与民主法治体制转变所伴随的社会转型"①。孙立平也认为，社会转型是指，始于20世纪80年代的原社会主义国家以市场转轨（market transition）为核心的社会转型（social transformation）过程。苏联、东欧和中国等社会主义国家的转型过程为发展社会学提出了包括如何看待发展过程中社会不平等问题在内的一系列新的议题。发展社会学应重视研究转型国家社会转型的发展演变过程，并以此为基础，努力构建现代化理论、发展理论、转型理论三足鼎立的发展理论新格局。② 郑杭生、杨敏将社会转型理论分为广义转型论和狭义转型论。狭义转型论即"新布达佩斯学派"的社会转型理论，认为广义社会转型论和狭义转型论具有根本区别，并指出了"新布达佩斯学派"的社会转型理论存在的重大缺陷。③

（2）中国社会转型的内涵、特点、阶段和目标。

当前，中国正处于全面快速转型时期，不同学者从不同角度对当前中国社会转型的基本内涵、特点、主要阶段和目标进行了探讨，现将主要观点概括如下：

第一，中国社会转型的基本内涵。刘瑞认为，当前中国经济转型已经基本定型，中国自2006年确定构建"和谐社会"的目标之后，社会转型真正开始有了明确的指向。④ 胡鞍钢指出，市场转型、社会转型、开放转型和政治转型，是当代中国社会转型的四大维度，其中政府转型是这四大转型的前提和关键。⑤ 黄少安则认为，我国"经济社会转型突出表现为工业化、城镇化、市场化和农业的产业化四个方面"⑥。郑杭生指出，中国社会转型，是中国以社会组织生活和组织模式为核心的社会实践结

---

① 冯绍雷：《原苏东、南欧、拉美与东亚国家转型的比较研究》，《世界经济与政治》2004年第8期。
② 孙立平：《社会转型：发展社会学的新议题》，《社会学研究》2005年第1期。
③ 郑杭生、杨敏：《新布达佩斯学派狭义转型论的重大理论缺陷》，《红旗文稿》2008年第3期。
④ 刘瑞：《中国经济定型之后社会转型若干问题》，《北京行政学院学报》2007年第3期。
⑤ 胡鞍钢：《从经济建设型政府到公共服务型政府》，《中国社会科学院报》2009年6月4日。
⑥ 黄少安：《中国经济社会转型中的土地问题》，《改革》2018年第11期。

构从传统走向现代、迈向更加现代和更新现代的过程。① 金正一指出,中国社会转型的本质是"代表历史发展趋势的实践主体自觉推进社会变革的创造性实践活动","中国新时期社会转型是社会主义基本制度的自我完善和自我发展"②。吴宗友则指出,中国社会转型"是在与强势的西方现代文明相冲突、格义的过程中向占有绝对优势的西方文明被迫跟进的过程和结果"③。

第二,中国社会转型的基本特点。郑杭生指出:中国社会各种现象都深深烙上了社会转型的烙印,当前中国社会的发展正是寓于社会结构转型进程之中。④ 商红日指出,当前中国社会转型是"从政治社会向经济社会的转型",在这一过程中"经济社会不断扩张",但经济自身的发展仍存在诸多问题,并引发"文化的尴尬与政治的紧张"⑤。雷龙乾认为,社会主义初级阶段的主要任务就是实现现代化社会转型。中国特色社会主义是中国社会转型的首要特色。⑥ 中国社会科学院"当代中国社会阶层结构"课题组认为,当前中国社会正同步经历从传统农业社会向现代工业社会,由高度集中的计划经济体制向社会主义市场经济体制的"双重转变"或"双重转型"。⑦ 靳江好、王郅强指出,"当代中国社会转型最重要的特征和最深刻的意义在于它把市场化、工业化与现代化和社会主义制度的改革三类重大的社会转型浓缩在了同一历史时空,从而构成了一次前所未有的社会变迁"⑧。何雪松也发表了类似观点,认为中国社会转型的重要特点是"经济、社会、文化领域的改变高度重叠,而且压缩

---

① 郑杭生:《改革开放三十年:社会发展理论和社会转型理论》,《中国社会科学》2009年第2期。

② 金正一、王玥琪:《论中国新时期社会转型的基本属性》,《东北师范大学学报》(哲学社会科学版)2009年第6期。

③ 吴宗友:《文化断裂中的中国社会转型》,《江淮论坛》2017年第1期。

④ 郑杭生:《从传统向现代快速转型中的中国社会(1994—1995)——中国人民大学社会发展报告》,中国人民大学出版社1996年版,第1页。

⑤ 商红日:《马克思主义政治学的当代中国主体——社会转型及和谐社会的基本问题》,载汪永成主编《当代中国政治发展报告Ⅳ》,社会科学文献出版社2005年版,第248—258页。

⑥ 雷龙乾:《中国社会转型的哲学阐释》,人民出版社2004年版。

⑦ 李春玲:《断裂与碎片:当代中国社会阶层分化实证分析》,社会科学文献出版社2005年版,第103页。

⑧ 靳江好、王郅强:《当前社会矛盾呈现五大特征》,《瞭望新闻周刊》2007年第46期。

在较短的时间内展开"①。郑杭生指出，1978年以来的改革开放，使中国社会转型驶入了新的轨道，进入了新的阶段，其最显著的特点是，经济体制改革驱动"社会结构转型和经济体制转轨"交互推进，彼此互为动力，既相互制约又相互促进，"当代中国社会转型的实质是新型社会主义的成长壮大、创新发展"②。在这一意义上，改革是"推动社会转型的根本性动力，唯有改革才能实现民族的向善发展"③。金正一指出，自我主导性是新时期中国社会转型的重要特点。胡鞍钢、马伟指出，1992年中国市场经济体制正式确立后，我国经济社会在转型过程中形成了"农业部门、乡镇企业部门、城镇正规部门和城镇非正规部门"同时存在的"四元结构"，形成了"四大经济板块、四大社会群体"④。周晓虹站在世界文明演进的角度指出：尽管中国社会转型有其"独特的历史背景和运作逻辑"，但与近代以来其他国家的社会转型一样，"依旧是一种朝向现代性的运动"，不能将其视为"与整个世界文明进程背道而驰的'反向车'"⑤。

第三，中国社会转型的阶段划分。关于社会转型的起始时间点和阶段划分，一种观点认为，中国社会转型正式肇始于1840年的鸦片战争。这一转型过程大致经历了启动和慢速发展阶段（1840—1949年）、中速发展阶段（1949—1978年）以及快速和加速发展阶段（1978年至今）这三个阶段。郑杭生、刘祖云等学者在多篇论著中均采用这一划分方法。另一种观点则认为，1978年的改革开放，才是中国社会转型的历史起点。其理由是，虽然1840年至1978年这130多年的时期内我国社会现代性因素逐渐增多，但传统因素仍然占据主导地位。因此，1978年之前的社会

---

① 何雪松：《城乡社会学：观察中国社会转型的一个视角》，《南京社会科学》2019年第1期。
② 郑杭生：《改革开放三十年：社会发展理论和社会转型理论》，《中国社会科学》2009年第2期。
③ 苏奎：《新时期社会转型与改革观念之建构》，《兰州学刊》2018年第8期。
④ 胡鞍钢、马伟：《现代中国经济社会转型：从二元结构到四元结构（1949—2009）》，《清华大学学报》（哲学社会科学版）2012年第1期。
⑤ 周晓虹：《社会转型与中国社会科学的历史使命》，《南京社会科学》2014年第1期。

变迁并不能纳入社会转型的范畴。持这一观点的学者以严振书为代表。①严强认为,根据中国社会转型的实际历程,再参照科勒德克对其他国家社会转型历程的分析,可以把改革开放以来的历史时期分为三个阶段:第一个阶段(20世纪70年代末—20世纪80年代末)是"和科勒德克所讲的'改革'不同的、旧体制解体或解构阶段";第二阶段(20世纪90年代初—2003年)是"新旧体制交替转轨阶段";第三阶段(2003年至今)是"实施新科学发展观、构建社会主义和谐社会的阶段"②。

第四,中国社会转型的主要目标。金正一认为,"中国特色的现代社会转型与和谐社会构建这一双重命题,是中国现代社会发展规律的基本认识和对中国改革与发展进程的一种新的理解","所凸显的是中国特色社会主义发展的新的图景,是对中国现代社会发展的最基本状态的判断和追求"③。胡晓燕认为,"社会转型的目标体系主要是建立一个政治民主化、经济市场化和多元化的社会结构"。④ 胡鞍钢、马伟指出:中国社会转型将"沿着中国特有的历史逻辑演变",其基本转型目标是变当前经济社会"四元结构"为"一体化和均等化",实现"农业现代化""农村工业集聚化""农民工市民化"以及"城乡居民基本公共服务均等化"⑤。李宏斌、钟瑞添指出,中国社会将逐渐向"服务型社会""法理型社会""开放型社会"转型。⑥

综上所述,当前国内学者主要从社会学、政治学、经济学等学科对当代我国社会转型问题进行了较深入的研究,但很多学者主要借鉴了西方学者关于社会转型的概念和分析方法,而很少结合马克思主义社会转型理论(社会发展理论)对当前中国特色社会主义建设理论和实践进行

---

① 严振书:《对中国社会转型期及其阶段性的认识与梳理》,《社会科学管理与评论》2011年第3期。
② 严强:《社会转型历程与政策范式演变》,《南京社会科学》2007年第5期。
③ 金正一、王玥琪:《论中国新时期社会转型的基本属性》,《东北师范大学学报》(哲学社会科学版)2009年第6期。
④ 胡晓燕:《社会转型的制度化阐释及其治理反思》,《东岳论丛》2009年第8期。
⑤ 胡鞍钢、马伟:《现代中国经济社会转型:从二元结构到四元结构(1949—2009)》,《清华大学学报》(哲学社会科学版)2012年第1期。
⑥ 李宏斌、钟瑞添:《中国当代社会转型的内容、特点及应然趋势》,《科学社会主义》2013年第4期。

解读和理论创新,从而使转型理论的"中国化"特色不足。为了弥补这一不足,著名社会学家郑杭生教授、陕西师范大学雷龙乾教授和延边大学金正一教授等人进行了有益的探索。但从总体上看,我国学界在这一领域的研究尚未基于中国历史底蕴和改革发展实践,形成一种"自觉""自信"和"自为"的转型学话语体系。因此需要理论工作者在对社会转型相关问题的研究过程中进一步探索和创新。

(三) 对基本公共服务均等化与社会转型相互关系的研究

关于基本公共服务与社会转型的关系,国内外学者都从不同的角度和层次进行了较深入的研究。从目前所掌握的文献来看,国外学者一般从福利国家和社会政策的角度考察教育、公共卫生、社会保障等基本公共服务制度建设与社会转型、社会稳定的相互关系。帕森斯明确研究了"公共教育制度和公共服务产品在大型现代社会中的整合作用"[①]。哈贝马斯在一般意义上考察了资本主义国家的政治体系,认为发达的资本主义社会为解决合法性问题而设计的政治体系具有两个特征:福利国家与大众民主,分析了社会福利制度对维护资本主义制度的重要作用。德国学者弗兰茨-克萨韦尔·考夫曼的研究,考察了公共服务为核心的社会福利对德国经济社会发展的重要作用。[②] 戈斯塔·埃斯平-安德森等人指出了当今世界福利制度的成就,分析了福利制度(其核心是公共服务)选择对一国经济社会发展的影响。[③] 另一些学者则把研究的焦点集中在了苏东国家由高度集权的计划经济体制向资本主义市场经济体制转轨过程中,公共医疗卫生、社会保障、教育等社会事业与社会转型之间的关系上面。迪特尔·赛格尔特在深入研究中东欧经济社会转型的基础上,指出经济结构调整过程、政治制度转型和福利制度转型之间产生了相互作用,一个领域变化的结果会妨碍其他领域的变化。McAuley 等人认为在前苏东社会主义国家转型过程中,社会保障的改善既有助于改善社会的福利水平,

---

[①] 刘涛:《社会整合与基本公共服务均等化——迈向均衡发展的德国社会政策》,《社会政策研究》2017 年第 2 期。

[②] [德] 弗兰茨-克萨韦尔·考夫曼:《社会福利国家面临的挑战》,王学东译,商务印书馆 2004 年版。

[③] [丹麦] 戈斯塔·埃斯平-安德森:《转型中的福利国家——全球经济中的国家调整》,杨刚译,商务印书馆 2010 年版。

又有利于加快转型的进程。而 Andrew Atkeson 等人的研究却指出，社会保障的改善的确有利于改善社会整体福利水平，但延缓了社会转型的步伐。[1] Robert Holzmann 指出，包括基本公共服务在内的社会事业的建设，是中东欧国家在由计划经济向市场经济转型过程中的首要任务。这些国家的社会建设主要面临两个方面的挑战：第一，它们在经济转型过程中，需要为脆弱的社会提供一个安全网络，以支持社会领域和政治领域的改革；第二，在更市场化或者完全市场化的环境中，必须重建社会事业，以确保社会公平和改善经济效率。[2] James L. Gibson 在研究俄罗斯民主转型相关问题时指出，为了改变传统的极权主义做法，俄罗斯需要以高水平的政治能力来建立广泛的社会事业，并以此来传播民主理念。[3] Ljubljana 研究中欧和东欧一些新欧盟成员国的公共服务，重点考察了这些国家在转型过程中，教育、医疗等公共服务制度变迁的历程。[4] 雅诺什·科尔奈、翁笙和研究了东欧国家后社会主义转型过程中卫生部门改革与社会转型的互动问题，并探讨了卫生部门进一步改革所应遵循的原则。[5] Tomáš Sirovátka 在研究捷克社会保障制度转型的过程中指出，在一国的转型过程中，社会民众对社会正义的需求持续增加，而往往经济效率又被置于优先地位。市场转型需要社会民众广泛的政治支持和新兴民主制度的稳定化。社会事业的成本作为人力资本投资，日益成为经济基础设施的一部分，这对保障未来的经济繁荣具有重要作用。[6] Alfio Cerami 在研究中欧国家的转型问题时发现，社会服务战略在中欧国家的民主转型过程中，在缓解经济转轨负面效应方面并未发挥关键作用，但它们是重要的

---

[1] Andrew Atkeson, Patrick J. Kehoe, "Social Insurance and Transition". *International Economic Review*, Vol. 37, No. 2, 1996, pp. 377 – 401.

[2] Robert Holzmann, "Social Policy in Transition from Plan to Market". *Journal of Public Policy*, Vol. 12, No. 1, Jan. – Mar. 1992, pp. 1 – 35.

[3] James L. Gibson, "Social Networks, Civil Society, and the Prospects for Consolidating Russia's Democratic Transition" *American Journal of Political Science*, Vol. 45, No. 1, Jan. 2001, pp. 51 – 68.

[4] Ljubljana, "Social Services in Transition, Building Capacity—Improving Quality, Social Services in New Member States". *ESN working paper for the seminar*, www.esn-eu.org.

[5] ［匈］雅诺什·科尔奈、翁笙和：《转轨中的福利、选择和一致性：东欧国家卫生部门改革》，中信出版社 2003 年版。

[6] Tomáš Sirovátka, "Adequacy of Social Security System in Transition: The Czech Case", *Paper to the NISPAcee Conference*, Budapest, April 13 – 15, 2000.

民主化动力资源,为新建立的以市场为导向的秩序提供了合法性。① Kati Kuitto 对中东欧国家转型过程中不同社会政策模式对社会转型的效果和成本进行了相对深入的分析。② 也有少数学者对当前中国公共服务事业建设与社会转型的问题进行了研究,如 Koen Rutten 指出,改革开放前,中国虽然贫穷但十分平等。中国经济的快速发展带来了更高的人均收入,但也引起了明显并日趋扩大的社会分化。当前中国需要立即采取优先措施来回应市场经济转型过程中的负面效应。这些回应措施必须包括公共卫生、教育、基础设施、失业保险等公共服务的供给。③

国内学者对我国基本公共服务均等化与社会转型互动关系也做了较深入的探讨,但相关研究成果并不多见。一些学者在讨论我国基本公共服务均等化体制建设的现状、加快我国社会建设,以及构建适合我国基本国情的适度普惠型福利社会时,附带讨论了基本公共服务体制建设与社会转型的互动关系。吕炜、赵佳佳分析了公共服务供给与收入差距调节之间的关系,认为公共服务可以减少生产投入和提高生产效率,以及提高社会成员福利水平而调节收入差距,并保障低收入群体共享发展成果。④ 熊跃根探讨了社会福利和社会政策在预防和解决社会问题、以政府公共行动满足人类需要,以及"实现社会秩序和社会关系的生产与再生产"等方面具有的重要功能。在当前中国社会转型背景下,执政党和政府应在确保经济稳定发展的同时,促进经济社会的协调发展,以实现"经济效率和社会秩序的双重目标"⑤。黄金辉等人分析了基本公共服务供给对经济健康发展和政治社会稳定的重要作用,并指出在新的历史条件

---

① Alfio Cerami, "Central Europe in transition: emerging models of welfare and social assistance", http://mpra.ub.uni-muenchen.de/8377/.

② Kati Kuitto, "Coping with the costs of transition—patterns of social outcomes and welfare policy efforts in Central and Eastern Europe", Paper prepared for presentation at the ESPA net Annual Conference 2007 Vienna University of Economics and Business Administration, Austria 20 – 22 September.

③ Koen Rutten, Social Welfare in China: The role of equity in the transition from egalitarianism to capitalism, 2010 March, Asia Research Centre Copenhagen Business School Asia Research Centre, CBS, Copenhagen Discussion Papers 2010 – 32.

④ 吕炜、赵佳佳:《中国经济发展过程中的公共服务与收入分配调节》,《财贸经济》2007年第5期。

⑤ 熊跃根:《社会政策:理论与分析方法》,中国人民大学出版社2009年版,第166页;熊跃根:《转型经济国家的社会变迁与制度建构:理解中国经验》,《社会科学》2010年第4期。

下更好地维护社会稳定,必须以进一步优化基本公共服务供给为基础和保障。王玮指出,社会转型、经济体制转轨、民主政治制度不完善、利益分化严重以及法治化程度低等是我国现阶段推进公共服务均等化必须面对的现实约束。社会转型和经济转轨是我国公共服务均等化最根本的制约因素。① 孙爽在探讨公共服务与我国经济协调发展关系时指出,公共服务对缩小城乡差距、区域差距和贫富差距具有突出作用,"公共服务适度倾斜是控制贫富差距和调整阶层关系的重要推动力"②。在分析民主政治制度与公共服务均等化之间的内在关系时,王玮认为,"没有健全的民主政治制度,就不会对政府的公共服务提供活动形成相应的压力,也就不可能有可持续性的均等化"。在某种意义上,"民主政治制度为公共服务均等化的实现提供了一种长效机制"③。胡志平在多篇文章中都讨论了基本公共服务均等化对"国家治理转型"和"经济高质量"发展的重要正向功能。④

(四) 研究发展趋势

从总体上看,社会转型问题研究是当前国内外学术界共同关注的热点,国外学术界对社会转型问题的研究具有悠久的学术传统,并产生了丰硕的研究成果。在研究后发现代化国家如何实现现代转型和西方国家向后工业化时代转型的同时,当前西方学术界将社会转型问题研究主要聚焦于原苏东社会主义国家从高度集权的计划经济体制向市场经济体制转轨,以及高度集权的政治体制向民主政治转型等重大理论实践问题方面,并产生了一系列重要成果,其代表性学术团体为"新布达佩斯学派"。国内学术界对社会转型问题的研究,主要集中在经济学领域的市场经济转轨研究和社会学领域的

---

① 王玮:《我国公共服务均等化的困境及其化解——基于现实约束条件的分析》,《经济学家》2010 年第 5 期。

② 孙爽:《公共服务是政府破解"三大差距"难题的重要着力点》,《理论与现代化》2010 年第 4 期。

③ 王玮:《多重约束条件下我国均等化财政制度框架的构建》,中国社会科学出版社 2011 年版。

④ 参见胡志平《国家治理现代化的公共服务路径》,《探索》2015 年第 6 期;胡志平《公共服务均等化与国家治理转型的"三维"匹配》,《探索》2016 年第 3 期;胡志平《经济高质量发展的公共服务动力》,《社会科学研究》2018 年第 6 期。

社会结构转型研究。此外，其他学科领域也有少量研究成果。在中国社会全面快速转型背景下，当前学术界对中国社会转型问题掀起了新一轮研究热潮。

人民群众日益增长的基本公共服务需要同政府基本公共服务供给不足供给不均之间的矛盾日益成为我国主要社会矛盾的表现形式之一。厘清基本公共服务的内涵，明晰我国基本公共服务的主要内容，破解我国基本公共服务供给的难题成为理论界研究的重要主题。2006年执政党和政府提出基本公共服务均等化战略以来，基本公共服务均等化问题研究日益成为国内学术界的研究热点，并产生了大量的成果。但从目前的研究现状来看，学术界对基本公共服务均等化问题的研究仍主要集中在财政学、公共管理等学科领域，而较少从社会学、历史学和制度经济等学科领域对这一问题进行深入研究，因此也就在一定程度上限制了对基本公共服务均等化这一问题的全面、系统和深入的认识，忽视了基本公共服务均等化对促进经济高质量发展、推动社会主义民主政治建设、促进社会整合和维护社会稳定方面的重要价值，也难以全面把握影响基本公共服务均等化的重要因素，不利于基本公共服务均等化战略的持续深入推进，从而在一定程度上制约了国家治理体系与治理能力现代化水平的提升。因此，在我国社会全面快速转型背景下，运用政治学、社会学、公共管理学和制度经济学等多学科的理论资源和研究方法，进一步研究我国基本公共服务均等化战略的重大理论与实践问题，是下一步研究的重点和学术成果的重要增长极。

当前中国社会合意性转型对基本公共服务均等化的内在需求，以及基本公共服务均等化对推进中国社会合意性转型的正向功能，是基本公共服务均等化体制构建和社会转型互动关系的基础。只有充分把握基本公共服务均等化与社会转型相互促进、相互掣肘的关系，才能有效促进基本公共服务均等化与社会转型的良性互动，更好地推动基本公共服务均等化战略的持续深入，促进中国社会的合意性转型，从而不断促进中国特色社会主义的成长和完善，进一步加快中国现代国家建设，促进中国由世界大国成长为世界强国。虽然从总体上看，当前我国学术界对中国基本公共服务均等化与社会转型的研究，产生了一些成果，但仍然十分不足，急需进一步拓展和深化。

四 核心概念界定

（一）公共服务的相关概念界定

1. 公共服务

在借鉴已有研究成果的基础上，本书认为，公共服务是政府等公共部门基于其基本职能和责任，以满足社会公共需求、维护公共利益为目标追求，通过多元主体供给，为全体公民基于其政治社会权利所消费和享用的服务。根据这一定义，公共服务主要具有以下特征：一是公共服务是政府等公共部门的基本职能和责任，有效供给公共服务是政府存在的依据，是现代政府合法性的重要来源。二是满足公共需要与公益性特征是界定公共服务的重要标准。公共服务并非完全等同于萨缪尔森等人所指出的具有"非竞争性"和"非排他性"特征的公共产品。相反，一些私人产品和服务，或市场供给低效率（无效率）和不愿供给的产品和服务，因其关乎民众的基本生存和发展权利而必须由政府承担基本责任。三是在现代市场经济条件下，为避免政府在公共服务供给过程中的不足，可引入市场机制和社会组织，形成以政府主导的多元供给机制，而不能以是否由政府单独供给作为公共服务与否的标准。四是公共服务是一国公民不分其性别、年龄、种族、社会地位、信仰等差异都能消费和享受的服务。

2. 基本公共服务

综合已有研究成果，本书认为，基本公共服务是政府等公共部门基于一定的经济社会发展水平，为保障和维护广大民众基本生存和发展权利，保障和改善基本民生，适应不同阶段经济社会发展迫切需要而供给的最核心的公共服务。据此，基本公共服务概念首先是一个具有阶段性特征的概念，在不同经济社会发展水平状态下，基本公共服务所涵盖的内容具有一定的差异性。如在经济社会发展水平较低的阶段，基本公共服务可能更多地侧重于保障民众的基本生存权利。而随着经济社会发展水平的提高，基本公共服务则可能更多倾向于保障民众的基本发展权利。其次，基本公共服务具有基础性特征，它只包括公共服务中最基础、最核心的部分。最后,基本公共服务具有普惠性、共享性特征,每一位公民都应依法享有基本公共服务。根据《"十三五"推进基本公共服务均等化规划》,当前我国基本公共服务的内容主要包括基本公共教育、基本劳动就业创业、基本社会保险、基本医疗卫生、基本社会服务、基本住房保障、基本公共文化体育和残疾人基本公共服务9个项目。[①] 为论述方便,本书重点关注基础教育、公共医疗卫生和基本社会保障等基本公共服务。

3. 基本公共服务均等化

基本公共服务均等化,是指所有公民不分城乡、区域和群体都能大致均等地享有基本公共服务的过程。就我国基本公共服务供给的现实情况而言,基本公共服务均等化大致有两重要求:一是基本公共服务制度在城乡、区域和不同群体之间一体化的过程;二是基本公共服务标准逐渐统一、基本公共服务供给结果大致均等的过程。基本公共服务均等化,不是基本公共服务平均化,而是基本公共服务供给逐渐实现动态均衡的过程。

(二) 社会转型的相关概念界定

1. 社会转型

社会的概念有广义和狭义之分。广义上的社会概念涵盖了经济、政治、社会(狭义)和文化的方方面面,而狭义的社会概念则是与政治、经济和文化相对应的社会。如和谐社会建设中的"社会"是广义上的社会,而社会建设则是指狭义概念上的社会。本书"社会转型"概念中的社会是广义概念上的社会。据此,本书认为,社会转型是指一国(地区)的现代性因素不断生成和增长的社会变迁过程。在这一意义上,社会转型即为社会渐进式发展、螺旋式上升的过程,其总体目标是实现一国(地区)的现代化。在理论研究中,很多学者同时使用"社会转型"和"社会转轨"两个概念,也有一些经济学家更偏向于用"转轨"这一概念而不用"转型"的概念。但实际上,"转型"与"转轨"概念存在较大

---

① 《国务院关于印发"十三五"推进基本公共服务均等化规划的通知》。

差异。与社会转轨不同，社会转型并没有整齐划一的路径和战略，也没有一个预设的、单一的目标。① 社会转型更强调结合本国（地区）实际，自主选择其转型战略和路径，并构建富有自身特色的社会发展目标。因此，"转型与转轨是两种截然不同的制度变迁模式"②。

2. 社会合意性转型

合意性（desirability）是一个经济学概念，主要指某种经济发展战略政策、经济现象符合经济发展规律，并与经济行为主体的目标追求具有一致性。③ 社会合意性转型，是指社会转型主体根据经济社会发展的一般规律和潮流，自主、协调、有序推动社会整体变迁，并以较低社会成本实现其现代化建设目标的社会转型。具体而言，社会合意性转型具有以下几层含义：（1）转型目标可以设计和规划。对后发现代化国家而言，社会转型并不是一个自发的过程，而是受到国内外多方力量、多种因素推动的过程，由于国内社会力量的发育不足，国家（政府）便成为社会转型的"推动性力量"。④ 从后发现代化国家社会转型的历史来看，大多数国家都是被迫卷入全球化进程的，甚至有些是受到国外势力的控制而走上现代化道路的，属于典型的"刺激—反应"型社会转型。随着 20 世纪民族解放运动的兴起和发展，后发现代化国家纷纷摆脱殖民势力的控制，开始走上民族独立发展的道路，并开始独立主导本国社会的转型，

---

① 从词义上来看，转轨是指列车从一个运行轨道转到另一个业已铺就的轨道，这就预示着列车转轨后的运行路径已被设定，且只能沿着这一轨道运行下去，其终点是明确的。列车所能选择的仅是运行速度的大小。社会转轨在某种程度上，可以视为一个社会从一种模式向另一既定发展模式的转变。社会转轨的潜台词在于，不仅社会发展的目标已经被预设，即"从过去的某一点转到某一个预定的目标"（董海军：《转轨与国家制度能力》，上海人民出版社2007年版，第15页），且任何国家（地区）都将这一目标视为最终目标，更重要的还在于，社会转轨的路径和战略也被设定，认为只有采用某种战略和模式，才能实现既定目标。从现实来看，一些学者所强调的转轨，即为对"华盛顿共识"的采用，转轨目标即为实现美国式的现代化。杰弗里·萨克斯等人为东欧前社会主义国家开出的"休克疗法"的失败，给社会转轨论的倡导者提出了严峻的挑战。参见［美］戴维·埃勒曼《为什么休克疗法是错误的》，《国外社会科学》2003年第11期。

② 罗卫东、姚中秋：《中国转型的理论分析》，浙江大学出版社2009年版，第24页。

③ 参见闵远光《利率平滑操作的宏观微观合意性——理论、机制及应用》，博士学位论文，上海交通大学，2009年，第5页。

④ 李琳：《政策供给与社会转型——对1978年后中国社会发展的一种分析》，博士学位论文，复旦大学，2004年，第55页。

设计和规划本国社会转型的目标,选择本国的转型战略。(2)社会合意性转型必须符合经济社会发展规律和潮流。"对后发现代化国家而言,如何在既定国际格局和资源禀赋条件下,逐步摆脱国内社会资本匮乏、文化落后和制度低效的落后状态,持续快速改善人民物质与精神生活境遇,有效保障民众合法权益与维护基本尊严,是其现代化建设的重要目标与历史使命。"[1] 推进社会合意性转型,必须根据本国的基本国情选择转型战略,设计转型目标,而不是照搬其他国家的发展模式。(3)社会转型的过程应具有自主性、有序性和持续性特征。(4)社会转型具有整体性,经济、政治、文化和社会具体领域转型应协调推进和相互支撑。(5)转型结果符合主要推动者与组织者的预期目标,并实现社会发展的帕累托改进,增进广大民众的社会福祉,并得到广大民众的认可和接受。社会转型的顺利推进,需要诸多社会条件。对后发现代化国家而言,作为社会转型组织者和推动者的政府,理性地探讨社会转型的一般规律,以及促进社会合意性转型的基本条件,是顺应社会转型发展趋势,增强其促进社会合意性转型能力的重要前提。

3. 中国社会转型

"现代化是理解世界和中国社会变革与转型的一个重要分析框架。"[2] 中国社会转型主要是指1840年以来中国经济社会发展理念、社会结构、民众生产与生活方式逐步走向现代化的过程。1840年以来中国社会转型的过程又可以分为不同的阶段。其中,1978年以来的社会转型,可称为新时期中国社会转型。这一社会转型兼具中国特色社会主义和现代化建设的双重规定性,其本质是中国特色社会主义的成长和完善。

五 研究思路与研究方法

本书将以马克思主义特别是马克思主义中国化的最新理论成果为指导,以马克思、恩格斯的人的需要理论为逻辑起点,吸收借鉴西方学者

---

[1] 丁忠毅:《国家软实力建设与"中国模式"的自我完善》,《四川大学学报》(哲学社会科学版) 2012年第3期。

[2] 董克用、魏娜:《迈向2030:中国公共服务现代化》,中国人民大学出版社2018年版,第2页。

的发展型社会政策、新公共服务与新公共管理等理论成果，综合运用政治学、新制度经济学、公共管理学、社会学和历史学等学科的理论资源和研究方法，力图对中国基本公共服务均等化与社会转型的互动关系问题进行全面而深入的研究，并探讨新时代推进基本公共服务均等化的可能路径。

（一）研究思路

马克思主义认为，人的需要的持续有效满足，是人类创造历史、推动社会发展的基本条件和重要动力，而经济社会的发展必须以人的全面解放为最终目标和价值取向。在现代市场经济条件下，基本公共服务供给日益成为满足广大民众基本生存和发展需要的基础性制度，并成为政府的核心职能之一。对转型社会而言，基本公共服务在满足人的需要、增进政治合法性、改善经济发展方式和促进社会稳定等方面的重要正向功能，决定了其在促进社会合意性转型中的重要作用。但一国社会转型期间经济社会发展的总体水平、经济社会发展理念、经济社会制度安排、战略选择和具体公共政策措施等诸多因素，又将在总体上影响基本公共服务的发展，二者之间存在既相互促进又相互制约的互动关系。促进基本公共服务供给与社会转型的良性互动，既是推动一国社会合意性转型的内在要求，也是促进一国基本公共服务持续健康发展、有效实现广大民众基本生存和发展权利的根本保障。中国作为最大的后发现代化国家，当前正处于社会全面快速转型时期，其社会转型的合意性推进，也必须以适度有效的基本公共服务供给为前提和支撑。但受经济社会发展理念、战略和总体水平等诸多因素的影响，长期以来，中国基本公共服务在总体上滞后于经济发展，并在城乡、区域和不同社会群体之间具有明显的非均等供给特征，已成为我国发展不平衡不充分的重要表征。随着广大民众基本公共服务需求结构逐渐升级转型和规模的不断扩大，广大民众日益增长的基本公共服务需求同政府基本公共服务供给不足、供给不均之间的矛盾日趋凸显，严重阻碍了社会转型的合意性推进。在当前我国社会全面快速转型的关键时期，必须站在促进社会合意性转型、推动中国特色社会主义自我完善与推进国家治理体系和治理能力现代化的高度，努力推动基本公共服务均等化与社会转型的良性互动。基于以上思路，本书的具体写作思路如下：

本书在梳理国内外相关研究成果的基础上,首先从一般理论分析的角度,探讨了社会合意性转型的条件,以及基本公共服务供给在创造社会合意性转型所需条件方面的价值。其次,采用法国年鉴学派大历史、长时段研究方法,考察1840年以来我国社会转型的演进阶段,剖析了当前我国社会转型的动力机制,并研判了未来10—20年中国社会转型的总体发展趋势。在对我国社会转型演进阶段进行总体回顾的基础上,对1949—2002年我国基本公共服务供给与社会转型互动关系进行了历史回顾和反思,整体考察我国城乡、区域和不同社会群体之间基本公共服务非均等供给的特征,重点剖析了基本公共服务非均等供给对社会合意性转型的负面影响,并对2003年以来我国基本公共服务均等化的进展情况进行了跟踪考察和总体评价。再次,基于当前我国社会转型的现实情况和总体趋势,探讨了我国社会转型对基本公共服务均等化的新要求,并从基本公共服务均等化的宏观环境培育和运行机制建设构想等方面,探讨了促进基本公共服务均等化与社会转型良性互动的可能路径。

(二) 研究方法

结合上述研究思路,本书拟主要采用以下三种研究方法:

第一,文献研究法。通过手工和电子检索,查阅并系统梳理国内外关于基本公共服务供给和社会转型等相关文献,充分借鉴吸收已有研究成果。

第二,历史研究法。本书拟采用年鉴派学者的长时段理论,对1840年以来中国社会转型的螺旋式推进,以及1949年以来中国基本公共服务体制变迁与社会转型互动共进关系进行历史回顾,重点考察了基本公共服务体制变迁与社会转型互动共进的一般规律。

第三,调研法。2008年以来,作者参加了《成都农村基层民主政治建设与村镇综合配套改革研究》和《中国西部农村基层政府公共服务供给能力研究》等相关课题,对西部地区部分省市特别是成都市各区(市)县农村基本公共服务均等化进行了长期关注和调研。这些调研对思考促进我国基本公共服务均等化体制机制构建与社会转型良性互动的途径,具有重要启示意义。

六　可能的创新点与不足之处

（一）可能的创新之处

第一，在马克思、恩格斯社会发展理论的指导下，借鉴吸收西方社会转型理论，从意识形态（经济社会发展理念）、政治有效性、经济发展方式转变和民众政治社会心理等多个维度，深入探讨分析了推进社会合意性转型的必要条件，进一步深化了对社会转型条件的理论认识。从维护广大民众基本生存与发展权利、保障和改善民生、促进经济发展方式转变、改善政治合法性和有效性、推动主流意识形态转变等方面，全面系统地探讨了基本公共服务均等化对促进社会合意性转型的重要社会价值。

第二，在中国社会全面快速转型的视野下，将基本公共服务供给与社会转型联系起来，探讨了基本公共服务均等化在推动社会转型中的正向功能，考察当前基本公共服务供给存在的主要问题及其对社会合意性转型的不利影响，揭示二者相互促进、相互掣肘的关系。

第三，采用年鉴派史学长时段和黄仁宇的大历史研究方法，对1949年以来中国基本公共服务体制变迁与社会转型互动共进关系分阶段地进行历史回顾，并对各阶段二者互动共进关系进行反思，总结不同阶段二者互动共进的基本经验与教训，及其对当前二者互动关系发展所形成的不良路径依赖特征。

第四，从城乡、区域和不同社会群体三个维度对我国基本公共服务长期非均等供给的主要表征进行考察，指出这种非均等供给的制度安排在本质上是对公民合法政治社会权利的制度化排斥。在此基础上，从违背社会主义公平正义原则、导致民生问题突出、限制经济社会包容性发展，以及不利于社会和谐稳定等方面，全面系统地剖析了基本公共服务长期非均等供给对社会合意性转型所造成的负面影响，分析加快推进基本公共服务均等化的必然性和紧迫性。

第五，在把握基本公共服务均等化与社会转型相互促进、相互掣肘关系的基础上，探讨中国社会转型的现实情况和总体趋势对基本公共服务供给提出的新要求；打破将基本公共服务均等化等同于公共财政均等化的思维束缚，从形成基本公共服务均等化与民主政治建设、社会建设有机互动的新格局、强化政府基本公共服务职能，以及健全基本公共服务均等化的法律制度体系等方面，探讨基本公共服务均等化的宏观制度环境培育问题；并从强化政府主导作用、完善运行协调机制、构建多元合作治理机制、基础设施均衡覆盖机制和激励机制等多个角度，对基本公共服务均等化的运行机制建设进行了构想，力图更好地促进基本公共服务均等化与社会转型的良性互动，从而为我国社会合意性转型提供有益的理论支撑和新的思路。

（二）不足之处

第一，由于专业背景和知识结构所限，本书对基本公共服务非均等供给水平、基本公共服务非均等供给对我国社会转型的负面影响，更多的是基于对事实和经验的概括，而缺乏必要量化的分析，在一定程度上影响了研究的阐释力。

第二，本书虽然从意识形态、经济发展方式、政治有效性和民众政治社会心理协调等方面分析了基本公共服务均等化战略的实施有利于为当前我国社会的合意性转型提供支撑，但由于专业能力所限，本书并未探讨何种水平的基本公共服务均等化最有利于社会的合意性转型，并构建相应的分析框架和模型，从而为基本公共服务均等化提供更加科学的理论支撑。

第三，本书主要从整体角度思考了我国基本公共服务均等化的思路，而对基础教育、公共医疗卫生、社会保障等具体领域的基本公共服务均等化的路径思考不足，因而对不同领域基本公共服务均等化的参考价值不足。

第 一 章

社会合意性转型：基本条件与基本公共服务均等化的价值

原发现代化国家社会转型的历史经验表明，任何一个国家（地区）社会转型的顺利推进，都必须以一定的社会条件为前提。对后发国家而言，根据经济社会发展不同阶段的具体情况，自觉创造促进社会合意性转型的社会条件，是其现代国家成长和现代化建设顺利推进的内在要求。

基本公共服务供给作为增进社会福利的核心途径，在保障公民权利、推动经济持续健康发展、维护社会公平正义，促进社会和谐稳定方面具有重要价值，被称为社会的"稳定器"和"安全阀"，对促进社会合意性转型具有多重价值。受发展理念、国家能力、发展战略等多方面因素的影响，当前包括前社会主义国家在内的转型国家的基本公共服务供给，在总体上存在总量不足和非均等供给等突出问题。这些问题的长期存在，不利于社会个体生存和发展权利的实现；不利于减少社会分化、增进社会团结、促进社会公正和维护社会稳定，也不利于巩固政府的合法性基础。转型国家基本公共服务供给存在的突出问题，日益成为制约这些国家顺利转型的重要瓶颈。[1] 因此，对转型国家而言，加快构建与其基本国情相适应的基本公共服务均等化体制，对促进其社会合意性转型具有重要的价值。

---

[1] 参见［匈］雅诺什·科尔奈《后社会主义转轨的思索》，肖梦译，吉林人民出版社2011年版，第190—236页。

第一节　社会合意性转型的基本条件

根据前文的分析，社会合意性转型是社会主体的思想理念、行为模式，以及经济、政治、社会和文化等具体领域的协调转变、有机联动，并以较低社会成本实现转型目标的社会变迁过程。为讨论方便，在此主要运用"国家—社会"二分法，将社会转型的主体分为国家（政府）和社会两大主体，主要从主流意识形态（国家）和民众政治社会心理（社会）两个角度考察社会合意性转型的条件。主流意识形态背后具有强大的公共权力支撑，其转型必然要求政府行为模式作出相应的转变以与之相适应。而对经济、政治、社会和文化等具体领域的条件的考察，则主要集中在政治和经济两个领域。因为，在生产力水平既定的情况下，国家主流意识形态和社会民众心理，是文化层面影响经济社会发展最重要的因素，二者的交互作用，为政治、经济和社会发展提供了价值规范和蓝图。政治作为公共资源和价值的权威性分配，在规范意义上是国家主流意识形态和民众政治社会心理的集中体现，对民众的经济社会权利的分配和协调具有关键性影响。

一　主流意识形态的现代转型

1796年，法国哲学家德斯蒂·德·特拉西在描述其关于观念和感知的产生、结合与后果分析这一新学科的计划时，提出了"意识形态"（Ideology）一词。[①] 在特拉西看来，意识形态是"关于社会的唯一的科学"，即"关于社会的科学只能是意识形态"[②]。意识形态概念诞生之后，虽然孔多塞、黑格尔、费尔巴哈等众多理论家对其进行了不同的解读，但马克思却是赋予其真正理论意义的开创者。[③] "马克思的著作在意识形态概念史中占有中心地位。"[④] 正如詹姆逊所言，意识形态理论是马克思

[①]　参见［英］约翰·B.汤普森《意识形态与现代文化》，高銛等译，译林出版社2005年版，第31页。
[②]　［英］齐格姆·鲍曼：《立法者与阐释者》，洪涛译，上海人民出版社2000年版，第134页。
[③]　胡辉华：《马克思的意识形态概念》，《暨南学报》（哲学社会科学）2001年第6期。
[④]　［英］约翰·B.汤普森：《意识形态与现代文化》，高銛等译，译林出版社2005年版，第31页。

对"意识形态分析和文化分析最有独创性的贡献之一"①。根据历史唯物主义，意识形态是社会意识的特殊表现形式，它决定于特定物质生产关系，反映的是特定社会中人们的利益、意志和愿望。意识形态作为"观念的上层建筑"，在根本上受制于经济基础。有什么样的经济基础，就要有与之相适应的意识形态。但意识形态绝非被动地受制于经济基础，而是对经济基础具有反作用，甚至在某种状态下对经济社会发展具有关键作用。除马克思外②，曼海姆、卢卡奇、葛兰西、赖希、弗洛姆、哈贝马斯、墨菲和汤普森等人都对意识形态进行了较深入的研究。由于意识形态理念本身的模糊性，以及不同学者的仁者见仁，智者见智，使我们对意识形态概念的理解存在诸多分歧。如曼海姆认为，"'意识形态'这一术语总的来说具有两个截然不同的和可区分的含义"，即特殊含义和总体含义。③ 特殊含义的意识形态，是指"对某一状况真实性的有意无意的伪装"，"只表示论敌作为意识形态的主张的一部分"④。总体含义的意识形态概念"则对论敌的总体世界观（包括他的概念结构）表示怀疑，并试图把这些观念理解为他所参与的集体生活的结果"⑤。汤普森则从政治社会学的角度，认为"意识形态的概念可以用来指特殊情况下意义服务于建立并支撑系统地权力不对称的权力关系的方式……就广义而言，意识形态就是服务于权力的意义"⑥。

在马克思主义意识形态理论的指导下，综合借鉴西方学者关于意识形态的理解，意识形态是基于一定社会存在而对现实生活的认知和对未来社会的设想，以及支撑这种认识和设想的思想体系。主流意识

---

① ［美］詹姆逊：《后现代主义与文化理论》，唐小兵译，北京大学出版社1997年版，第248页。

② 对马克思主义意识形态理论嬗变过程的系统总结和分析，参见中国社会科学院马克思主义研究院编《马克思恩格斯列宁论意识形态》，人民出版社2009年版；俞吾金《意识形态论》，人民出版社2009年版；郁建兴、陈建海《马克思主义意识形态理论的嬗变与转型》，《北方论丛》2008年第1期；曾宪亢《马克思意识形态概念探源——以MEGA-2为基准的考察》，《马克思主义与现实》2018年第2期。

③ ［德］卡尔·曼海姆：《意识形态与乌托邦》，黎鸣等译，商务印书馆2002年版，第56页。

④ 同上书，第56—58页。

⑤ 同上书，第58页。

⑥ 同上书，第7页。

形态是一国统治阶级所建构的公共价值目标与经济社会发展蓝图的观念体系。

意识形态作为一种观念体系，对人的价值认知、行为方式具有引导、规范和激励[①]等多重作用。主流意识形态因其背后强大的公共权力支撑，相较于一般社会思潮而言，更具从价值认知层面转化为现实社会实践的可能性。从政治学角度来看，社会转型的过程，不过是占主导地位的权力运作方式及其所决定的生产组织、资源配置与权利分配方式向另一种方式转变的过程。这种转型内在地要求主流意识形态的转型，从而降低转型的社会成本。一般而言，主流意识形态服务社会转型的模式主要有五种：一是合法化。即通过意识形态的建构，使广大民众认为社会转型过程是合法的、正义的和值得支持的。二是虚饰化。即通过含糊其辞、遮掩和否认等方式来为社会转型提供必要的支撑。三是统一化。通过意识形态消除社会认知和行为差异，从而增强凝聚力和整合力，赢得民众对转型的支持和信心。四是分散化。与统一化相反，分散化主要要通过将不利于社会转型的因素加以分化，以达到各个击破的目的。五是具体化，即通过将暂时的、过渡性的历史事态建构为常态的、永恒的方式来为转型提供必要的支撑（参见表1—1）。[②]

表1—1　　　　主流意识形态服务于社会转型的五种模式[③]

一般模式	典型谋略
合法化	合理化：将某一过程（政策）视为合理的，使人觉得值得去支持 普遍化：开放性，将部分利益塑造为整体利益 叙事化：讲故事，从而赢得民众的参与感和归属感

---

① 激励包括正向激励和反向激励。当人们按照某种意识形态的要求行事时，便可得到物质或精神上的回报，反之，则会受到某种经济损失或惩罚。参见王永钦、包特《公共服务部门的所有权安排及其绩效：一个理论述评》，载复旦大学发展与政策研究中心编《公共服务与中国发展（第二辑）》，上海世纪出版集团、上海人民出版社2008年版。

② 参见［英］约翰·B.汤普森《意识形态与现代文化》，高铦等译，译林出版社2005年版，第58—75页。

③ ［英］约翰·B.汤普森：《意识形态与现代文化》，高铦等译，译林出版社2005年版，第58—75页。作者做了修改、补充和完善。

续表

一般模式	典型谋略
虚饰化	转移：用一物（人）来代替另一物（人），使其所象征的含义发生转移 美化：使某一事物具有或更具正面性 转义：提喻（用局部代指全部）；转喻（暗示而不明说）；隐喻（强调或牺牲某些特点使之带有正面或负面意思）
统一化	标准化：制定标准框架，奠定不同群体的共同基础，如统一度量衡等措施 统一象征化：建构统一的象征、集体认同感和归属感，如唱国歌、升国旗等仪式化活动
分散化	分化：强调不同群体之间的不同 排他：制造一个"他者"，构建一个敌人
具体化	自然化：符合自然规律和自然属性 永恒化："天不变，道亦不变" 名词化/被动化：语言框架效应①，如说"禁止男女同校"而不是"政府禁止男女同校"

这些模式的运用，主要借用了建构主义的理念，其运用过程是意识形态的运用者（政党、政府）与广大民众之间互动的过程。因此，其运用效果不仅取决于政党、政府等行为主体的意识形态建设能力，而且取决于广大民众对某种意识形态的认受程度。正是这些模式的运行，才使意识形态运转起来，从而发挥其统一思想、规范行为、减少交易成本②、强化社会认同和增强社会凝聚力等重要功能。

根据马克思主义社会发展理论，社会转型在根本上是生产力与生产关系矛盾运动的结果。在生产力、生产关系的矛盾运动中，生产力又是最为活跃的因素。但在实际运用马克思主义社会发展理论过程中，不少

---

① 框架效应（Framing effects），也称语意效应，是指语言表达的框架不同会导致不同的行为结果，即使这两种表达方式在逻辑意义上相似或相近。

② 诺贝尔经济学奖获得者诺思在《经济史中的结构与变迁》《制度、制度变迁和经济绩效》等著作中指出，意识形态作为一种非正式制度安排，通过提供一种以公共权力为支撑的价值观念体系而对个体发挥强有力的约束，影响人们的行为决策，从而达到节省交易成本和促进经济发展的作用。参见［美］道格拉斯·诺斯《经济史中的结构和变迁》，陈郁、罗华平等译，生活·读书·新知三联书店1991年版。

研究者往往只强调生产力和经济基础的决定作用，而忽视了生产关系和上层建筑的反作用，从而简单地将其等同于"生产力（经济基础）决定论"。但从社会转型的历史经验来看，意识形态的转型往往成为社会顺利转型的先导和重要条件。

从世界范围来看，现代意义上的社会转型肇始于 14 世纪前后的西欧国家。中世纪后期，孕育于封建社会的商品经济逐步发展，资本主义开始在意大利等国萌芽，但这仅是资本主义生产方式的星星之火。资本主义作为一种生产方式和政治安排在西欧和北美普遍发育和成长并逐渐占据统治地位，还有赖于意识形态领域的几次重大转型。

一是文艺复兴运动的兴起和发展。文艺复兴运动兴起的根本原因在于资本主义的萌芽。[①] 文艺复兴本质上是欧洲人文主义的复兴，它将人们从中世纪基督教神学的桎梏下解放出来，使欧洲社会生活从以神为中心逐渐过渡到以人为中心，并将社会个体的关注重点从末日审判转移到现实生活，人们更加关注现实生活的享受而不是来世的千年王国。文艺复兴运动激发了人们为"创造现实的幸福而奋斗的乐观进取精神"，并为启蒙运动过程中产生的一系列政治学说提供了思想渊源，从而在意识形态领域为资本主义制度的发育和成长开辟了道路，发挥了思想先导作用。[②]

二是新教伦理的生成和扩散。从历史的角度来看，在 14—16 世纪的西欧和中国都产生了资本主义萌芽，但近代东西方历史发展的重大分野就在于欧洲走上了资本主义道路，而中国却在封建制度的框架内轮回，直至西方列强的"坚船利炮"撬开国门，才被迫走上现代转型之路。在生产力水平（经济基础）相似的情况下，人们将求解二者历史分野原因的努力指向了思想意识形态领域。在诸多理论家的解释中，马克斯·韦伯在《新教伦理与资本主义精神》这一著作中的阐释具有广泛的影响力，为人们从思想意识形态领域理解东西方在 16 世纪前后的历史分野提供了启迪。马克斯·韦伯认为，以"节俭""禁欲主义""勤奋"和"天职思

---

① 刘祚昌、王觉非：《世界史近代史编》上卷，高等教育出版社 2001 年版，第 21 页。
② 同上书，第 37—38 页。

想"为核心的新教伦理,是推动"资本主义精神的生活态度普遍发展的,可以想象的最有力的杠杆"①,是促进资本主义发展的"最重要的而且是唯一的前后一致的影响力量。它是培育现代经济人的护卫者。"② 由此可以看出,在宗教改革过程中诞生的新教伦理,对新兴资产阶级摆脱传统宗教意识束缚、推动社会转型过程中具有重要支撑作用。正如马克斯·韦伯指出的那样:"资本主义作为一种经济体制是宗教改革的创造物。"③

三是启蒙运动的兴起和发展。启蒙运动是近代社会转型过程中继文艺复兴之后欧洲的第二次思想解放运动,其核心思想是进步主义和理性主义。在康德看来,"启蒙运动就是人类摆脱自己加之于自己的不成熟状态"④。在启蒙运动过程中,洛克、伏尔泰、卢梭、孟德斯鸠等思想家提出"自然权利学说""社会契约论""人民主权"和"三权分立"等重要政治理论,倡导以"自由""平等""人权""博爱"为核心的政治价值观念。这些政治理论和价值观念对封建专制制度进行了无情的批判,成为《人权宣言》《独立宣言》等重要政治文献的核心思想,构成了资本主义主流意识形态的核心要素,并转化为现实的政治实践,从而为日益强大的资产阶级扫清封建专制的残余和近代社会的政治转型提供了重要的价值理念支撑。

四是经济自由主义信条的诞生和扩散。资本主义生产方式的确立和发展,首先得益于重商主义经济思想对传统重农主义经济思想的颠覆。重商主义对商业、对外贸易、制造业和货币拥有量的重视,为早期资产阶级的发展壮大和资本主义的原始积累提供了巨大的智力支持,对英国

---

① [德] 马克斯·韦伯:《新教伦理与资本主义精神》,彭强、黄晓京译,陕西师范大学出版社2002年版,第167页。
② 同上书,第165页。
③ 同上书,第42页。
④ 康德指出,所谓不成熟状态,是指"不经别人的指导,就对自己的理智无能为力。而其原因不在于缺乏理智,而在于不经别人的引导就缺乏勇气与决心加以运用时,那么这种不成熟就是自己所加之于自己的了。"而启蒙运动的核心就在于启迪人们善于运用自己的理性。正如康德指出的那样,"要有勇气运用你自己的理智!这就是启蒙运动的口号"。参见 [德] 康德《历史理性批判文集》,何兆武译,商务印书馆1991年版,第22页。

等原发现代化国家的社会转型产生了重要影响。① 但重商主义经济思想也有其内在局限,如简单将货币等同于财富②和对自由贸易的限制,对资本主义世界市场的形成造成了极大的阻碍。针对重商主义的局限性,亚当·斯密对其进行了抨击,并认为重商主义"就其性质与实质说,就是一种限制与管理的学说","任何一个国家的政府对于保持或增加国内货币量的关心,都是不必要的"③。在此基础上,亚当·斯密提出了"一只看不见的手"的思想④,认为在经济发展过程中,应减少国家的干预而充分发挥市场这只看不见的手的作用,施行"放任自流"的经济自由主义政策。经济自由主义经过逐步的发展,形成了三条古典原则:"劳动力应由市场决定自己的价格;货币的发行应受到一种自动机制的支配;货物应在国与国之间自由流通而不受阻碍或保护"⑤。经济自由主义诞生之初更多地表现为"对非官僚主义方法的偏爱",只是到了19世纪20年代,它才演化为资产阶级的真正信仰,即"认为人可以通过自我调节的市场实现世俗性的拯救"⑥。自由主义信条的产生和扩散,为重商主义的资本主义向自由资本主义的转型提供了理念支撑,是现代资本主义经济运行机制建立和完善的重要思想先导。

综上所述,14世纪以来,欧洲思想意识形态领域的四次大转型,从经济、政治、文化等维度为近现代资本主义生产力与生产关系的调整提供了理念支撑,是推动欧美国家向资本主义社会转型的思想先导。

我国20世纪70年代以来社会转型的历史经验,也生动地体现了主流意识形态转型在推动社会转型过程中的先导作用。1976年"文化大革命"

---

① 参见李景凤《英国晚期重商主义及其对社会转型的影响》,《重庆科技学院学报》2011年第13期。

② [瑞典]拉尔斯·马格努斯:《重商主义经济学》,陈雷译,上海财经大学出版社2001年版,第12页。

③ [英]亚当·斯密:《国富论》(下卷),唐目松等译,商务印书馆2007年版,第2—229页。

④ 关于"看不见的手"的更多讨论,可参见李井奎《亚当·斯密与"看不见的手"——一场经济思想史的知识考古》,《社会科学战线》2011年第2期。

⑤ [英]卡尔·波兰尼:《大转型:我们时代的政治与经济起源》,冯钢等译,浙江人民出版社2007年版,第116页。

⑥ 同上。

结束后，经济社会百废待兴，如何加快社会主义经济社会发展成为摆在执政党、政府和广大人民面前的重大现实问题。在这一重大历史关头，党的一些领导人在意识形态领域却仍然坚持"无产阶级专政下继续革命论"，继续坚持"以阶级斗争为纲"，并提出了"两个凡是"的思想，严重阻碍了执政党和广大人民从极"左"意识形态的束缚下解脱出来，也不利于经济社会领域的拨乱反正。针对这一情况，邓小平等人明确指出，"两个凡是不行"[①]，在全党乃至全国范围内开展了关于真理标准问题的大讨论，并最终得出了"实践是检验真理的唯一标准"这一重要理论成果。1978 年召开的党的十一届三中全会，邓小平作了题为《解放思想，实事求是，团结一致向前看》的政治报告，重新确立了"实事求是"的思想路线，从而拉开了改革开放的序幕。在改革开放过程中，邓小平在坚持马克思主义基本原理的前提下，不断创新和发展社会主义意识形态，对社会主义的本质进行了重新阐释，认为"社会主义的本质是解放生产力、发展生产力，消灭剥削，消除两极分化，最终达到共同富裕"。特别是针对市场和计划的关系问题，邓小平认为，"计划和市场都是经济手段"，而不是"社会主义与资本主义的本质区别"[②]。这一重要论述和关于姓"社"姓"资"的不争论思想，为我国市场经济体制的建立和完善扫清了意识形态的障碍，是我国从计划经济体制向市场经济体制转型的思想先导。改革开放 40 余年来，执政党和政府始终将解放思想作为改革开放的前提，作为"解放和发展生产力、解放和增强社会活力的总开关"[③]，从而为中国经济社会发展提供了思想先导。从某种意义上说，意识形态领域的转型是我国改革开放的重要前提，没有意识形态的创新和发展，改革开放就难以启动和顺利推进，也就没有举世瞩目的"中国奇迹""中国经验"甚至"中国模式"。[④]"中国改革开放取得成功的重要原因，是始

---

① 《邓小平文选》第 2 卷，人民出版社 1994 年版，第 38 页。
② 邓小平同志的原话是："计划多一点还是市场多一点，不是社会主义与资本主义的本质区别，计划经济不等于社会主义，资本主义也有计划；市场经济不等于资本主义，社会主义也有市场。计划和市场都是经济手段。"《邓小平文选》第 3 卷，人民出版社 1993 年版，第 373 页。
③ 《习近平关于全面深化改革论述摘编》，中央文献出版社 2014 年版，第 16 页。
④ 参见徐增文、房博《社会主导意识形态变迁与中国经济发展：1978—2008》，《南京政治学院学报》2008 年第 6 期。

第一章　社会合意性转型：基市条件与基市公共服务均等化的价值 / 53

终坚持解放思想、实事求是的思想路线"①。

总之，从近代西欧国家转型和改革开放以来我国社会转型的历史轨迹来看，意识形态，特别是主流意识形态的转型，是社会转型的重要内生变量。"成功的意识形态"② 是推动社会合意性转型的精神动力和非正式制度规范，而脱离时代的、僵化的意识形态则是阻碍社会合意性转型的重要樊篱。

二　政治有效性的持续供给

早在两千多年前，古希腊著名哲学家亚里士多德就指出："人是天生的政治动物"。政治的"本意总是在求取某一善果"③。无论是否喜欢，社会个体都不可能完全置身于一定的政治体系之外。④ 政治之于人，之于经济社会发展都具有十分重要的作用。人类历史发展的经验证明，人和经济社会的发展总是与政治发展紧密相关，总是"离不开现实政治对经济与社会发展的有效作用"⑤。从人类发展的历史趋势来看，人的解放必须以政治的解放为前提。⑥ 政治对于人和经济社会发展，之所以具有如此重要的作用，主要有以下方面的原因：

首先，政治是生成和维护公共秩序的重要力量。马克思主义认为，人只有在一定的社会关系中才能实现自我。人与人之间的交往行为造就了人类的公共生活和公共领域。而公共生活和公共领域具有不可避免的内在矛盾和张力，集中表现为人与人之间的利益矛盾和观念冲突。为了使这种矛盾和冲突控制在一定的秩序范围内，从而不至于将人类自身和

---

　　① 李景治：《解放思想是改革开放的"总开关"》，《学术界》2018年第8期。
　　② 这里借用了新制度经济学的概念。所谓成功的意识形态，应当具备以下特征：（1）符合特定历史阶段经济社会发展历史需要；（2）符合经济社会发展规律；（3）能够赢得广大民众的认同和支持；（4）能够为社会发展指引方向，并具有规范约束作用。
　　③ ［古希腊］亚里士多德：《政治学》，吴寿彭译，商务印书馆1997年版，第3页。
　　④ ［美］罗伯特·达尔：《现代政治分析》，王沪宁译，上海译文出版社1987年版，第1页。
　　⑤ 林尚立：《有效政治与大国成长——对中国三十年政治发展的反思》，《公共行政评论》2008年第1期。
　　⑥ 马克思指出："政治解放当然是一大步，尽管它不是一般人类解放的最后形式，但在迄今为止的世界制度范围内，它是人类解放的最后形式。"马克思：《马克思恩格斯全集》第1卷，人民出版社1995年版，第429页。

社会消灭①，就需要基本的价值规范和行为准则，以建立公共生活和公共领域的内在秩序。对任何一个社会共同体来说，"首要的问题不是自由，而是建立一个合法的公共秩序"②。良好的公共秩序，不仅是人类社会理想的重要构成要素，同时也是人类交往行为的基本目标。③然而人类社会发展对秩序的需要是一回事，秩序如何形成又是另外一回事。从人类社会发展的历史来看，自国家产生之后，国家作为公共权力的拥有者，便成为其统辖范围内普遍秩序的主要供给者。政治的核心是围绕利益而展开的权力与权利配置问题，总是与国家和政府紧密联系在一起，其基本的价值目标即为在人类的公共生活和公共领域中，建立普遍有效的秩序，"从而使人类的文明得以维持和传承"④。

其次，政治是公共资源和利益的权威性分配。政治是阶级统治的工具，不同的政治制度安排决定了不同社会群体在国家政治生活和经济社会生活中的地位，其核心问题是利益分配问题，正如列宁所言："政治是经济的集中表现。"⑤而利益的分配问题，不仅在根本上关乎每一个社会成员所能获取的利益份额，而且在根本上关乎积累与消费、生产与消费等问题，从而关乎社会成员合法利益能否得到有效保障和经济社会发展能否持续等一系列重大问题。

再次，政治在生产力发展水平既定情况下决定经济社会发展的效度。经济社会发展方式在根本上受制于生产力发展水平。例如，封建社会的经济社会发展方式与现代信息社会的经济社会发展方式存在根本的差别。但在生产力发展水平既定的条件下，经济社会发展方式在很大程度上受制于政治输出。一般而言，政治影响经济社会发展的主要机制包括意识

---

① 参见恩格斯国家职能理论的相关论述。霍布斯等人在论述国家起源的过程中，也从社会契约论的角度，探讨了国家在维持社会秩序方面的重要作用。霍布斯指出，在自然状态中，人与人的关系类似于"狼与狼"的关系，充斥着尔虞我诈等各种丑恶现象，为了改变这种局面，人们通过契约的方式，成立国家。

② [美]塞缪尔·P. 亨廷顿：《变化社会中的政治秩序》，王冠华等译，上海世纪出版集团2008年版，第6页。

③ 参见张文显《法理学》，高等教育出版社1999年版，第224页。

④ 参见周光辉《政治文明的主题：人类对合理的公共秩序的追求》，《社会科学战线》2003年第4期。

⑤ 《列宁选集》第4卷，人民出版社1995年版，第916页。

形态的调整、经济社会发展模式的选择、经济社会发展的宏观战略制定和具体政策实施等方面。不同政治制度安排和政治决策方式，对经济社会发展具有显著的影响。这从第二次世界大战后的联邦德国和民主德国，以及当前朝鲜和韩国的发展经验中可以得到有效印证。当今世界，市场经济作为现代经济发展的主要制度安排，也会因其内在的局限性而出现市场失灵的情况。这就需要政治作为一种外部力量，对市场失灵的状况加以修正。

最后，政治是民众实现合法政治权利的重要保障。在不同政治制度安排下，民众政治权利的范围和权利属性具有较大差异。从历时性角度来看，政治发展是公民政治权利扩大和实现程度的基本变量。在封建制度下，民众的政治权利十分有限，且这种权利具有显著的垂直依附性，权利的授予者和享有者之间是一种不平等的恩惠关系。而在现代社会，民众的合法政治权利大都以宪法和法律形式予以明确规定，民众享有政治权利的范围进一步扩大，自主性不断提高。从共时性角度来看，不同国家的政治制度选择，是造成不同国家间民众政治权利差异的核心因素。当今世界共有近200个主权国家，但不同国家的民众所享有的政治权利却具有显著差异，其重要原因就在于政治制度安排的差异。

综上所述，政治在保障人的合法权利、促进人和经济社会发展中的重要作用，决定了任何一个国家都必须重视政治有效性的持续供给。所谓政治有效性，是指政治发挥其内在功能，在维系社会秩序、促进人与经济社会持续健康发展方面的效度。政治有效性与政治合法性既相互联系，又相互区别。一般而言，政治有效性的发挥必须基于一定的合法性，合法性基础不足的政治难以真正和持续发挥其有效性，在某种程度上，政治有效性又可以转化为政治合法性。但具有合法性的政治，不一定是有效的政治。[1] 如一些欧美国家早已建立被马克斯·韦伯称为"法理型"

---

[1] 关于政治有效性的概念，笔者受到了林尚立教授的启发。但笔者不主张将政治有效性和政治合法性截然分开。笔者以为，政治有效性是一个理应包含政治合法性的概念，缺乏政治合法性的政治有效性难以维续。相反，政治有效性可以夯实政治合法性的基础。绩效合法性正是基于这一维度而受到重视。参见林尚立《在有效性中累积合法性：中国政治发展的路径选择》，《复旦学报》2009年第2期。另见林尚立《有效政治与大国成长——对中国三十年政治发展的反思》，《公共行政评论》2008年第1期。

合法性的生成和维护机制，但这些国家的政治社会治理却未必有效。从这一角度来看，塞缪尔·P. 亨廷顿一针见血地指出，当今世界各国之间"最重要的政治分野，不在于它们政府的形式，而在于它们政府的有效程度"①。政治上"具有合法性、组织性、有效性和稳定性"的国家，与缺乏这些素质的国家之间的差异，"比民主国家和独裁国家之间的差异更大"。②

如何提高政治对经济社会发展的有效性，是任何国家都必须高度关注的重大理论与实践问题。对于正处于现代化进程中的转型国家而言，政治也大多处于发展变迁状态。在经济社会变革过程中，随着全球化、城市化、工业化、信息化的深入推进，广大民众的政治意识不断深化，政治参与诉求不断增强。由此不仅对传统政治权威和政治制度安排产生了强大冲击，也加大了构建新的政治秩序、塑造新的政治合法性的难度，使政治制度化和政治参与呈现脱节和非同步化发展态势③，极易造成政治不稳定，导致政治难以持续满足经济社会发展对政治有效性的需求，最终影响经济社会的健康发展。

对后发现代化国家而言，政治转型作为一国社会转型的重要维度，具有极大的风险性和不确定性。"民主化是当今世界的发展潮流，民主化的运动是一项全球性的运动"④。任何一个国家的政治转型，都至少在话语上将民主化作为其转型的目标。民主作为一种政权组织形式，往往可以通过强制性的变迁而实现。如美国可以在短时期内推翻伊拉克的萨达姆政权建立美式民主制度，利比亚卡扎菲政权也可以在短期内为美式民主政权所取代，但其民主制度的有序稳定发展则需要很长的时期来实现。民主发展需要诸多内生的经济社会条件，而处于社会转型期的国家往往难以满足这些条件，从而使驾驭民主化成为转型国家政治转型的普遍难

---

① [美] 塞缪尔·P. 亨廷顿：《变化社会中的政治秩序》，王冠华等译，上海世纪出版集团 2008 年版，第 1 页。
② 同上。
③ 同上书，第 4 页。
④ [美] 塞缪尔·P. 亨廷顿：《第三波——20 世纪后期民主化浪潮》，刘军宁译，生活·读书·新知三联书店 1998 年版，第 25 页。

题。一般而言,民主化是现代民主—国家①建设的重要过程,但民主化往往不仅不能成为国家建设的过程,反而是国家的毁灭(State-destroying)过程。多民族国家的民主化尤其如此,民主化经常表现为多民族国家的解体和消失。② 民主质量的低下成为民主转型国家的普遍特征。亨廷顿指出,在西班牙、葡萄牙、阿根廷、乌拉圭、巴西、秘鲁、土耳其、巴基斯坦、菲律宾和大多数东欧国家,民主政府掌权不久便出现民众对其普遍失望的现象。③ 张维为将采用西方民主制度的非西方国家分成两类:"一类是从希望到失望的国家,如泰国、蒙古、菲律宾、格鲁吉亚、乌克兰、吉尔吉斯斯坦。另一类是从希望到绝望的国家,如刚果民主共和国、肯尼亚、海地、伊拉克、阿富汗"④。以泰国为例,1992年以来的民主转型助长了国内的民族宗教矛盾,马来穆斯林的分离倾向日趋凸显,加剧了泰国政局的动荡,从而制约了泰国民主质量的提升。⑤ 原苏东社会主义国家在政治民主化过程中,政治体制的急剧变革,使潜在的民族、宗教和领土争端在短时期内集中显现,"影响了各国转型的顺利进行"。⑥ 这些国家民主化的遭遇有力地证明了民主化过程的巨大风险。⑦ 因此,如何在民主化转型过程中,充分保持政治有效性,对推动政治的顺利转型乃至整个社会的合意性转型都具有基础性作用。

综上所述,政治对社会个体和经济社会发展的重要作用,以及转型国家持续保持政治有效性的困境,决定了必须把政治有效性的持续供给

---

① 现代国家建设是现代民族—国家和民主—国家的有机结合体,民族国家是现代国家的组织形式,其核心是国家主权,而民主国家是现代国家的制度体系,其合法性基础是主权在民。徐勇:《"回归国家"与现代国家的建构》,《东南学术》2006年第4期。
② 郑永年:《政治改革与中国国家建设》,《战略与管理》2001年第2期。
③ [美]塞缪尔·P. 亨廷顿:《第三波——20世纪后期民主化浪潮》,刘军宁译,上海三联书店1998年版,第309页。
④ 张维为:《中国震撼:一个"文明型国家"的崛起》,上海世纪出版集团、上海人民出版社2011年版,第146页。
⑤ 郭雷庆:《试析泰国1992年以来的民主转型与民族分离问题的关系》,《社会主义研究》2017年第4期。
⑥ 参见景维民、张慧君《转型经济的绩效、成因及展望》,《南开经济研究》2003年第1期。
⑦ 参见丁忠毅、刘华、石本惠《新时期中国共产党党内民主建设的边界刍议》,《社会科学研究》2011年第6期。

作为一国社会合意性转型的基础性条件。对转型国家而言，只有保持必要的政治有效性供给，并在这一过程中根据本国国情，有序推进民主化，不断提升民主质量，实现一国政治合法性内核的现代升级，以政治上的赋权和均权促进广大民众经济和社会权利的平等，才能有效维护政治稳定，从而更好地保障广大民众的合法权利，促进经济社会的持续健康发展，实现经济社会的合意性转型。

三 经济发展方式的切实转变

经济发展方式的转变，既是改善人类物质生活条件的基本前提，也是促进政治与社会发展的重要条件。无论是从人类社会发展的历史经验来看，还是从当今社会的发展现状来看，实现经济稳定快速发展是世界各国的共同目标。对于处于现代化进程中的转型国家而言，保持经济持续平稳发展还有一个重要的意义就是逐步摆脱其国内经济的落后状态，从而为其经济的腾飞提供必要的物质基础。

经济的持续快速发展对任何国家而言都具有重大意义，但如何实现经济的平稳持续增长，则是发展经济学所长期致力于解决的世界性难题，且这一难题永远没有普适性答案。原发现代化国家虽早已完成了资本的原始积累，在科学技术和人力资本等领域具有绝对的优势，且拥有全球化的生产组织和销售市场，其经济发展具有较强的内生能力，但受高福利、超前消费等多种因素的影响，一些发达经济体的经济发展也长期处于低迷状态，甚至出现了持续的负增长现象。一些后发现代化国家则受政局不稳定、资本原始积累不足、科学技术落后、人力资本匮乏[1]等多重因素的影响，经济发展绩效长期不佳。

对不同国家而言，影响经济发展绩效的因素多种多样，但一个共同的因素即在于能否根据经济社会发展的不同阶段和水平，及时推动经济发展方式的转型，并实施一种具有比较优势的经济发展战略。[2] 对发展中

---

[1] 林毅夫教授指出，发展中国家禀赋结构的关键特征是：自然资源或非熟练工人相对丰裕，人力资本和物质资本相对缺乏。参见林毅夫《经济发展与转型——思潮、战略与自生能力》，北京大学出版社2008年版，第33—47页。

[2] 参见林毅夫《经济发展与转型——思潮、战略与自生能力》，北京大学出版社2008年版，第33—47页。

国家而言，如果不能及时推动经济发展方式的转变，其经济发展战略就容易违背比较优势原则，从而使其优先发展的产业不符合"要素禀赋结构决定的比较优势"，造成相对于具有比较优势的他国企业而言，其生产成本更高，"因而无法在开放、竞争的市场中生存"，即使有良好的管理，"也难以获得社会所接受的利润率"。① 违背比较优势战略的负面影响很多，如缺乏足够资金从发达国家引进技术来增强自身的创新能力，推动产业结构升级，就容易造成经济发展的路径锁定，从而使经济发展徘徊在低技术水平阶段，进而影响收入分配，造成巨大的收入差距，使穷人难以从经济增长中受益。② 总之，违背比较优势原则的总体性后果即在于经济发展自生能力的不足和成长困难。因此，对转型国家而言，实现经济的持续快速发展，有效跨越"中等收入陷阱"并成功迈向高收入国家发展轨道，是推进社会合意性转型的内在要求。而实现这种转型的关键在于实现经济发展方式的有效转变，并实施本国具有比较优势的发展战略。

在世界经济史上，拉丁美洲国家以及其他一些发展中国家和社会主义国家的经济发展过程，较好地印证了林毅夫教授的上述观点。以拉丁美洲为例，18世纪末19世纪初的拉丁美洲民族独立运动，使拉丁美洲国家开始走上现代化的转型之路。19世纪50年代至20世纪20年代初，拉丁美洲很多国家主要采取了初级产品出口导向型的发展模式，使经济保持了较快增长，其增长率与意大利等国基本持平。③ 但由于未能及时转变经济发展方式，从而难以适应欧美等国进口产品结构的变化，加之受到大萧条的影响，初级产品的出口价格和出口规模大幅下降，1930—1934年，其出口总额比1925—1929年减少了近一半④，使较快的经济增长势头难以为继。初级产品附加值低、供给弹性和需求弹性不足等内在局限性，

---

① 参见林毅夫《经济发展与转型——思潮、战略与自生能力》，北京大学出版社2008年版，第34页。

② 同上书，第34—35页。

③ Victor Bulmer-Thomas, John Coastworth, etc., *The Cambridge Economic History of Latin American*. Vol. 2, *The long Twentieth Century*, Cambridge University Press, 2008, pp. 12–13.

④ 参见江时学《拉美现代化进程中的初级产品出口型发展模式》，《拉丁美洲研究》1995年第5期。

决定了除石油之外的初级产品出口难以使一个国家走上经济持续增长的道路。① 在大萧条和第二次世界大战的外部影响下，拉丁美洲国家开始实施进口替代战略，逐步使经济发展着力于本国的工业化。进口替代模式的实施，使拉美国家的 GDP 在 1945—1980 年年均增长率高达 5.6%。② 但这一转型滞后了 15—25 年，而当拉丁美洲国家意识到这一问题，并逐渐向新型出口导向战略转型的时候，这一转型又被延误了 35—45 年③，从而长期违背了劳动力资源的比较优势，使拉丁美洲陷入了所谓的"中等收入陷阱"，整个拉美地区的经济发展始终徘徊在中等收入水平，而未能成功迈向高收入阶段。④ 初级产品出口导向的经贸战略、产业资源配置不合理与低效率、有利于技术创新的制度供给不足与收入分配不合理是拉丁美洲国家陷入"中等收入陷阱"的重要原因。⑤ 与拉丁美洲国家相对应的是，日本和亚洲"四小龙"，由于及时把握了世界经济发展趋势，并充分结合本国（地区）实际，"通过增长动力机制的转换和经济发展体制的改革"⑥，有力推动了经济发展方式的转变，从而使经济保持了持续快速增长，并成功迈过"中等收入陷阱"，成为高收入国家（地区）。⑦

世界各国（地区）经济发展的历史经验表明，没有经济增长方式的转型，不能算成功的转型。即使在短期内实现了经济的快速增长，也不一定就实现了经济的成功转型。自第一次工业革命以来，"全球 230 多个经济体中只有 60 个成为高收入国家和地区，绝大部分至今还停留在中等

---

① 参见 M. 吉利斯、帕金斯、罗墨等《发展经济学》，经济科学出版社 1989 年版，第 543 页。

② 参见江时学《对拉美进口替代工业化发展模式的初步总结》，《拉丁美洲研究》1995 年第 6 期。

③ 郑秉文：《"中等收入陷阱"与中国发展道路——基于国际经验教训的视角》，《中国人口科学》2011 年第 1 期。

④ 同上。

⑤ 李天国、沈铭辉：《中等收入陷阱的成因及启示：基于拉美与韩国经验的比较》，《拉丁美洲研究》2018 年第 4 期。

⑥ 曾铮：《亚洲国家和地区经济发展方式转变研究》，《经济学家》2011 年第 6 期。

⑦ 根据世界银行的数据指标，1987 年以来，还有 15 个经济体成功跨越了"中等收入陷阱"，这些经济体的规模整体较小，主要包括：希腊、匈牙利、澳门、波兰、葡萄牙、巴巴多斯、塞浦路斯、赤道几内亚、直布罗陀、马耳他、新喀里多尼亚、阿曼、波多黎各、特立尼达和多巴哥。参见陈亮《中国跨越"中等收入陷阱"的开放创新——从比较优势向竞争优势转变》，《马克思主义研究》2011 年第 3 期。

收入阶段"这一残酷事实,证明了一国(地区)经济成功转型的艰巨性和漫长性。[1] 对转型国家而言,在当今科学技术等生产要素日新月异、各国经济紧密相连、世界经济形势复杂多变的情况下,只有根据经济社会发展的趋势,并结合本国经济发展的比较优势,及时转变经济发展方式,才能为经济持续健康发展提供体制机制保障,从而推动本国经济乃至整个社会的合意性转型。

四 民众政治社会心理与社会转型的适应性

民众政治社会心理,是指一国广大民众对当前社会和政治现实的经验式的群体性体验和感受。这种体验和感受既受到一国传统政治文化的影响,又直接源于民众对当前政治、社会生活的价值评判,还来源于与他国民众政治、生活状态的对比所产生的直观感受。民众的政治社会心理,不是单个社会个体对某一具体社会和政治生活现象的心理反映,而是具有群体性特征,其反映的是某一社会群体乃至整个社会的"民心"问题。民众政治社会心理对一国社会稳定与经济社会发展具有重要影响,且这种影响具有普遍性,任何企图忽视民众政治社会心理而实现经济社会持续发展的想法,都是幼稚而不切实际的。中国自古以来就有"得民心者得天下"的古训。正如管仲所指出的那样:"心安是国安也,心治是国治也。"近代中国民主革命的先行者孙中山先生也指出:"政治之隆污,系乎人心之振靡。"[2] 总体而言,民众政治社会心理对一国社会稳定和经济社会发展的影响,主要体现在两个方面:一是当民众政治社会心理与政治社会生活现实相适应时,其对经济社会发展具有正向促进作用。二是当民众政治社会心理与政治社会生活现实相冲突时,其对经济社会发展的反向[3]作用便开始体现出来。这种反向作用的显现,在一定程度上反

---

[1] 郑秉文:《"中等收入陷阱"与中国发展道路——基于国际经验教训的视角》,《中国人口科学》2011年第1期。

[2] 孙中山:《建国方略》,中国长安出版社2011年版,作者序。

[3] 在此,使用"反向"而不是使用"负向"一词的主要原因在于,负向作用是指对经济社会发展的负面作用,而反向作用不一定是负面作用。民众社会政治心理与政治社会生活现实相冲突的重要原因可能在于,政治社会生活的现实不能满足民众的基本利益诉求,或者违背了其基本价值判断。因此,通过民众心理反向作用的发挥,可能促使政府对其政治价值和战略政策进行必要的调整和优化。

映了民众的心理期待和政府价值取向及其发展战略、政策措施的冲突和矛盾。为了维系经济社会的持续稳定发展，一方面要求政府对民众的政治社会心理加以必要的调适；另一方面，更重要的在于政府必须根据民众政治社会心理这一"晴雨表"，来及时调整政府的价值理念、战略措施和行为方式，从而重新赢得广大民众对政府的信任和认同，不断增强社会的向心力、凝聚力和整合力。

对于转型社会而言，由于其政治、经济、社会和文化仍处于改革和完善过程之中，受传统社会政治文化惯性作用、外来文化价值观念冲击等诸多因素的影响，人们的政治社会心理也处于不断的建构和调整过程之中。人们政治社会心理的变化与转型国家经济社会变革态势具有明显的正相关性，社会转型必然推动人们政治社会心理的变化，而人们政治社会心理变化又往往形成制度变迁和社会转型的强劲动力。任何一个国家社会转型的成功，都离不开"精英阶层在全球化推动之下要求解放思想和探索民族自强道路的呼吁"和普通民众"要求改善物质生活与精神生活状态的冲动"二者之间的共鸣。[①] 人们这种求变求强的社会心理，便构成了一国社会转型的内生原初动力。在社会转型过程中，广大民众的政治社会心理便成为社会转型成功的重要精神性力量。在 20 世纪 80 年代末 90 年代初至今的苏东社会转型，为我们理解政治社会心理变化在社会转型过程中的重要作用，提供了经典案例。

苏东社会主义国家建立初期，经济社会发展一度书写了人类社会发展的奇迹，使社会主义主流意识形态，特别是社会主义平等观念深入人心。人们对社会主义的平等充满了向往之情，从而在很大程度上成就了苏东经济社会发展的巨大成就。但在经济社会发展过程中，由于过于注重公平而忽视效率，人们也开始对这一制度显露出不满情绪。这种不满情绪的广泛存在必然销蚀整个社会生产的效率和国家制度安排与政策选择的合法性。对 20 世纪 80 年代末和 90 年代初苏东国家的剧变来说，最致命的民众政治社会心理因素来自苏东社会主义后期"经济和福利分配合法性的丧失"，"广大民众急切地期望，改革能够把那些在旧体制和政

---

① 参见［丹］奥勒·诺格德《经济制度与民主改革——原苏东国家的转型比较分析》，孙友晋等译，上海世纪出版集团 2007 年版，"作者序"第 3 页。

权中被挥霍的财富和福利归还给人民"①。但苏东国家社会以"休克疗法"为核心路径的转型,并没有取得广大民众所预期的效果。由于受社会主义意识形态遗产的影响,人们"对社会不公平的反应更为强烈"②,普遍认为那些"较高收入和财富都被认为是通过不公平的手段获得的"③。因此,在苏东社会转型过程中,"自转型之初就始终存在着对经济改革伴随的不平等的批判"④,这种批判所"引发的失望情绪必然反作用于政治进程"⑤,从而对其既定的社会转型产生一定的阻碍作用。

任何社会的转型,必然要付出相应的社会成本。但受转型战略选择、不同民众社会地位和能力差异等诸多因素的影响,不同的社会群体在社会转型过程中所付出的成本和收益具有较大的差距,由此导致不同社会群体对社会转型的态度具有较大差异。在社会转型过程中,"客观的或可感知的利益或成本塑造了公众对发起和继续推进经济改革的态度(这种态度经过其价值观和情感意识的过滤)"⑥,这种态度既可能支持改革的继续推进,也可能反对继续深化改革,甚至要求中断改革。其中,广大民众,特别是普通民众对社会不公平和个人生活不确定性的心理反应,将极大地影响社会转型进程。

首先,人们对社会不公平的感知将影响人们对社会转型的态度。公平公正已成为现代社会的重要伦理原则。任何国家经济社会的持续健康发展,都必须在实现效率和社会公平公正的动态均衡。社会不公平并不必然与生产生活绝对水平相挂钩,而是通过国内不同阶层、地区、种族之间的悬殊体现出来。人们之所以对社会不公平产生极大关注和共鸣,主要在于"他们认为这些现象与社会的基本价值观相冲突,而并非必然地出于它们认为自身处于劣势"⑦。当一个社会的多数民众对社会不公平产生共鸣的时候,必然损害政权的合法性,并削弱国家能力和执政党的

---

① [丹]奥勒·诺格德:《经济制度与民主改革——原苏东国家的转型比较分析》,孙友晋等译,上海世纪出版集团2007年版,第30页。
② 同上书,第52页。
③ 同上书,第33页。
④ 同上书,第30页。
⑤ 同上书,第31页。
⑥ 同上书,第110页。
⑦ 同上书,第32页。

执政能力，使社会转型缺乏必要的民众基础。

其次，人们对其生活不确定性的主观感受将影响其社会转型的态度。现代社会是一个风险社会，整个社会都充满一种不确定性。① 转型社会变动不居的特征，更是加剧了人们特别是普通民众对这种风险性和不确定性的感知。转型社会普遍存在的基本公共服务体系建设滞后和基本公共服务供给不足的情况，导致普通民众的基本生存和发展权利难以得到有效保障，从而使民生问题凸显，使社会运行缺乏基本的安全网支持。这种状态的长期存在，既可能使普通民众产生一种怀旧心态，并基于理性的角度采取一系列防御性措施来阻止改革的深化，以避免社会转型将其逼到"体面的生存线之下"②，也可能使其铤而走险，对社会稳定造成极大的威胁，从而使社会转型被迫中断。

综上所述，民众的政治社会心理对一国社会转型的顺利推进具有深刻的影响。促进广大民众的政治社会心理与社会转型的协调和统一，是实现社会合意性转型的内在要求和必要条件。

通过对转型国家社会转型历史进程的考察可以发现，任何国家社会转型的成功，都需要从整体上具备这些条件，并使其发挥有效的协同作用。但这些条件并不是社会合意性转型的充要条件。人类社会发展的复杂性和多样性，决定了不同国家社会转型合意性推进所需要的社会条件的差异性和多元性。即便是同一个国家，在社会转型的不同阶段，实现社会合意性转型所需要的社会条件也是变化的和具体的。马克思在《资本论》第一卷第一版序言中指出："一个社会即使探索到了本身运动的自然规律……它还是不能用法令取消自然的发展阶段。但是它能缩短和减轻分娩的痛苦。"③ 社会转型本质上是生产力与生产关系矛盾运动的过程与结果，在根本上受到生产力与生产关系矛盾运动规律的制约。探讨社会转型的内在规律，分析促进社会合意性转型的必要条件，并不能使社

---

① 参见［德］乌尔里希·贝克《世界风险社会》，吴英姿、孙淑敏译，南京大学出版社2004年版，第1—24页。

② ［丹］奥勒·诺格德：《经济制度与民主改革——原苏东国家的转型比较分析》，孙友晋等译，上海世纪出版集团2007年版，第33页。

③ 《马克思恩格斯选集》第2卷，人民出版社1995年版，第101—102页。

会转型超越其所必须经历的过程和阶段,但对社会转型规律和必要条件的理性认识,既有助于为评判某项具体的经济社会发展战略是否有利于促进社会合意性转型提供一定的标准,也有利于增强社会转型的组织者为推动社会合意性转型创造有利条件的主动性和自觉性,从而减少社会转型的"痛苦"和成本。

第二节 基本公共服务均等化对促进社会合意性转型的重要价值[①]

从社会转型的一般规律来看,无论各国的初始条件如何,其社会转型的合意性推进,必须以人的基本生存和发展需要的满足为前提和保障。自国家产生之日起,公共服务职能便作为国家执行政治统治职能的必要前提而成为国家职能体系的组成部分。近代以来,公共服务作为满足人类公共需求的权威性供给方式,有效改善了民众的生产生活条件,保障了民众的生存和发展权利,从而成为国家政治统治合法性的重要来源。在市场经济条件下,"人类需要和劳动力都变成了商品"[②],人的基本需要的满足和基本权利的保障越来越依赖于其经济收入特别是劳动收入。如何更好地满足人的公共需要并不断提高社会个体合法获取经济社会资源和抵御生存与发展风险的能力,是各国政府面临的共同难题。从世界各国特别是发达国家社会转型的经验来看,破解这一难题的基本出路就在于制定和实施基本公共服务均等化战略。在此背景下,公共服务职能日益成为现代政府的核心职能之一。均等享有基本公共服务,是一国公民无论其性别、种族、宗教信仰、社会地位差异而应享有的一项基本政治社会权利。

从规范性角度来看,基本公共服务均等化对促进经济社会发展具有多重正向功能,并可从马克思主义、现实主义、自由主义、制度主义和

[①] 本部分内容已作为阶段性成果公开发表。参见丁忠毅《基本公共服务均等化促进社会合意性转型的机理分析》,《理论与改革》2014 年第 3 期。

[②] [丹]哥斯塔·埃斯平-安德森:《福利资本主义的三个世界》,苗正民译,商务印书馆 2010 年版,第 47 页。

建构主义五大理论研究范式对其进行较为全面的概括和总结。从马克思主义的视角看，基本公共服务均等化涉及人的基本需要的满足、社会再分配、公平正义、社会再生产、共享发展红利等重要问题；从现实主义的角度来看，基本公共服务均等化关涉的是利益均衡化问题，它是国家对社会利益的分配与再分配，也是对纳税人的利益回报，并以此保障各阶层民众基本利益的均衡；从自由主义范式来看，基本公共服务均等化关涉的是权利问题。基本公共服务是每一个公民无论其收入、社会地位、种族的差异而应均衡享有的基本政治社会权利；从制度主义的角度来看，基本公共服务均等化解决的是基本公共服务非均衡供给所产生的制度排斥问题，它是政府用正式的制度安排来协调利益和权利的公平分配问题；从建构主义的视角来看，基本公共服务均等化关系到社会心理问题，有利于体现以人为本的人文关怀，促进社会公平、强化社会认同、增强社会凝聚力与向心力（如表1—2所示）。

表1—2　　基本公共服务均等化对经济社会发展的正向功能

分析维度	核心功能
马克思主义	人的基本需要的满足、公平正义、社会再生产、共享发展红利
现实主义	物质利益分配与再分配
自由主义	社会政治权利配置
制度主义	物质利益和社会政治权利的制度化分配，减少制度化排斥
建构主义	以人为本、社会公平、社会认同、社会凝聚

从世界近代以来各国社会发展的实践来看，基本公共服务均等化有利于补偿"今天以现代化这个主题词所概括的进程的消极后果，同时又没有影响到与这些进程相联系的结构分化"[1]。众多国家在其社会转型过程中大力推进公共服务事业发展的重要目的之一，"就是弥补根本性的社会分化和减少社会不平等"[2]，从而有效缓和社会矛盾与冲突，构建社会

---

[1] [德]弗兰茨－克萨韦尔·考夫曼：《社会福利国家面临的挑战》，王学东译，商务印书馆2004年版，第36页。

[2] [英]诺尔曼·金斯伯格：《福利分化：比较社会政策批判导论》，姚俊、张丽译，浙江大学出版社2010年版，第2页。

运行的安全网，并通过社会投资为经济发展提供社会支撑。本部分内容试图讨论基本公共服务促进社会转型的机理，以期在理论上厘清基本公共服务均等化对转型国家实现社会合意性转型的战略意义，并为促进其基本公共服务事业建设与社会转型的良性互动提供理论支撑。

一 以政治社会权利均衡强化民众认同和支持

民众的政治社会心理对社会转型起着或促进或阻碍的作用。发挥民众政治社会心理促进社会合意性转型的关键，在于有效维护社会公平公正，从而真正实现和维护广大民众的合法权利。现代社会的公平公正的逻辑起点基于由人的"共同特性"而衍生的平等。这种平等即为恩格斯所强调的，"一切人，或至少是一个国家的一切公民，或一个社会的一切成员，都应当有平等的政治地位和社会地位"[①]。在现代社会，只有基于这种平等，一国国家的制度安排和具体的政策选择才具有道义性、合法性和正义性，也才能得到广大民众的认同和支持。也正是基于这种平等，公民均等地享有基本的政治、经济和社会权利才被视为现代社会的基本原则。而当一国的战略选择与制度安排违背了这一基本原则之时，广大民众便会对具体的政策选择甚至主要制度安排，产生一种消极抵触和反抗心理，从而影响制度运行的绩效。对转型国家而言，效率与公平的协调，是经济社会发展中的突出难题。如果片面强调效率，则可能造成城乡、区域之间发展差异巨大，社会各阶层之间收入差距悬殊，从而有失社会公平公正；如果片面强调公平，则易陷入平均主义的陷阱，使社会失去必要的生机与活力。对任何社会而言，民众在这两种状态下所形成的政治社会心理，都不利于经济社会的健康发展。基本公共服务均等化的推进，既有利于在经济社会发展过程中维护基本的社会公平公正，又有利于避免转型社会陷入平均主义的泥淖，在调适政治社会心理、促进社会合意性转型过程中具有重要的正向功能。这种正向功能主要表现在以下方面：

第一，基本公共服务均等化有利于彰显社会公平正义，使社会转型被视为公正而值得支持。对转型国家而言，广大民众对社会是否公平公

[①] 《马克思恩格斯选集》第3卷，人民出版社1995年版，第444页。

正的评判,在各种政治社会心理中具有支配性地位。当民众认为社会转型总体公平之时,社会转型便能获得强大的社会支持,因而也具有坚实的主体基础和强大的动力源泉;而当民众产生一种被剥夺、被边缘化、被歧视和排斥的心理,并引起普遍共鸣之时,社会转型便可能因缺乏必要的社会认同和支持陷入僵局。基本公共服务均等化,其基本要求即为实现公民政治社会权利的共享和均等,所有公民不分种族、信仰、性别、职业和社会地位都能普遍享有政府供给的基础教育、医疗卫生、社会保障等基本公共服务。基本公共服务均等化的深入实施,一方面有利于通过国民财富的二次分配,对初次分配造成的过大差距进行一定的弥合,从而缩小贫富差距,有效避免民众基于这种差距所产生的社会不公正感;另一方面,基本公共服务均等化,有利于改变传统少数人垄断性享有社会权利的状况,使社会每一个个体都能基于公民资格而普遍享有教育、医疗、社会保障等社会权利,从而有利于减少传统由制度化排斥所造成的权利贫困[1]和机会不均等,并由此强化民众对社会公正的主观感受,提高民众的社会认同度、凝聚力和向心力。

第二,基本公共服务均等化有利于建立制度化的转型代价补偿机制,改变民众对自我利益实现和维护风险的预期,从而促进社会稳定。[2] 任何国家的社会转型,都需要付出一定的社会成本,这种成本也可称之为社会代价。社会快速转型时期,是"社会代价集中付出的时期"[3]。不同社会阶层在社会转型过程中的成本与收益往往难以预知。因此,社会转型加剧了社会个体生存与发展的风险性。在变动不居的社会中,社会个体往往基于生存理性,对那些前景不明、对自己不利的社会改革持有保留、抵触甚至反对态度。当社会变革影响其基本生存和发展权利而又无法通过制度化的平台来维护其合法权利时,社会个体特别是社会弱势群体甚至可能铤而走险,对社会稳定产生极大的破坏,从而使社会转型可能因缺乏稳定的社会环境而被迫中断。基本公共服务均等化,由于能够使广

---

[1] [美]洪朝辉:《论中国城市社会权利的贫困》,《江苏社会科学》2003 年第 2 期。

[2] 黄金辉、丁忠庚、丁忠毅:《促进社会长期稳定的新思路》,《理论视野》2011 年第 4 期。

[3] 李迎生:《社会转型加速期的代价支持及其补偿问题》,《中国人民大学学报》2007 年第 3 期。

大民众享有普遍的权利保障,因而有利于改变民众对社会转型过程中的自我利益预期。这种制度化的权利保障,有利于使民众相信即使自己处于不利的境遇,也能够维持基本的生存和保障基本的发展,从而有利于改变广大民众对社会转型进程中自我利益预期,进而减少民众对那些在他们看来前景不明的社会改革的抵触,减少社会转型的社会阻力。

总之,基本公共服务均等化的实施,有利于调适广大民众在社会转型过程中的政治社会心理,从而促进社会的合意性转型。其内在机理在于,基本公共服务均等化可以通过社会权利均衡和改变人们对自我利益实现和维护风险的预期,从而调适民众的政治社会心理,使其为社会合意性转型提供必要的政治社会心理基础和动力源泉。

二 以提高政治合法性改善政治有效性

对后发现代化国家而言,其社会现代化转型的合意性推进,离不开政治对经济社会发展的有效作用。而政治有效性的充分发挥,又必须以政治合法性的不断改善为前提。因此,以政治合法性的提高来切实保障政治有效性的持续供给,是后发现代化国家成功实现现代化转型的重要保障。

马克斯·韦伯指出,法理型合法性才是政府稳定的合法性来源和基础,其主要来源于民主机制。而在现实社会中,民主往往被化约为选举,而民主选举之后的合法性问题则缺乏坚实的基础。[1] 西方民主国家治理的现实困境,也表明了民主并非现代合法性的唯一来源,且基于民主的合法性也具有其内在局限性。因此,对现代国家来说,不断开拓新的合法性资源,从而维护政治稳定性和有效性,便成为一项现实而紧迫的任务。[2] 在这一背景下,有效供给基本公共服务,增加社会的普遍福利便成为政府合法性新的增长极。[3] 基本公共服务供给由于充分体现了现代社会

---

[1] 卡罗尔·佩特曼对当代社会将民主化约为选举的观念和实践进行了批判,指出参与才是民主的本真意义。参见[美]卡罗尔·佩特曼《参与和民主理论》,陈尧译,上海世纪出版集团2006年版,第1—19页。

[2] 参见[美]贾恩弗兰科·波齐《近代国家的发展——社会学导论》,沈汉译,商务印书馆1997年版,第129页。

[3] 杨雪冬:《公共权力、合法性与公共服务型政府建设》,《华中师范大学学报》2007年第2期。

的平等原则，有助于保障民众的基本生存与发展权利，能够使政府更容易取得民众的承认、接受和认同。对处于现代化转型进程中的国家而言，其现代国家制度体系尚未有效建立，一国的政治合法性和有效性更加依赖基本公共服务均等化的有效推进。从政治维度来看，基本公共服务均等化对社会合意性转型的重要正向功能，主要体现在以下方面：

第一，有效维护政治稳定。政治稳定是政治有效的重要前提。而对处于社会转型期的国家而言，实现政治发展和政治稳定之间的有机统一，往往是其现代化建设的重要难题。正所谓"现代性孕育着稳定，而现代化过程却滋生着动乱"①。如何有效破解这一难题，历来是众多学者和决策层关注的重大理论与实践问题。亨廷顿从政治参与和政治制度化的角度，为促进变迁社会中的政治稳定提供了有益思路。亨廷顿指出，"任何一种给定政体的稳定都依赖于政治参与程度和政治制度化之间的相互关系"②，并得出了"政治参与÷政治制度化＝政治动乱"这一著名命题。③但这一命题却因其对政治合法性这一重要因素的考量不够而美中不足。政治合法性不仅影响政治制度化水平，也影响民众的政治参与程度。当政府的政治合法性程度较高时，民众的政治参与度反而可能较低，即使制度化水平不高，政治也可能保持较好的稳定状态。因此，必须将政治合法性视为政治稳定的基石。转型国家必须重视通过政治合法性的改善来促进社会的稳定。基本公共服务均等化，对夯实政府的合法性基础，从而维护政治稳定的重要作用，主要体现在以下方面：

一是基本公共服务均等化所内涵的"社会公正"价值有利于增进一国的政治合法性。基本公共服务均等化是权利平等价值取向的直接体现，其本质是通过政治上的均权来保障公民社会权利的平等，从而为政府的公共利益分配行为赋予"社会公正"的价值意义，使政府行为更容易被民众视为是正当的、合法的和值得拥护的。

二是基本公共服务均等化对民生问题的高度关注有利于增进政治合

---

① ［美］塞缪尔·P. 亨廷顿：《变化社会中的政治秩序》，王冠华等译，上海世纪出版集团2008年版，第31页。
② 同上书，第60页。
③ 同上书，第31页。

法性。随着经济社会的发展,构建以关注普通民众生活为核心的政治运行模式日益成为政治发展的重要议题。① 民众生活质量和发展能力的提高日益成为政府政治合法性的重要增长极。任何一个政府和执政党,如果不能有效提供与经济社会发展水平相适应的基本公共服务,及时满足广大民众的民生需求,便容易销蚀其合法性基础。如苏联共产党丧失执政地位的重要原因,就在于未能有效解决关乎民生的重大社会问题。② 基本公共服务直接关乎民生问题,基本公共服务均等化有利于广大民众共享一国经济社会发展成果,有效改善个人生活境遇,提升个人发展能力,是保障和改善民生的制度化保障,因而有利于夯实政治合法性基础。

三是基本公共服务均等化的推进,必然要求政府将其工作中心逐渐转移到公共服务职能上来,并进一步深化政府机构改革,不断推进政府职能结构和政府机构的调整优化,不断提升政府的行政效率,强化政府对民众基本公共服务需求的回应性,以更好地履行政府的公共服务职能,从而提高政府的政治合法性和有效性。

第二,基本公共服务均等化有利于促进转型国家政治的有序持续发展。政治现代化是后发现代化国家社会合意性转型的主要目标。在当今民主化潮流加快发展背景下,③ 政治现代化的重要目标就在于建立完善现代民主国家。然而民主化过程是一个潜藏着巨大风险的过程,特别是对处于社会急剧分化、社会同质化程度不高的国家而言,民主化过程往往不是国家建设而是政治动荡、族群冲突与社会分裂的过程。民主作为一种政治形式或作为一种政治输入,或作为一场国内社会的激进改革,往往容易在短时期内建立起来,但民主运行质量的改善却需要一国内生条件的系统性支撑。这正是罗伯特·D. 帕特南强调社会资本在民主有效运转中重要作用的原因之所在。④ 基本公共服务均等化在创造民主政治发展

---

① 郭剑鸣:《民生:一个生活政治的话题——从政治学视角看民生》,《理论与改革》2007年第5期。
② 敬海新:《政治合法性与改善民生》,《行政论坛》2011年第4期。
③ [美]塞缪尔·P. 亨廷顿:《第三波——20世纪后期民主化浪潮》,刘军宁译,生活·读书·新知三联书店1998年版,第25页。
④ [美]罗伯特·D. 帕特南:《使民主运转起来》,赖海榕译,江西人民出版社2001年版。

所需的内生条件方面具有重要正向功能，主要表现为以下方面：

一是培育民众民主参与的基本能力。基本公共服务均等化绝非单纯的财政问题，其本质是政治问题。[①] 因为，基本公共服务均等化直接关乎民众的合法利益和社会权利，这种利益和权利的实现必须以均等的政治权利为保障。利益是民主政治发展的最深层动力。根据利益相关原则，基本公共服务均等化过程中，广大民众作为直接利益相关者，必须参与到基本公共服务供给的决策、监督等重要环节，对供给什么、如何供给、何时供给等重要问题进行民主讨论和决策，而不是由政府单方面决定，只有这样，才能提高基本公共服务供给的针对性和有效性。基本公共服务均等化的过程，必然是一个民主化的过程，对培育广大民众的权利意识、民主参与能力具有重要价值。基本公共服务均等化越是深入推进，民众的民主素质和能力就越能得到提高。

二是培育民主政治发展所需的社会资本。首先，基本公共服务均等化有利于政府更具建设性地协调社会利益分化和矛盾冲突，更好地消除城乡和地区差别，维护国家的统一[②]，从而为民主政治发展提供相对稳定的社会环境。其次，必要的社会凝聚力、向心力和较高的社会认同度，是一国民主政治有效运转的重要前提。缺乏这种社会条件支撑的民主必然是"坏的民主"，并对经济社会发展产生诸多负面影响。基本公共服务均等化的深入实施，有利于保障广大民众的基本社会权利，缩小贫富差距，弥合社会阶层分化，普遍增进社会福祉，从而有利于增强社会的认同度、向心力和凝聚力，增进社会团结，进而为民主政治的发展提供必要的社会共识。最后，从世界各国基本公共服务发展的经验来看，随着基本公共服务均等化的深入发展，社会组织和公民个人将在服务供给过程中发挥重要作用，这将为一国公民社会的发育和成长提供重要契机。公民社会的发展有利于形成公民之间平等互惠的社会关系，培育强大的社会资本。而强大的公民社会正是民主政治持续有序发展的社会土壤。哥斯塔·埃斯平－安德森指出，"福利国家的产生早于民主制度的实现，

---

① 徐勇、项继权：《民生问题的实质是政治问题》，《华中师范大学学报》2008年第3期。
② 丁元竹：《理解均等化》，《读书》2009年第11期。

而且是受到出于限制民主制度的动机所驱使"①。但被安德森所忽视的是，正是以基本公共服务为基础的福利制度的建立和完善，才为民主制度的建立和完善提供了有利的社会条件。历史经验表明，凡是以基本公共服务为核心内容的社会建设开展得较好的国家，其民主化过程也相对平稳，民主政治运行也更为有序和有效。②对转型国家而言，首先进行以基本公共服务均等化为核心的社会建设，然后再深入推进民主政治发展，不失为推进社会合意性转型的重要策略。

总之，基本公共服务均等化的实施，有利于安抚社会各阶层特别是弱势群体，缓和"阶级对立"，并"将利益对立转化为总体上更具建设性的解决冲突的形式"③，有利于促进政治稳定、增进政治合法性、培育民主政治发展的社会资本，从而有利于为转型社会政治有效性的持续供给提供制度化支撑。

三 以社会投资驱动经济社会包容共享发展

对转型国家而言，根据一国经济社会发展水平和比较优势，适时推动经济发展方式的转型升级，是实现经济社会协调发展、推进社会合意性转型的内在要求。基本公共服务均等化在本质上是一种社会投资，本身就具有经济价值④，不仅能"顾及更为广泛的经济现实"⑤，而且有助于实现社会与经济的协调进步，从而使广大民众能够共享经济发展成果，促进经济社会包容共享发展，因而在推动转型国家经济社会协调发展方面具有重要的正向功能。

第一，基本公共服务均等化有利于增加一国的人力资本，从而增强经济发展的内生能力。20世纪60年代，美国经济学家西奥多·W.舒尔

---

① [丹]哥斯塔·埃斯平－安德森：《福利资本主义的三个世界》，苗正民译，商务印书馆2010年版，第22—23页。
② 参见严振书《对中国社会转型期及其阶段性的认识与梳理》，《社会科学管理与评论》2011年第3期。
③ [德]弗兰茨－克萨韦尔·考夫曼：《社会福利国家面临的挑战》，王学东译，商务印书馆2004年版，第36页。
④ 同上书，第26页。
⑤ [美]詹姆斯·米奇利：《社会发展：社会福利视角下的发展观》，苗正民译，格致出版社、上海人民出版社2009年版，第1—17页。

茨将"人力资本"概念纳入经济学之中,为理解经济增长提供了新的视角。① 人力资本是指凝聚于社会个体之中具有经济社会价值并能以此为基础获得社会收益的健康、知识、技能、经验、适应能力、信用以及道德素质等质量因素的总和。在知识经济时代,人力资本已经成为一国经济社会发展的首要资源。人力资本投资对"实现落后国家的经济增长"和提高普通民众的收入,具有决定意义,必要的人力资源积累是转型国家实现经济起飞的重要条件。② 加大人力资本投资也是一国经济发展方式从"以扩大生产要素投入量"为基本特征的粗放型发展方式,向以"提高生产要素使用效率"为主要特征的集约型发展方式转变的关键。同时,人力资本具有自我增强功能,人力资本的积累,有利于增强一国经济发展的内生动力,从而减少一国经济发展在技术和人才方面的对外依存度。人力资源的不足,正是困扰后发现代化国家促进经济方式转变、保持经济活力、实现经济持续平稳增长的突出难题与瓶颈。一国人力资本的增加,无外乎通过两种方式得以实现:一是社会个体基于个人利益考量而进行的投资;二是公共投资。对社会个体而言,人力资本的投资需要大量的资金,且具有一定的风险。这种投资在很大程度上受到个体的经济基础与远见等因素的影响,是一种基于个人利益考虑而作出的决定,因而难以具有普遍性。同时,个人的人力资本投资对社会而言具有显著的外部性。这就要求政府承担起人力资本投资的基本责任。这一责任就是有效履行其基本公共服务职能,大力推进基础教育、公共卫生医疗、社会保障、文化事业等人力资本积累型基本公共服务的均等化,为一国民众接受必要的教育培训、维持基本的健康状态、获得基本社会安全提供基本的制度化保障,从而普遍改善一国人力资本结构和水平。此外,基本公共服务均等化进程的推进,有利于加快服务业的发展,不断增加服务业在三大产业中的占比,从而推动一国产业结构的优化。③ 因此,基本

---

① [美] 西奥多·W. 舒尔茨:《人力资本投资:教育和研究的作用》,蒋斌、张蘅译,商务印书馆1990年版,第22—23页。

② 黄金辉、张衔、邓翔等:《中国西部农村人力资本投资与农民增收问题研究》,西南财经大学出版社2005年版,第23页。

③ 迟福林、殷仲仪:《加快转变发展方式与"十二五"基本公共服务均等化的基本目标》,《城市观察》2010年第5期。

公共服务均等化进程的深入推进，有利于转型国家加快人力资本积累、优化产业结构、增强经济发展的内生动力、"提高市场经济体系的效率"①，改善经济发展质量，从而加快经济发展方式转变，为经济的持续平稳发展提供重要保障。

第二，基本公共服务均等化有利于推动一国经济的包容性发展。包容性发展理念，主要是针对传统经济发展的非包容性弊端而提出来的经济社会发展理念，既强调经济发展与社会发展、环境保护的协调，又注重对每一个社会个体的尊重，力求使经济发展的成果惠及所有地区和人口，特别是更多地惠及普通民众。包容性发展的重要原则是人人平等、机会均等、共同参与、普遍共享、公平公正，其最终目标是"实现人的全面发展"②。对大多数转型国家而言，其经济发展过程中的重要症结在于有增长而无发展，突出表现在为：（1）普通民众难以公平享受经济建设的成果，导致居民收入差距过大，普通民众的生活水平并未随着经济增长而实现同步改善；（2）经济政策与社会政策相互割裂，社会发展严重滞后，社会发展对经济发展的支持作用难以有效发挥，并导致经济发展缺乏良好的社会基础。此即为发展型社会政策倡导者詹姆斯·米奇利所谓的"扭曲发展"问题。③基本公共服务均等化，正是转型国家促进其经济包容性发展，并有效破解这一突出难题的基础性平台。其重要作用主要体现在以下方面：首先，基本公共服务均等化有利于社会资源和财富的优化配置，促进民众共享发展成果。以基础教育、基本医疗卫生、基本社会保障、保障性住房为核心内容的基本公共服务的均等化供给，有利于缩小社会贫富悬殊，保障广大民众的基本生存权和发展权，特别是改善社会弱势群体的权利贫困境遇，增强其参与经济发展和社会竞争的能力，减少社会排斥，从而增进社会的普遍福祉。其次，基本公共服务均等化的推进，有利于经济社会的协调发展，而社会的发展又将为经济发展提供良好的社会环境，甚至很多社会政策本身就是为了经济的平

---

① ［德］弗兰茨-克萨韦尔·考夫曼：《社会福利国家面临的挑战》，王学东译，商务印书馆2004年版，第26页。
② 张幼文：《包容性发展：世界共享繁荣之道》，《求是》2011年第11期。
③ ［美］詹姆斯·米奇利：《社会发展：社会福利视角下的发展观》，苗正民译，格致出版社、上海人民出版社2009年版，第1—17页。

稳健康发展而设计和实施的。如积极的就业服务、市场基础设施建设等社会项目的发展，对一国经济的发展具有至关重要的作用。正如郑秉文教授所指出的那样："社会发展可以为经济发展创造良好环境"，以基本公共服务为核心内容的"社会政策是顺利实现经济政策的一个保证或目的"①。

总之，基本公共服务均等化对后发现代化国家经济发展方式转变的影响是多重的，其重要机理就在于基本公共服务均等化有利于改善其人力资本结构和整体水平，从而增强经济发展的内生能力，这种内生能力正是一国经济持续稳定发展的关键。同时，基本公共服务均等化，还有利于推动一国经济社会的包容性发展，促进经济社会发展的协调性，从而为经济的持续发展提供稳定的社会环境和必要的社会支撑。

四 以社会福利观念转型带动主流意识形态的转型与战略优化

意识形态作为"观念的上层建筑"，在根本上受制于经济基础，有什么样的经济基础，就要有与之相适应的意识形态。但意识形态绝非被动地受制于经济基础，而是对经济基础具有反作用，甚至在某种状态下对经济社会发展具有关键作用。主流意识形态是一国统治阶级对其社会发展愿景的描绘，是为经济社会发展"提供准则和蓝图的政治文化力量"②。主流意识形态因其背后强大的公共权力支撑，相较于一般社会思潮而言，更具从价值认知层面转化为现实社会实践的可能性。从政治学角度来看，社会转型的过程，不过是占主导地位的权力运作方式及其所决定的生产组织、资源配置与权利分配方式不断优化升级的过程。这种转型内在地要求以主流意识形态的转型以及意识形态战略的优化为先导。

在主流意识形态体系中，又可以分为政治性、经济性、文化性和社会福利性的意识形态，不同性质的意识形态既相互区别，又相互联系、相互作用。主流意识形态和政治经济社会实践彼此互动、相互形塑，不

---

① ［加拿大］R. 米什拉：《社会政策与社会福利——全球化的视角》，郑秉文译，中国劳动社会保障出版社2007年版，第182页。
② 关海庭、吴群芳：《渐进式的超越：中俄两国转型模式的调整与深化》，北京大学出版社2006年版，第47页。

断推动彼此的变化演进。同时，在开放社会条件下，一国的主流意识形态既受到其传统意识形态的影响，也受到他国意识形态的影响，这是当前一国主流社会意识形态转型的重要特征。基本公共服务均等化在推动主流意识形态转型的过程中，也充分体现了这一特征，其内在机理主要体现在以下两个方面：

首先，基本公共服务均等化战略的实施直接推动一国社会福利性意识形态转型。基本公共服务的均等供给是近代西方国家现代化转型的重要特征。一些国家正是在基本公共服务事业普遍发展的基础上建立了现代福利国家制度，从而使公民的社会权利得到了制度化保障，为资本主义"积累过程和工人阶级的社会经济福利履行了根本性的、必不可少的功能"①，并拓展了公民权利的内容（如表1—3所示）。② 基本公共服务均等化战略的实施，改变了传统社会主要从道德而非从公民权利角度，从为特定阶级而非所有公民提供基本公共服务的理念，是近代资本主义国家以平等、人权为核心的主流意识形态的重要实践形态。这一实践直接强化了一国的社会福利性意识形态，是资本主义国家主流意识形态在社会政策领域的深化和具体化，为资本主义国家在社会转型过程中弥合阶级分化、减少社会不平等、促进社会稳定提供了重要价值支撑。虽然不同国家的社会福利性意识形态具有很大差异③，但总体而言，在福利国家内部，公民应普遍均等享有基本公共服务的理念已经深入人心。在当今全球化、信息化时代，发达国家社会福利性意识形态并不只在其本国范围内发生作用，而是具有传播扩散到其他国家并对其产生重要影响的可能性。后发现代化国家的社会转型也不是在完全封闭的社会环境中运行，而是受到诸多外部因素的影响。对后发现代化国家基本公共服务均等化战略的启动而言，除了其内部经济社会发展的要求之外，还在很大程度上受到福利国家社会福利意识形态和外部压力的影响，这也包括后

---

① [德]克劳斯·奥菲：《福利国家的矛盾》，郭中华等译，吉林人民出版社2006年版，第11页。
② [日]武川正吾：《福利国家的社会学：全球化、个体化与社会政策》，李莲花、李永晶、朱珉译，商务印书馆2011年版，第252页。
③ [英]诺尔曼·金斯伯格、福利分化：《比较社会政策批判导论》，姚俊、张丽译，浙江大学出版社2010年版，第1—26页。

发现代化国家主动学习发达国家处理经济社会发展相似社会问题的经验。正如马克思所指出的那样：发达国家向发展中国家所展示的不过是"后者的未来景象"，"一个国家应该而且可以向其他国家学习"①。而后发现代化国家基本公共服务均等化战略的启动和实施，又将进一步丰富和完善其社会福利性意识形态，从而推动其社会福利性意识形态的转型。

表1—3　　　　　　　西方学者视域下的公民基本权利谱系②

	权利	义务
一般的	参加共同体	参加共同体
公民的	自由权性的各种权利	纳税，服兵役等
政治的	选举权，被选举权	投票义务
社会的	公共教育，社会保险给付等	义务教育，缴纳社会保险费等

其次，一国社会福利性意识形态的转型必然推动其主流意识形态的整体转型。在一国主流意识形态体系中，政治、经济、文化和社会福利性意识形态中任何一个具体领域的意识形态的变革，必然要求其他领域的意识形态与之相适应。基本公共服务均等化战略的深入推进，必然强化一国国民的社会权利意识，推动社会福利意识形态的调整优化。社会福利性意识形态，直接关系到广大民众社会权利的实现，由此导致基本公共服务均等化战略以及在此基础上形成的社会福利性意识形态具有明显的刚性化和自我强化的特征。受这一特征的影响，基本公共服务均等化战略的实施具有不可逆性。而基本公共服务均等化战略的深入实施，必然要求对既有政治性、经济性和文化性意识形态进行调整，并通过政治制度的改革，以政治上的均权实现社会权利的均等；通过经济制度的改革，将经济发展与社会发展紧密相连，坚持以经济利益的合理分配为基本公共服务均等化供给提供经济基础和公共财政保障。这些具体的改革反过来又会促进相应的意识形态的调整优化，从而推动主流意识形态

---

① 《马克思恩格斯全集》第44卷，人民出版社2001年版，第8—9页。
② ［日］武川正吾：《福利国家的社会学：全球化、个体化与社会政策》，李莲花、李永晶、朱珉译，商务印书馆2011年版，第252页。

结构的整体变迁,进而为推动社会合意性转型提供思想先导。

本部分内容在分析基本公共服务均等化对经济社会发展正向功能的基础上,集中探讨了基本公共服务均等化促进社会合意性转型的机理,即基本公共服务均等化在何种意义上、以何种方式促进社会转型,以及从理论上进一步明确社会转型背景下基本公共服务均等化的战略重点与优先序,从而推动基本公共服务均等化与社会转型的良性互动。当前我国正处于全面深化改革的关键时期,必须根据我国全面深化改革的内在要求,加快推进基本公共服务均等化,从而为全面深化改革提供有利的社会环境和重要保障。

第 二 章

中国社会转型的演进阶段、动力系统及总体趋势

社会转型理论是分析阐释世界各国现代化的经典理论。[①] 根据这一理论，社会转型是一国现代性因素不断成长、传统因素或消退或向现代转化的社会变迁过程。在这一意义上，社会转型是社会现代化的同义词[②]，其本质是通过社会结构[③]的优化升级，来推动社会功能的改善和提升，从而实现社会发展与进步的过程。[④] 从世界近代历史的发展进程来看，世界各国的社会转型在总体上可分为原发现代化国家[⑤]和后发现代化国家的转型。原发现代化国家的社会转型在总体上属于内生现代化，且早已完成了以"现代性"的成长为基本特征的社会转型。后发现代化国家的社会转型大多属于外源刺激——反应型转型，且这一转型正在推进过程之中，且各国社会的转

[①] 金正一：《论中国新时期社会转型的基本属性》，《东北师范大学学报》（哲学社会科学版）2009 年第 6 期。

[②] 持这一观点的学者很多，其代表性学者如郑杭生、李培林等知名教授。参见郑杭生《社会转型论及其在中国的表现》，《广西民族学院学报》（哲学社会科学版）2003 年第 5 期；郑杭生《改革开放三十年：社会发展理论和社会转型理论》，《中国社会科学》2009 年第 2 期；李培林《另一只看不见的手：社会结构转型》，《中国社会科学》1992 年第 5 期。也有学者认为社会转型与社会现代化具有较大差别。如孙立平教授指出，"转型包括了现代化的内容，但转型不仅仅是现代化。"参见孙立平《社会转型：发展社会学的新议题》，《社会学研究》2005 年第 1 期。

[③] 李培林教授认为，社会转型的本质是社会结构的变迁，社会结构是社会转型的主体。李培林：《另一只看不见的手：社会结构转型》，《中国社会科学》1992 年第 5 期。

[④] 参见郑杭生《邓小平的拨乱反正与社会结构的转型》，《东南学术》2000 年第 2 期。

[⑤] 关于部分原发现代化国家社会转型起始年代的分析，可参见侯建新《关于西欧现代社会转型起始年代的新观点》，《世界历史》2014 年第 4 期。

型度和转型势①存在显著的差异。后发现代化国家的社会转型，又可以分为一般性国家的社会转型和后社会主义国家的社会转型。② 虽然一般性国家的转型和后社会主义国家的社会转型，在转型的初始条件上存在较大差异，但二者转型的总体向度都是实现本国的现代化，都涵盖了经济、政治、文化和生活方式等多维度的转型③，是一种整体性的社会发展过程。④ 同时，各国的社会转型都旨在通过社会结构的调整优化，带动社会功能的提升和改善，从而实现社会合意性转型（如图2—1所示）。

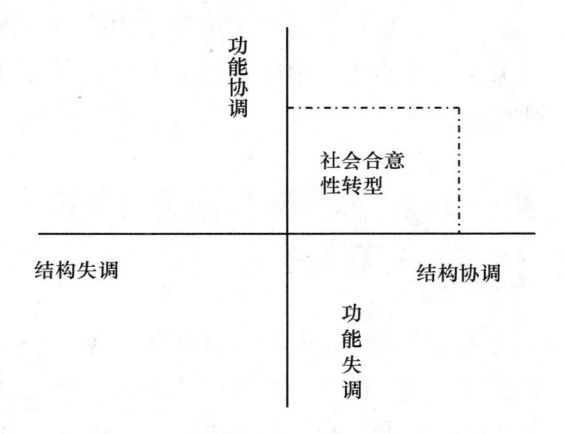

图2—1　"结构—功能"调整与社会合意性转型示意图

---

① 郑杭生教授指出，"社会转型度作为一级概念，可具体分为速度、广度、深度、难度和向度五个次级概念"，它反映的是社会转型的整体状况。而"社会转型势"可分为优势、中势和弱势三个等级，反映的是一个国家的转型能力。参见郑杭生《社会转型论及其在中国的表现》，《广西民族学院学报》（哲学社会科学版）2003年第5期。

② 后社会主义国家的转型主要是指苏联和东欧社会主义国家的社会转型。从国际国内学术研究的已有成果来看，甚至有一些学者存在用"转型国家"特指前苏东社会主义国家的倾向，所谓社会转型也被赋予其特定的内涵，即专指前社会主义国家的转型。其主要代表人物和著作有：[美]吉尔·伊亚尔、伊万·塞勒尼、艾莉诺·汤斯利：《无须资本家打造资本主义》，吕鹏、吕佳玲译，社会科学文献出版社2008年版；[匈]雅诺什·科尔奈、翁笙和：《转轨中的福利、选择和一致性：东欧国家卫生部门改革》，中信出版社2003年版；[匈]雅诺什·科尔奈：《后社会主义转轨的思索》，肖梦译，吉林人民出版社2011年版；[比]约翰·思文，[美]罗思高：《发展转型之路：中国与东欧的不同历程》，田士超译，北京大学出版社2008年版；[丹]奥勒·诺格德：《经济制度与民主改革——原苏东国家的转型比较分析》，孙友晋译，上海世纪出版集团2007年版。国内学者一些学者也持这一观点。

③ [匈]亚诺什·科尔奈：《大转型》，《比较》（第17辑），中信出版社2005年版，第2页。

④ 刘祖云：《社会转型解读》，武汉大学出版社2005年版，第11—12页。

当代中国社会转型在总体上属于后发现代化国家的社会转型。鉴于中国近代一百多年社会转型的长期性、复杂性、曲折性和艰巨性，必须以"长时段"①和"大历史"②的视野，既从历时性角度，将当代中国社会转型置于世界近现代史和中国近现代史发展的历史坐标之中，又从共时性角度，在中国与世界其他行为主体的互动关系中，才能客观分析当代中国社会转型的初始条件、演进过程、动力体系和历史方位。基于这一理论视野，本章力图从历史的角度，考察1840年以来，中国社会转型的螺旋式推进，分析当前中国社会转型的国际国内环境，探讨当前中国社会转型的基本动力与总体趋势，力图从总体上把握近代以来特别是当前中国社会转型的总体脉络。

第一节　近代以来中国社会转型的螺旋式推进

当前，中国正处于社会全面快速转型的历史时期，这一判断在理论界具有广泛的共识。但当代中国社会转型的历史起点问题却存在诸多争议，归纳起来，主要有两种观点：一种观点认为，中国社会转型肇始于1840年的鸦片战争，这一观点主要以中国人民大学郑杭生教授、刘祖云教授等人为代表③；另一种观点认为，中国社会转型启动于1978年，而1978年以前的中国社会整体上属于传统型社会。④

基于"长时段""大历史"的理论视野，综合当前理论界对中国社会

---

① "长时段"理论主要由法国"年鉴派"史学第二代领军人物布罗代尔提出。"结构"在长时段理论中具有重要地位，"结构"对人类社会发展具有明显的规定和制约作用。人们只有把握"结构"这一影响人类社会发展的深层因素，才能更好地把握和理解历史现象。"长时段是社会科学在整个时间长河中共同从事观察和思考的最有用的河道"。参见孙晶《布罗代尔的长时段理论及其评价》，《广西大学学报》（哲学社会科学版）2006年第3期。另参见［法］布罗代尔《菲利普二世时代的地中海和地中海世界》第一版序言、结论，《史学理论研究》1997年第4期。

② "大历史"（macro-history）是黄仁宇在分析中国历史时提出的一种分析方法。参见［美］黄仁宇《中国大历史》，生活·读书·新知三联书店1997年版，"中文版自序"第1—7页。

③ 郑杭生：《中国社会大转型》，《中国软科学》1994年第1期；另参见刘祖云《社会转型解读》，武汉大学出版社2005年版，第11—12页。

④ 严振书：《对中国社会转型期及其阶段性的认识与梳理》，《社会科学管理与评论》2011年第3期。

转型历史起点的认识，本书更倾向于认为，中国社会转型肇始于 1840 年的鸦片战争。其理由有二：

首先，将 1840 年作为中国社会转型的历史起点，更加符合中国被迫卷入世界现代化历史进程，被动走向现代社会转型的历史事实。这种"刺激—反应"式被动型现代化转型，正是中国近代早期社会转型的基本特征。也正是这一转型特征决定了中国社会转型的艰巨性、曲折性和长期性特征，因为中国缺乏社会转型所需的内在动力和社会条件。

其次，将 1840 年作为中国社会转型的历史起点，有利于更全面地客观地认识中国社会合意性转型的基本条件，也有利于把握中国社会转型过程中的"路径依赖"，只有客观认识这种"路径依赖"作用，才能更好地理解和推动当前中国的社会转型。正如西塞罗所讲，不懂历史的人，永远是个孩子。对近代以来中国社会转型的研究而言，不从更长远的历史进程中去寻到近代中国社会变迁的历史动因和惯性作用，就难以把握影响中国社会转型的基本变量，也就难以理解中国社会转型的战略选择和历史趋向。

在确定近代中国社会转型的历史起点之后，一个很重要的问题就是历史分期的问题。学界对这一问题虽有不同认识，但大多数学者将 1840 年以来的中国社会转型分为三个大的历史时期[①]：第一个历史时期是 1840—1949 年，其基本标志是中华人民共和国的成立；第二个历史时期是 1949—1978 年，其基本标志是十一届三中全会的召开；第三个时期是 1978 年至今，这是社会快速转型阶段。这三个阶段中国社会转型的基本情况，可通过如下表格加以归纳和总结（如表 2—1 所示）。

表 2—1　　　　1840 年以来中国不同时期社会转型度简表 [②]

阶段 转型度	第一阶段 （1840—1949）	第二阶段 （1949—1978）	第三阶段 （1978—　）
速度	急剧变化	中速	快速

[①] 郑杭生：《中国社会大转型》，《中国软科学》1994 年第 1 期。
[②] 郑杭生：《社会转型论及其在中国的表现》，《广西民族学院学报》（哲学社会科学版）2003 年第 5 期。

续表

阶段 转型度	第一阶段 （1840—1949）	第二阶段 （1949—1978）	第三阶段 （1978— ）
广度	相对较广	相对片面	全面
深度	表层	较深层	深层
向度	资本主义现代化道路，确定了社会主义前途	传统社会主义，苏联模式	中国特色社会主义，"四个自信"
类型	"刺激—反应"式、被动	照搬经验、封闭、开始自主探索	自主探索、开放包容、深化改革

资料来源：郑杭生：《社会转型论及其在中国的表现》，《广西民族学院学报》2003 年第 5 期，第 62—73 页。笔者做了一些改动。

由于本书的主旨不是探讨中国社会转型的微观表现，因此，本节主要在宏观层面分三个时期勾勒 1840 年以来中国社会转型的主要脉络及其基本特征。

一 现代转型的启动与道路选择：1840—1949 年

19 世纪 40 年代前后，以英国为代表的资本主义国家，已经完成了资产阶级革命，资本主义制度在政治上得到了确立和完善。在工业革命的推动下，资本主义国家纷纷革新生产技术，生产力水平不断提高，资本主义经济得到了长足发展。新兴的资产阶级在国家的保护下开始在世界范围内寻找原料市场和产品消费市场。正如马克思、恩格斯所指出的那样：资产阶级由于"生产工具的迅速改进"，生产出了大量的廉价商品，再加上"交通的极其便利"，"开拓了世界市场"，从而"使一切国家的生产和消费都成为世界性的了"，并"把一切民族甚至最野蛮的民族都卷到文明中来了"。[①]

19 世纪 40 年代的中国，正处于清朝统治的晚期。这一帝国仍然按照

---

① 马克思、恩格斯在《共产党宣言》中的原文为："资产阶级，由于开拓了世界市场，使一切国家的生产和消费都成为世界性的了。""资产阶级，由于一切生产工具的迅速改进，由于交通的极其便利，把一切民族甚至最野蛮的民族都卷到文明中来了。"参见《马克思恩格斯选集》第 1 卷，人民出版社 1995 年版，第 276 页。

传承了几千年的传统理念和运行了几百年的制度体系治国理政。帝国的统治者们对英法等国统治方式和生产方式的巨大变化知之甚少,仍然将自己的帝国视为"天朝上国",对待西方国家在沿海地区的骚扰的态度,依旧是"闭关自守"。帝国的经济生产方式虽然是历经千年不变的自然经济,但由于其长期的积累和庞大的规模,仍然大体占据了世界各国 GDP 总量的头把交椅(如图 2—2 所示)。

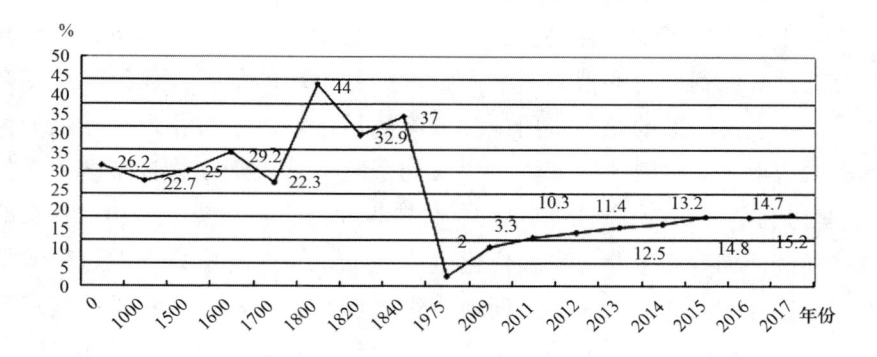

图 2—2 中国 GDP 在世界 GDP 中的占比变化示意图[1]

资料来源:刘逖:《论安格斯·麦迪森:〈对前近代中国 GDP 的估算——基于 1600—1840 年中国总量经济的分析〉》,《清史研究》2010 年第 2 期。改革开放以来的数据根据世界银行公布的相关数据整理得出。

1840 年前的中国,虽然潜藏着各种危机,但整个社会都还在表面上呈现出一派稳定与祥和。这种祥和与稳定更多地体现为社会发展的停滞,社会发展与进步需要一场根本的社会制度变革才能最终实现。正如黑格尔所言:"中国很早就已经发展到了它今日的情况","中国和印度可以说还在世界历史的局外,而只是预期着、等待着若干因素的结合,然后才

---

[1] 参见[英]安格斯·麦迪森《中国经济的长期表现:公元 960—2030 年》,伍晓鹰、马德斌译,上海人民出版社 2008 年版。刘逖指出,麦迪森等人高估了前近代中国占世界 GDP 的比重。但无可置疑的是,中国 GDP 在近代以前长期领先于世界各国。因此,本书仍然采用麦迪森等人的数据,力求大体反映中国在世界 GDP 中的占比变化。参见刘逖《论安格斯·麦迪森对前近代中国 GDP 的估算——基于 1600—1840 年中国总量经济的分析》,《清史研究》2010 年第 2 期。

能够得到活泼生动的进步。"①

1840年爆发的鸦片战争，使清朝统治者"天朝帝国万世长存的迷信破了产，野蛮的、闭关自守的、与文明世界隔绝的状态被打破"，"接踵而来的必然是解体的过程"②。这一战争，开启了中国近代社会转型的步伐。这种"刺激—反应"式、在暴力威胁下的被动社会转型，决定了中国近代早期社会转型的核心任务，也决定了转型过程的痛苦、血腥与漫长。③ 鸦片战争的失败，以及一次又一次抵御列强入侵的失败，使中国逐渐沦为半殖民地半封建社会。在政治上，封建统治愈来愈不得人心，政治有效性降低到历史的低谷，并面临着灭种灭族的危机；在经济上逐渐沦为帝国主义国家的原料供给地和商品倾销市场，被迫卷入全球化的生产和销售市场。中国统治者传统"天朝帝国"的心理优势被帝国主义的"船坚炮利"和更为先进的制度与文化撕得粉碎，封建统治所赖以存在的自然经济，也被英美等列强现代化生产技术和廉价商品的"重炮"所摧毁。在这种情况下，驱逐外国列强、建立现代民族国家、发展民族资本主义经济逐渐成为中国的历史使命。无数仁人志士围绕这一时期中国社会转型的核心使命，进行了艰苦卓绝的探索。而无论是以"器物"学习为主的洋务运动、以太平天国运动和义和团运动为代表的农民运动，还是以"戊戌变法"为代表的自上而下的改良运动和以"辛亥革命"为代表的资产阶级革命运动，都未能实现"救亡图存的民族使命和反帝反封建的历史任务"。④

20世纪初，中国在政治、经济、文化领域的现代性因素有了一定增长，但总体而言，仍然十分脆弱。从政治上看，辛亥革命虽然推翻了两千多年的封建专制统治，使民主共和观念深入人心，并建立了现代意义

---

① ［德］黑格尔：《历史哲学》，王造时译，上海书店出版社1999年版，第122页。
② 《马克思恩格斯选集》第1卷，人民出版社1995年版，第691—692页。
③ 后发现代化国家的社会转型都是在外部压力和影响下启动的，由于其现代因素最初不是其社会的内生因素，因而在社会转型过程中，其内部因素和外部因素、传统因素和现代因素的斗争将更加激烈，特别是摆脱外部控制更是一个艰巨而漫长的过程。参见刘祖云《社会转型：一种特定的社会发展过程》，《华中师范大学学报》（哲学社会科学版）1997年第6期。
④ 胡锦涛：《在庆祝中国共产党成立90周年大会上的讲话》，《人民日报》2011年7月2日第2版。

上的资产阶级民主共和国,即中华民国,但由于封建专制的强大历史惯性作用、列强的阻挠、民主政治发展的社会条件不足等多方面的原因,中华民国因其缺乏必要政治的权威而未能为抵御列强和经济社会发展提供必要的政治有效性。封建复辟、派系斗争、军阀割据成为这一时期中国政治的基本特点。从经济上看,中国经济发展长期受到外国列强的控制①,民族资本主义在以"救亡图存"为核心的爱国主义和民族主义的驱动下,得到了一定发展,特别是因帝国主义列强忙于一战而得到了暂时的恢复与发展,但因政治社会的动荡、缺乏自主科学技术支持等原因仍然难以取得长足发展。民族资本主义的先天不足和后天缺陷,也决定了民族资产阶级难以担当促进社会转型、实现民族独立的历史任务。在思想文化领域,受"废科举、兴新学"、辛亥革命和中华民国建立初期对民主共和思想的传播,思想文化领域发生了深刻的变革。特别是以"德先生"(民主)、"赛先生"(科学)为口号的新文化运动的兴起和发展,为反对封建思想、传播民主理念和科学精神创造了有利条件,发挥了"启蒙运动"的历史作用,并为马克思主义在中国的传播提供了契机。

1917年,俄国十月革命一声炮响,给中国送来了马克思列宁主义。②马克思主义在中国的广泛传播逐渐被大众接受,为中国近代社会转型提供了新的指导思想和强大精神动力。正如马克思在《〈黑格尔法哲学批判〉导言》中所指出的那样:"理论一经群众掌握,也会变成物质力

---

① 辛亥革命前后,帝国主义列强在中国各类投资总和相当于清政府年财政收入总数的6倍,达到20亿银圆左右。帝国主义列强不仅控制了中国的财政,还控制了中国的采矿、制造、交通等重要领域。如在华列强控制了91.9%(1912)的机械化煤矿开采、100%的生铁生产、76.7%的棉纱生产(1908)、93.1%的铁路交通等。参见刘冰《经济发展与社会转型——20世纪初中国社会转型失败原因之我见》,《辽宁师范大学学报》1997年第1期。

② 这一说法为毛泽东的形象说法。毛泽东指出,"中国人找到马克思主义,是经过俄国人介绍的。""十月革命一声炮响,给我们送来了马克思列宁主义"。(《毛泽东选集》第4卷,人民出版社1991年版,第1470—1471页。)实际上,当时中国民众学习接受马克思主义的渠道主要有三个:一是受俄国十月革命胜利的鼓舞,自觉地将目光投向指导俄国革命走向胜利的马克思列宁主义,这是中国学习接受马克思主义的主要渠道。二是欧美渠道,主要通过欧美留学生得以传播。三是日本渠道。日本与中国一衣带水,晚清政府派出了大量留学生到日本学习政治、法律和各项实用技术。一些留学生在日本了解接受了马克思主义,回国后成为宣传和介绍马克思主义的重要力量。李大钊便是留日学生中宣传和践行马克思主义的杰出代表。参见[日]石川祯浩《中国共产党成立史》,袁广泉译,中国社会科学出版社2006年版。

量。"① 从推动社会转型的主体力量来看,无产阶级开始登上历史舞台。特别是1921年中国共产党的成立,无产阶级反帝反封建反官僚资本主义的革命运动从此有了坚强的领导核心。"中国革命有了正确前进方向……中国革命有了光明发展前景"②,由此"深刻改变了近代以后中华民族发展的方向和进程,深刻改变了中国人民和中华民族的前途和命运,深刻改变了世界发展的趋势和格局"③。

中国共产党的成立和发展壮大,使中国近代社会转型在两个向度上形成了竞争态势。一个向度是国民党主导的以"宪政"为目标、以资本主义为前途的社会转型。根据孙中山1924年发表的《民国政府建国大纲》,这一转型需要经历军政、训政、宪政三个时期。宪政的重要目标在于实现政府的民选,宪政的实现即为建国使命的完成。促进社会转型的重要力量是政党,其基本方式是"以党建国"。④ 另一个向度是中国共产党所希冀的以实现共产主义为目标的社会转型。如中共一大通过的《中国共产党纲领》便以"推翻资产阶级,采用无产阶级专政"为目标。⑤ 在当时的时代背景下,后一向度的前景,在很多人看来都不容乐观,即使在中国共产党内部也出现了"红旗能扛多久"的疑问。⑥ 但以毛泽东为代表的中国共产党人,坚持把马克思主义基本原理与中国革命的实际相结合,坚持实事求是的思想路线,客观分析中国革命力量的对比关系和变化趋势,逐步形成了以农村包围城市、武装夺取政权的革命道路,在

---

① 《马克思恩格斯选集》第1卷,人民出版社1995年版,第9页。
② 胡锦涛:《在庆祝中国共产党成立90周年大会上的讲话》,《人民日报》2011年7月2日。
③ 习近平:《在庆祝中国共产党成立95周年纪念大会上的讲话》,《人民日报》2016年7月2日。
④ 景跃进、陈明明、肖滨等:《当代中国政府与政治》,中国人民大学出版社2016年版。
⑤ 参见中国人民解放军政治学院党史教研室《中共党史参考资料》第2册,人民出版社1979年版,第197—199页。
⑥ 毛泽东对这一问题进行深入的分析和深刻的回答。1928年10月毛泽东撰写了《中国的红色政权为什么能够存在?》,深刻分析了中国红色政权发生和存在的原因。1930年,毛泽东针对党内一些同志对时局估量的悲观思想,又撰写了《星星之火,可以燎原》一文,认为"中国革命高潮快要到来",正确分析了革命形势和前途,鼓舞了广大官兵和人民的士气。参见《毛泽东选集》第1卷,人民出版社1991年版,第47—56、97—108页。

理论上取得了"马克思主义中国化的第一次伟大胜利"①,在实践上不断将中国革命引向胜利。在抗日战争期间,中国共产党通过与国民党的合作,紧紧依靠人民完成了抗日战争的伟大胜利。

抗日战争胜利后,中国社会转型走到了新的十字路口。此时中国存在两种命运,两种前途:一是建立"独立、自由、民主、统一、富强的中国,就是说,光明的中国,中国人民得到解放的新中国";二是"半殖民地半封建的、分裂的、贫弱的中国,就是说,一个老中国"②。抗日战争胜利后,为了建设新中国,中国共产党与各民主党派认为,应"立即废止国民党一党专政、建立民主的联合政府",赋予人民自由,实现"人民的统一"。③但以蒋介石为代表的国民党却公开撕毁《双十协定》,悍然发动内战。经过 3 年内战,1949 年中国共产党终于推翻了帝国主义、封建主义、官僚资本主义"三座大山",基本建立了现代民族—国家,从而为"当代中国一切发展进步奠定了根本政治前提和制度基础"④。

这一阶段的社会转型,我们可以总结出以下几个特点:

首先,这一阶段的转型,在总体上属于"刺激—反应"式的被动转型。中国由于受到西方列强的入侵而被迫启动了社会转型进程。如果没有这种具有先进生产力的外敌入侵,而依靠中国内生现代化因素的发育和成长,中国的现代化转型可能还需要一个很长的历史时期才能开启。

其次,从转型速度上来看,这一阶段的社会转型是一个社会剧烈变动的过程。刘祖云、郑杭生教授等研究者都认为这一阶段社会转型的速度较慢。⑤ 如果从社会转型的效果来评判的话,这一认识具有其合理性。但从大历史的视野,通过对社会转型前后历史现实的对比可以发现,这一时期的社会转型是一个剧烈的社会变迁过程。由于中国社会转型是在

---

① 庄福龄:《毛泽东与马克思主义中国化》,《北京大学学报》(哲学社会科学版)2004 年第 4 期。
② 《毛泽东选集》第 3 卷,人民出版社 1991 年版,第 1026 页。
③ 同上书,第 1029—1100 页。
④ 习近平:《在庆祝改革开放 40 周年大会上的讲话》,《人民日报》2018 年 12 月 19 日第 2 版。
⑤ 参见刘祖云《中国社会发展三论:转型·分化·和谐》,社会科学出版社 2007 年版,第 14 页;另见刘祖云《社会转型解读》,武汉大学出版社 2005 年版,第 18 页;郑杭生《社会转型论及其在中国的表现》,《广西民族学院学报》(哲学社会科学版)2003 年第 5 期。

受到外来军事威胁、面临生存危机条件下启动的，整个转型的步伐都是较快的。转型过程中各种社会力量对比关系的变化也是一个较快的过程。转型对人们的心理冲击更是前所未有的，也是后两个阶段的转型所难以体会的。

再次，从转型的广度来看，这一时期的社会转型无论是在经济、政治和思想文化领域，还是在社会转型主体的培育与成长方面都实现了较为深刻的变迁。这些变迁在很大程度上决定了现当代中国社会转型的路径和方向。

最后，从转型的发展向度来看，这一阶段的转型见证了中国社会发展道路两种选择的竞争。中国共产党领导的社会主义发展道路在这一竞争中取得了最终胜利。中国近代社会发展的历史使命，规定了中国共产党在取得革命胜利后，首先必须"肃清资本主义发展道路上的障碍物"，使资本主义经济"有一个相当程度的发展，这是经济落后的中国在民主革命胜利之后不可避免的结果"①。但由于"无产阶级和共产党在全国政治势力中的比重的增长"②，特别是中国共产党领导权和执政地位的确立和巩固，近代中国社会的转型，又必然以社会主义的成长和完善为前途。

二 传统社会主义模式下的探索：1949—1978年

1949年10月1日，中华人民共和国正式成立，中国现代社会进入了新的轨道。这时摆在中国共产党和新生政权面前的是一个尚未完全解放、现代经济极不发达的旧中国。③ 如何恢复经济社会发展、巩固新生政权是党和政府的核心工作。对中国共产党来说，刚刚从"革命党"成为领导党和执政党，其经济社会建设与发展的经验严重不足，学习其他国家治国理政的经验便成为执政党经济社会建设的重要选项。而在帝国主义对华封锁的国际环境中，马克思主义有关社会主

---

① 《毛泽东选集》第2卷，人民出版社1991年版，第650页。
② 同上。
③ 毛泽东指出，当时中国只有百分之十左右的现代性的工业经济，还有百分之九十左右的分散的个体的农业经济和手工业经济。参见《毛泽东选集》第4卷，人民出版社1991年版，第1430页。

义建设的经典论述和苏联社会主义建设的实践，便成为我国经济社会建设的重要理论和经验来源。在此基础上所形成的经济社会发展模式必然具有鲜明的传统社会主义，特别是苏联社会主义模式的烙印。因此，这一时期的中国社会转型可简单概括为传统社会主义发展模式在中国的实践。

中国的基本国情和中国革命的性质决定了新中国成立后，中国应当"有一个新民主主义的历史阶段"①。从新民主主义过渡到社会主义，是中国共产党国家制度选择的基本指导思想。② 这种应然性要求在发挥临时宪法作用的《中国人民政治协商会议共同纲领》中得到了实然体现③，并在1949—1952年新中国的经济社会建设中得到了较好的坚持。在经济上，中国实行了土地改革，废除了"地主阶级封建剥削的土地所有制，实行农民的土地所有制"④。在城市通过没收官僚资本和帝国主义在华资本，以此为基础奠定了社会主义国营经济的基础。在经济发展过程中较好地坚持了"公私兼顾、劳资两利、城乡互助、内外交流"⑤ 的政策，使国民经济得到了较快恢复。到1952年，国内生产总值在1949年基础上增长了77.5%。⑥ 在政治上，中国共产党同各民主党派一道，较好地实践了《共同纲领》所规定的各项政治纲领，建立了相对完整的政权体系⑦，有效实现了政治稳定，促进了民族、社会各界的团结。刘少奇曾指出：在《共同纲领》制定之初，"人们曾怀疑我们是否真要实行共同纲领，但三年来

---

① 沈宝祥：《对新中国社会转型的历史考察》，《中共宁波市委党校学报》2011年第3期。

② 参见鲁振祥《对建国初期从新民主主义过渡到社会主义几个问题的考察》，《中共党史研究》1990年第2期。

③ 《中国人民政治协商会议共同纲领》第一条即阐明这一思想和主张，规定："中华人民共和国为新民主主义即人民民主主义的国家。"

④ 中共中央文献研究室：《建国以来重要文献选编》第1册，中央文献出版社1993年版，第291—292页。

⑤ 参见《中国人民政治协商会议共同纲领》。另见郑谦《延伸与准备：1949年至1978年马克思主义中国化的曲折进程与原因》，《中共党史研究》2007年第4期。

⑥ [美]德克·博德：《剑桥中华人民共和国史（1949—1965）》，上海人民出版社1990年版，第313页。

⑦ 1950年，中央政府在全国28个省成立了省级人民政府，逐步成立了9个省级行政区人民行政公署，12个中央或大行政区直辖的市人民政府，67个省辖市人民政府，2087个县级人民政府。参见《周恩来选集》下卷，人民出版社1984年版，第38页。

我们真正实行了共同纲领，因此共同纲领在人民中及各党派中威信很好"①。

1952年年底，全国实现基本统一，民主革命的遗留任务基本完成，国民经济初步恢复。集中精力进行经济建设，逐步将中国由一个农业大国变为工业大国，实现国家的工业化，成为执政党和政府的重要奋斗目标。②为加快实现工业化，1953年6月中共中央提出了"过渡时期的总路线和总任务"，开始对工业和农业、手工业、资本主义工商业的社会主义改造，力争在10—15年内完成这一改造。1956年年底，"三大改造"的基本完成，标志着我国过渡时期已经结束，并从新民主主义社会进入到社会主义社会。按照当时的理解，社会主义改造的实质就是"使资本主义绝种，使小生产绝种"③，"就是解决所有制的问题"④，"使生产资料的社会主义所有制成为我国国家和社会唯一的经济基础"⑤。"三大改造"的完成，使我国社会性质发生了根本变化，由此决定了我国经济社会发展模式也将发生根本变化。这不但对现代中国而言是一次前所未有的重大社会转型，而且对整个世界而言，都具有划时代的意义，它标志着占世界人口最多的发展中国家选择了社会主义制度，它也改变了资本主义与社会主义在世界范围内的力量对比。

随着"三大改造"的完成，我国开始进入社会主义发展阶段，但并不意味着我国已经建成了社会主义；虽然为社会主义工业化奠定了制度优势，但并不意味着我国已经找到了实现社会主义工业化的有效道路，甚至实现了工业化。因此，"三大改造"的完成必然要求执政党和政府工作重心的转移。此时，如何建设社会主义，如何加快工业化进程便成为党和政府面临的重大课题。对刚刚执政不久的中国共产党来说，其社会主义建设经验明显不足，摆在其面前的工业化道路不外乎两条：一是西

---

① 中央文献研究室：《建国以来刘少奇文稿》第4册，中央文献出版社2005年版，第536页。

② 参见沙健孙《关于社会主义改造问题的再评价》，《当代中国史研究》2005年第1期。

③ 薄一波：《若干重大决策与事件的回顾》上卷，中共中央党校出版社1991年版，第351页。

④ 逄先知：《毛泽东传》（上），中央文献出版社2003年版，第267页。

⑤ 《毛泽东文集》第6卷，人民出版社1999年版，第301页。

方资本主义的工业化道路；二是以苏联为代表的社会主义工业化道路。而在当时的国际国内环境中，中国推进社会主义建设的捷径其实只有一个，那就是向苏联学习。毛泽东曾多次指出，在社会主义建设初期，经济社会发展的战略措施主要是学习借鉴外国经验。[1] 以毛泽东为代表的党中央指出，"要在全国范围内掀起学习苏联的高潮"[2]，导致在社会主义建设初期，我国经济发展战略"几乎一切都抄苏联，自己的创造性很少"[3]。这从"一五"计划的制定和实施可以得到有力的印证。如"一五"计划的制定和骨干建设工程都是在苏联的帮助下展开的，并借用了苏联经济社会管理的诸多办法。[4]

1956 年召开的苏联共产党第二十次全国代表大会，对斯大林的错误和苏共存在的个人崇拜现象进行了公开批判。在这一背景下，中国也开始对苏联模式进行了初步反思，并开始从中国的实际出发，思考社会主义建设和发展的战略措施。中共"八大"的会议精神，以及《论十大关系》和《关于正确处理人民内部矛盾的问题》等重要文献的发表，充分体现了中共中央力图探索自己的建设发展道路，逐渐摆脱苏联模式影响的努力。[5] 但受党对社会主义建设经验的不足、中国传统政治文化和经济建设方式历史惯性以及传统社会主义发展理论的思维束缚作用等多方面因素的影响，中国社会主义建设在总体上呈现出"原则和苏联相同，但方法有所不同"[6] 的局面，使中国经济社会发展方式仍然难以实现有效的转变。

1957 年以后，随着"反右"运动的扩大化，我国政治领域发生了一定程度的"偏向"，特别是对世界形势和国内矛盾，产生了误判。就国际形势而言，错误地认为，第三次世界大战即将爆发，由此导致国内工业

---

[1] 参见胡绳《中国共产党的七十年》，中共党史出版社 1991 年版，第 438 页。

[2] 中共中央文献研究室：《建国以来毛泽东文稿》第 4 册，中央文献出版社 1984 年版，第 45—46 页。

[3] 《毛泽东文集》第 8 卷，人民出版社 1999 年版，第 305 页。

[4] 参见苏少之、任志江《1949—1978 年中国经济发展战略研究》，《中南财经政法大学学报》2006 年第 1 期。

[5] 参见郑谦《延伸与准备：1949 年至 1978 年马克思主义中国化的曲折进程与原因》，《中共党史研究》2007 年第 4 期。

[6] 《毛泽东文集》第 7 卷，人民出版社 1999 年版，第 369 页。

发展战略演变为国防优先的重工业战略，导致轻工业和农业发展严重不足，国民经济发展失衡。就国内矛盾而言，毛泽东在 1957 年 9 月召开的八届三中全会上指出，"无产阶级和资产阶级的矛盾，社会主义和资本主义道路的矛盾，毫无疑问，这是当前我国社会的主要矛盾"①。在这一判断的影响下，党和国家工作的重心偏离了正常轨道，逐渐演变为"以阶级斗争为纲"和"无产阶级专政下的继续革命"。在这一背景下，我国经济社会生活呈现出经济运动（以"大跃进"为代表）和政治运动相互交织、彼此强化，甚至以政治运动替代经济建设的"怪象"，并最终陷入了"文化大革命"的混乱局面，使国民经济到了崩溃的边缘。

还必须一提的是，这一时期的社会转型还形成了城乡分割的局面，这是当前我国突出的"三农"问题的历史根源。新中国成立后，在执政党和政府主导下，我国选择和实施了城市和工业优先发展战略。为了支持城市和工业的优先发展，城市和工业通过工农产品"剪刀差"等形式，转移了农民的大量财富②，从而为工业和城市发展提供了大量的资源和资金支持，但也在一定程度上限制了农村的发展，扩大了城乡差距。城乡分割式发展的另一重要表现就是户籍制度所导致的城乡居民权利差别。1958 年颁布的《中华人民共和国户口登记条例》，不仅限制了公民在城乡之间的自由流动，也造成了公民因户籍不同而享受不同社会权利的现实。城市居民可以享受政府免费提供的基本公共服务，而农村居民则很难享受政府的基本公共服务。户籍制度演变为区分公民权利的重要制度，造成了城乡公民基本社会权利的制度化差异这一突出问题。

总结这一阶段的社会转型，其最大的转变则在于我国完成了从新民主主义社会向社会主义社会的转变，使我国的社会性质发生了根本变化。虽然执政党和政府在探索适合中国国情的社会主义建设道路方面做出了一定的努力，但受诸多因素的影响，最终未能摆脱苏联模式的影响。因此，这一阶段的社会转型在总体上可以归结为传统社会主义模式的学习

---

① 《毛泽东选集》第 5 卷，人民出版社 1977 年版，第 475 页。
② 如根据《农业投入》总课题组的估算，1954—1978 年，政府通过农业不等价交换方式取得的资金达 5100 亿元。参见《农业投入》总课题组《农业保护：现状、依据和政策建议》，《中国社会科学》1996 年第 1 期。另参见武力《1949—1978 年中国"剪刀差"差额辨正》，《中国经济史研究》2001 年第 4 期。

借鉴阶段。由于中国共产党未能及时从"革命党"向"执政党"和"建设党"转变，再加上民主政治的缺乏，经济社会发展一度陷入了极度混乱状态，并使原有体制"已经失去了继续维持下去的条件"[①]。从世界视野来审视，由于"文化大革命"等政治运动的影响，以及封闭式的发展，使我国错失了现代化发展的重要机遇，使经济社会发展水平滞后了二三十年[②]，在总体上拉大了与世界主要发达国家的差距。

三　中国特色社会主义道路的探索与实践：1978年至今

从大历史的视野看，1978年是中国现当代历史的重要分水岭。这一年中国政治领域的变化，以及党和国家工作重心的转移，重启了"被延缓"[③]甚至一度中断的现代化转型，使中国社会进入全面快速转型的新阶段。1977—1978年，邓小平支持的关于真理标准问题的大讨论，拉开了这一时期社会转型的序幕。"文化大革命"结束后，华国锋等人提出的"两个凡是"错误思想，违背了马克思主义的基本原则，对冲破"左"倾、教条主义思想的束缚、恢复国家经济社会发展产生了严重的阻碍作用。邓小平、胡耀邦等党和国家领导人对"两个凡是"错误思想进行了直接的批判，并对在全国范围内开展关于真理标准问题大讨论进行有力支持，使"实践是检验真理的唯一标准"成为社会共识，及时冲破了"两个凡是"等"左"倾僵化、教条主义思想路线在意识形态领域对人们思想的束缚，从而为改革开放提供了思想先导。1978年12月召开的十一届三中全会，"果断结束'以阶级斗争为纲'，重新确立马克思主义的思想路线、政治路线、组织路线。从此，我国改革开放拉开了大幕"[④]，使

[①] 中国战略与管理研究会社会结构转型课题组：《中国社会结构转型的中近期趋势与隐患》，《战略与管理》1998年第5期。

[②] 1979年9月29日，邓小平在会见英籍作家韩素音时谈道："我们损失了20或30年时间，但我们相信中国人是聪明的，再加上不搞关门主义，不搞闭关自守……那么，我们就是有希望的。"参见中共中央文献研究室《邓小平思想年谱（1975—1997）》，中央文献出版社1998年版，第44页。

[③] 参见庞松《改革开放与中国经济社会向现代化转型的互动》，《中共党史研究》2008年第6期。

[④] 习近平：《在庆祝改革开放40周年大会上的讲话》，《人民日报》2018年12月19日第2版。

中国开始由传统社会主义向中国特色社会主义转型。

1978年以来的社会转型,是中国特色社会主义的成长和完善过程。20世纪50—60年代我国社会主义建设的实践经验证明,照搬苏联模式虽然在一定程度上有利于减少我国在经济社会发展初期的探索成本,但也付出了较大的代价,从长远来看并不利于经济社会的健康发展。虽然在党的八大前后,以毛泽东为核心的党的第一代领导集体意识到了这一问题①,并对社会主义建设道路进行了初步探索,但由于多方面的原因,这些探索大多"昙花一现",并没有得到较好的坚持。鉴于照搬苏联模式的深刻教训,十一届三中全会以后,邓小平多次强调,要走"中国式的现代化道路","中国式的现代化,必须从中国的特点出发"②。1982年,邓小平在中国共产党第十二次全国代表大会的开幕词中,第一次提出了"建设有中国特色的社会主义"这一科学命题,表明党中央开始从建设有中国特色社会主义的理论高度,逐步推进我国社会主义建设的各项实践活动,并在实践过程中相继提出了"社会主义初级阶段理论"③"社会主义初级阶段基本路线理论""社会主义商品经济理论"④等富有创新意义的经济社会发展理论。

党的十二大以来,中国共产党始终坚持从中国的具体国情出发,坚定不移地推进社会主义建设,将"中国特色"和"社会主义"有机结合,创造性地回答了"什么是社会主义,怎样建设社会主义";"建设一个什么样的党,怎样建设党";"什么是发展,靠谁发展,为谁发展,怎样发展"等一系列重大理论与实践问题,"开辟了中国特色社会主义道路,形成了中国特色社会主义理论体系,确立了中国特色社会主义制度"⑤,实

---

① 如毛泽东指出:"最近苏联方面暴露了他们在建设社会主义过程中的一些缺点和错误,他们走过的弯路,你还想走? 过去我们就是鉴于他们的经验教训,少走了一些弯路,现在当然更要引以为戒。"参见中共中央文献研究室《建国以来毛泽东文稿》第6册,中央文献出版社1992年版,第82页。

② 中共中央文献研究室:《邓小平年谱(1975—1997)》(上),中央文献出版社2004年版,第502页。

③ 1987年10月,党的十三大第一次正式提出"我国还处于社会主义初级阶段"的科学论断。

④ 张旭东:《"中国特色社会主义理论体系"概念的形成过程》,《党的文献》2008年第1期。

⑤ 胡锦涛:《在庆祝中国共产党成立90周年大会上的讲话》,《人民日报》2011年7月2日第2版。

现了从"有中国特色社会主义"到"中国特色社会主义"的历史转变。①具体而言,这一阶段的社会转型主要体现在以下方面:

第一,社会阶层结构由单一向多元的转型。社会各阶层是社会发展进步的主体力量。社会阶层结构本质上是社会主体的组成结构,反映的是不同社会主体占社会总人口的比例。社会阶层结构对经济社会发展具有至关重要的作用,低人力资本积累阶层在社会阶层结构中的比例越小,一个社会的发展潜力和活力越大,中间阶层人口所占的比例越大,社会越容易达成共识,越倾向于稳定。改革开放以来,随着我国经济体制由计划经济向市场经济、所有制结构由单一公有制向以公有制为主体多种所有制经济共同发展的转变,我国社会结构的转型进一步加快。在这一背景下,社会阶层作为"社会结构中最重要的核心结构"②,也日益分化,"以职业为基础的新的社会阶层分化机制逐渐取代过去以政治身份、户口身份和行政身份为依据的分化机制"③,原有以工人、农民、知识分子"两个阶级一个阶层"④ 组成的社会结构逐渐被打破,新的社会阶层日益成长和壮大。陆学艺教授指出,当前中国已经产生了十大阶层(如表2—2所示)。⑤ 这些阶层的形成和成长体现了一国社会的异质化程度,体现了我国人力资本积累的提高,是我国现代化水平日益提升的重要标志。改革开放40余年来,我国阶层结构出现了以下方面的重大变化:一是农民工成为日益壮大的工人队伍中的新生力量;二是从事农业生产的人口大幅下降并呈现出老龄化特点;三是专业技术人员在中产阶层中的比例日益增加;四是私营企业主阶层的影响力不断增加。⑥ 经过40余年的发展,我国曾经相对同质的社会结构日益呈现出"资源、地位、机会和利

---

① 关于"中国特色社会主义"与"有中国特色社会主义"的区别,可参见朱与墨《别"有",中国的历史性跨越》,《湖南社会主义学院学报》2008年第2期。

② 陆学艺:《中国社会结构的变化及发展趋势》,《云南民族大学学报》(哲学社会科学版)2006年第5期。

③ 陆学艺:《当代中国社会阶层的分化与流动》,《江苏社会科学》2003年第4期。

④ 陆学艺:《社会建设就是建设社会现代化》,《社会学研究》2011年第4期。

⑤ 参见陆学艺《当代中国社会阶层研究报告》,社会科学文献出版社2002年版,第9页。

⑥ 参见李培林《改革开放近40年我国阶级阶层结构的变动、问题和对策》,《中共中央党校学报》2017年第6期。

益相对分散、相对独立的结构体系"①。

表2—2　　　　　　当前中国社会十大阶层及其人口占比

社会阶层	一	二	三	四	五	六	七	八	九	十
	国家与社会管理阶层	经理人员阶层	私营企业主阶层	专业技术人员阶层	办事人员阶层	个体工商户阶层	商业服务人员阶层	产业工人阶层	农业劳动者（农民工）阶层	城市失业半失业人员阶层
比例（%）	2.1	1.6	1	4.6	7.2	7.1	11.2	17.5	42.9	4.8

资料来源：陆学艺：《中国社会结构的变化及发展趋势》，《云南民族大学学报》（哲学社会科学版）2006年第5期。稍有改动。

第二，从计划经济体制向社会主义市场经济体制转型。在反思改革开放以前的历史经验教训时，邓小平指出："从一九五八年到一九七八年这二十年的经验告诉我们：贫穷不是社会主义，社会主义要消灭贫穷。不发展生产力，不提高人民的生活水平，不能说是符合社会主义要求的。"② 从发生学的角度来看，当前"中国社会转型发生的最基本的现实依据就是中国的贫穷落后"③。如1978年，我国国内生产总值仅为3645.2亿元，人均国内生产总值仅为381元④，远远低于发达国家，甚至很多发展中国家的平均水平。正如邓小平所指出的那样："我们太穷了，太落后了，老实说对不起人民。我们现在必须发展生产力，改善人民生活条件。"⑤ 为了切实改善人民的生活条件，提高人民生活水平，1978年以来，党和国家逐渐放弃了"以阶级斗争为纲"的路线方针，开始将党和国家的工作重心转移到社会主义经济建设，并逐步确立"一个中心，两

---

① 李路路：《改革开放40年中国社会阶层结构的变迁》，《武汉大学学报》（哲学社会科学版）2019年第1期。
② 《邓小平文选》第3卷，人民出版社1993年版，第116页。
③ 邱耕田：《需要的变化与当今中国社会的转型》，《天津社会科学》2010年第5期。
④ 数据来源于《中国统计年鉴》（2010）。
⑤ 中共中央文献研究室：《邓小平年谱（1975—1997）》，中央文献出版社2004年版，第381页。

个基本点"的基本路线。经济体制改革是改变资源和要素配置方式、促进经济持续健康发展的关键。中国的经济体制改革，由农村家庭联产承包责任制改革而破冰。邓小平指出："改革和开放是从经济方面开始的，首先又是从农村开始的。"[1]"在农村推行家庭联产承包责任制的同时，在国有企业方面也开始了扩大企业自主权的试点"[2]，使城市经济体制改革在局部范围内开始试点，从而吹响了市场经济体制改革的号角。经济体制改革的关键是对传统计划经济体制进行根本的变革。马克思主义经典作家认为，"未来社会主义制度将消除商品经济"，"社会主义经济只实行计划调节"[3]，计划经济是社会主义国家经济制度安排的重要特征。苏联在经济建设过程中，首次将马克思、恩格斯关于"消除商品经济"的理念转化为现实实践，并对包括中国在内的社会主义国家的经济制度设计产生了重要影响。摆脱传统计划经济体制对生产力发展的束缚，是中国社会转型的重要使命。改革开放以来，中国从传统计划经济体制向社会主义市场体制转型的过程，总体而言，就是"不断冲破传统社会主义经济理论"，并引入其所批判的经济理论和制度安排，来建立和完善中国特色的社会主义经济理论体系和制度体系的过程。[4] 1984年，中共十二届三中全会通过的《中共中央关于经济体制改革的决定》颁布，为全面推进经济体制改革提供了政治保障，以城市为重点的经济体制改革开始进入加速阶段。[5] 随着改革开放的深入，中国逐渐确立社会主义市场经济体制，建立了"坚持公有制为主体，多种所有制经济共同发展的基本经济制度，按劳分配为主体，多种分配方式并存的分配制度"。[6] 党的十八届三中全会在"市场在资源配置中起基础性作用的基础上"，明确提出"使

---

[1] 《邓小平文选》第3卷，人民出版社1993年版，第237页。

[2] 田纪云：《经济改革是怎样搞起来的——为纪念改革开放三十周年而作》，《炎黄春秋》2008年第1期。

[3] 卫兴华：《改革以来中国特色社会主义经济理论发展的几个问题——纪念改革开放三十周年》，《学术月刊》2008年第9期。

[4] 魏杰：《中国经济体制改革历史进程及不同阶段的任务》，《社会科学战线》2008年第4期。

[5] 田纪云：《经济改革是怎样搞起来的——为纪念改革开放三十周年而作》，《炎黄春秋》2008年第1期。

[6] 参见《中华人民共和国宪法》第一章《总纲》第六条。

市场在资源配置中起决定性作用"①,进一步推动了市场经济的完善。社会主义市场经济体制的确立和不断完善,极大地解放和发展了社会主义生产力,使我国经济保持了40余年的持续快速增长(如图2—3所示),国内生产总值年均实际增长达到9.5%以上,远远高于"同期世界经济年均3%左右"②的增长率。2010年在GDP总量上超过日本,成为全球第二大经济体。改革开放40余年来我国经济发展所取得巨大成就,被世界其他国家誉为"中国奇迹"。正是基于中国经济发展的良好表现,一些观察人士指出,中国已经形成了日益对"华盛顿共识"构成挑战的"北京共识",即"中国模式"。③

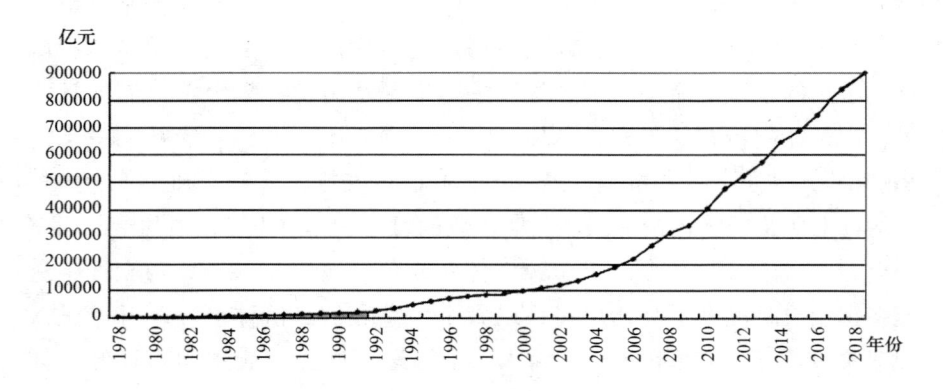

图2—3　1978—2018年中国GDP增长变化图

资料来源:根据《中国统计年鉴》历年数据整理,2018年为国家统计局公布的数据。

第三,中国特色社会主义民主政治日益发展。"民主、法制、自由、人权、平等、博爱,不是资本主义所特有的,这是整个世界在漫长的历史过程中共同形成的文明成果,也是人类共同追求的价值观。"④"人民当

---

① 参见《中共中央关于全面深化改革若干重大问题的决定》,2013年11月15日。
② 车玉明、周英峰、韩洁等:《伟大的创举　划时代的变革——中国社会主义市场经济体制之路探索与回顾》,《决策管理》2009年第1期。
③ 参见 Joshua Cooper Ramo, *The Beijing Consensus*, The Foreign Policy Centre, 2004。
④ 温家宝:《社会主义归根结底是让人民当家做主——在十届全国人大五次会议举行的记者招待会上答记者问》,《理论参考》2007年第3期。

家作主是社会主义民主政治的本质和核心"①。"高度的民主、完备的法制","是社会主义制度的内在要求,是成熟的社会主义制度的重要标志"②。马克思、恩格斯认为,民主是实现政治解放,进而实现人自由而全面发展的重要制度保障。列宁指出:"民主扩展到一定界限,彻底的民主就变成社会主义,同时也要求实行社会主义。彻底发展民主,找出彻底发展的种种形式,用实践来检验这些形式,是对社会进行社会主义改造的基本任务之一。"③ 毛泽东曾指出,中国如果缺少了民主和独立中的任何一个要素,"中国的事情就办不好"。④ 新中国成立后,受传统专制主义政治文化的历史惯性、重民主工具理性轻民主价值理性,以及民主制度不完善等诸多因素的影响,我国社会主义民主政治建设一度受到严重冲击。特别是"文化大革命"中以"大鸣大放""大字报"为主要形式的所谓"大民主",使党内民主和人民民主破坏殆尽,对党和国家政治生活和经济社会的健康发展造成了极大的负面影响。改革开放以来,中国共产党日益认识到民主在推动党的现代化转型、提高党的执政能力、巩固党的执政地位和实现人民当家作主等方面的重要作用,切实将发展社会主义民主政治作为其"始终不渝的奋斗目标",在价值层面上,高屋建瓴地提出了"没有民主就没有社会主义,就没有社会主义的现代化"⑤"党内民主是党的生命"⑥ 和"人民民主是社会主义的生命"⑦等科学论断,从本体论的高度肯定了民主对党的自身建设和社会主义现代化建设

---

① 胡锦涛:《高举中国特色社会主义伟大旗帜 为夺取全面建设小康社会新胜利而奋斗——在中国共产党第十七次全国代表大会上的报告》,《中国共产党第十七次全国代表大会文件汇编》,人民出版社2007年版,第29页。

② 温家宝:《关于社会主义初级阶段的历史任务和我国对外政策的几个问题》,《国务院公报》2007年第10号,第6—9页。

③ 列宁:《国家与革命》,人民出版社1992年版,第5页。

④ 《毛泽东选集》第2卷,人民出版社1991年版,第731页。

⑤ 《邓小平文选》第2卷,人民出版社1994年版,第168页。

⑥ 江泽民:《全面建设小康社会 开创中国特色社会主义事业新局面》,新华社北京2002年11月17日电;另见《中共中央关于加强和改进新形势下党的建设若干重大问题的决定》。

⑦ 胡锦涛:《高举中国特色社会主义伟大旗帜 为夺取全面建设小康社会新胜利而奋斗——在中国共产党第十七次全国代表大会上的报告》,《中国共产党第十七次全国代表大会文件汇编》,人民出版社2007年版,第29页。

的重要作用①；在战略选择方面，坚持党的领导、人民当家做主和依法治国的有机统一，将发展基层民主"作为发展社会主义民主政治的基础性工程重点推进"②，将协商民主视为"我国社会主义民主政治的特有形式和独特优势"和"人民民主的真谛"③，"不断推进社会主义民主制度化、规范化、程序化"④，推进民主政治有序和增量式渐进型发展；在制度建设层面，"坚持和完善人民代表大会制度、中国共产党领导的多党合作和政治协商制度、民族区域自治制度以及基层群众自治制度"，"积极稳妥推进政治体制改革"，使"我国社会主义民主政治展现出更加旺盛的生命力"⑤。

第四，思想文化的现代转型。"物质贫乏不是社会主义，精神空虚也不是社会主义"⑥。改革开放以来，党和国家在"坚持以经济建设为中心"的同时，大力推进社会主义精神文明，坚持物质文明与精神文明建设"两手抓，两手都要硬"，"显著增强了国家文化软实力"⑦。综观改革开放以来我国思想文化领域的现代转型，大体可以从两个层面观察：一是执政党和国家层面的转型，主要体现在：（1）国家发展理念实现了从片面发展观到可持续发展观再到科学发展观的转变；（2）逐步构建了社会主义核心价值体系，并尝试凝练能引起广大民众普遍共鸣的核心价值观念；（3）形成了中国特色社会主义理论体系，不断推动马克思主义中国化时代化大众化，马克思主义中国化的最新理论成果不断得到广大民

---

① 罗中枢、黄金辉等：《党内民主与党的执政能力建设研究》，四川出版集团、四川人民出版社2012年版，第61—63页。

② 胡锦涛：《高举中国特色社会主义伟大旗帜　为夺取全面建设小康社会新胜利而奋斗——在中国共产党第十七次全国代表大会上的报告》，《中国共产党第十七次全国代表大会文件汇编》，人民出版社2007年版，第29页。

③ 习近平：《决胜全面建成小康社会　夺取新时代中国特色社会主义伟大胜利——在中国共产党第十九次全国代表大会上的报告》，《人民日报》2017年10月28日。

④ 胡锦涛：《高举中国特色社会主义伟大旗帜　为夺取全面建设小康社会新胜利而奋斗——在中国共产党第十七次全国代表大会上的报告》，《中国共产党第十七次全国代表大会文件汇编》，人民出版社2007年版，第29页。

⑤ 同上。

⑥ 《中共中央关于深化文化体制改革　推动社会主义文化大发展大繁荣若干重大问题的决定》（2011年10月18日中国共产党第十七届中央委员会第六次全体会议通过）。

⑦ 同上。

众的认同;(4)执政党"以人为本""以人民为中心""执政为民、立党为公"的理念不断强化。二是社会大众文化的转型,主要体现在:(1)公民的主体意识、权利意识、民主意识与责任意识逐渐增强,传统"官本位""宗族"文化、男尊女卑等封建文化逐渐式微;(2)在开放社会条件下,外来文化特别是英美文化的影响日益增强,大众文化日益多元化,逐渐形成马克思主义主流意识形态主导和引领下的"一体多元"化发展趋势。总体而言,当前我国文化结构体现出"主旋律文化的主导性""内外双向开放性""快速变化与深刻转型性"等整体性特征。[①]

第五,从经济、政治、文化建设"三位一体"格局向经济、政治、文化、社会和生态"五位一体"格局转型。资本主义社会转型的历史进程,彰显了社会建设的极端重要性。[②] 由于我国的现代化建设属于追赶型现代化,经济建设在现代化过程中始终占据首要位置。经过三十年的发展,我国经济建设取得了举世瞩目的成就。虽然经济建设在很长一段时期内,仍将是我国经济社会发展的中心工作,但经济建设过程中所积累的突出社会问题,决定了社会建设的重要性将更加凸显。进入21世纪以来,执政党和政府"越来越密集地释放出各种关于'社会'的信号"[③],社会建设日益成为贯彻落实科学发展观、促进社会和谐稳定的重要途径。2004年党的十六届四中全会正式提出了"社会建设"的概念,并将其作为建设社会主义和谐社会的基本途径。[④] 2007年,党的十七大报告明确指出:"必须在经济发展的基础上,更加注重社会建设。"[⑤] 十七大通过的《中国共产党章程》进一步强调"必须按照中国特色社会主义事业总体布

---

① 黄金辉、孙彦波:《唯物史观视域下中国文化结构的阶段性特征及演进趋势》,《四川大学学报》(哲学社会科学版)2018年第4期。
② 沈原:《又一个三十年?——转型社会学视野下的社会建设》,《社会》2008年第3期。
③ 同上。
④ 参见陆学艺《社会建设就是建设社会现代化》,《社会学研究》2011年第4期。
⑤ 胡锦涛:《高举中国特色社会主义伟大旗帜 为夺取全面建设小康社会新胜利而奋斗——在中国共产党第十七次全国代表大会上的报告》,《中国共产党第十七次全国代表大会文件汇编》,人民出版社2007年版,第27页。

局,全面推进经济建设、政治建设、文化建设、社会建设。"[①]。这"标志着我国进入了以社会建设为重点的新阶段"[②]。基本公共服务均等化战略的提出和实施,以及当前社会管理体制的改革和创新,正是现阶段我国社会建设的重要举措。十八大以来,面对日益严重的生态环境问题,习近平总书记多次强调生态文明建设的重要性,并将生态文明建设作为我国社会主义建设的重要维度。

总之,1978年以来我国的社会转型,在广度、深度、速度和效度等方面都是前两个阶段的社会转型所难以比拟的,且在这一过程中始终围绕中国特色社会主义建设这一主线,形成了以渐进式改革为基本特征,以政治、经济、文化、社会建设、生态文明建设为主要领域的自主性转型战略。经过改革开放40余年的发展,从转型效度来看,中国在总体上正逐渐告别物质贫困的状况,开始由生存型社会向发展型社会转变。而从转型的向度来看,这一转型在本质上是中国共产党人所领导的"新型社会主义"建设[③],即中国特色社会主义的成长和完善。它既具有现代化转型的共性目标,即以实现中国的现代化和中华民族伟大复兴为重要目标,又具有社会主义性质,其基本向度和前途具有社会主义的本质规定性。综合起来,1978年以来的社会转型的实质是中国特色社会主义现代化建设的过程,是与"过去任何类型的中外历史上社会转型根本不同的'自我主导性战略性社会转型'"[④]。

第二节 当前中国社会转型的动力系统

在全球化、信息化、民主化浪潮加快发展,世情、国情发生深刻变化的条件下,当代中国社会转型面临许多新的机遇和挑战。只有不断开

[①] 胡锦涛:《高举中国特色社会主义伟大旗帜 为夺取全面建设小康社会新胜利而奋斗——在中国共产党第十七次全国代表大会上的报告》,《中国共产党第十七次全国代表大会文件汇编》,人民出版社2007年版,第61页。

[②] 陆学艺:《社会建设就是建设社会现代化》,《社会学研究》2011年第4期。

[③] 郑杭生:《改革开放三十年:社会发展理论和社会转型理论》,《中国社会科学》2009年第2期。

[④] 金正一:《新时期社会转型的中国经验——新时期社会转型与和谐社会构建问题战略层面上的比较价值》,《东疆学刊》2009年第2期。

发促进社会转型的动力资源，准确把握中国社会转型的基本趋势，科学定位社会转型的总体目标，才能承前启后，把握机遇，赢得挑战，不断将十一届三中全会开启的当代中国社会转型推向新的发展阶段，从而促进中国特色社会主义的发展与自我完善，实现社会合意性转型的基本目标。

社会转型的有效推进，必须有持久的动力源泉。根据历史唯物主义，生产力与生产关系，以及经济基础和上层建筑之间的矛盾运动是社会发展的根本动力。社会转型作为"社会发展的一种特殊形式"①，其根本动力也是生产力和生产关系以及经济基础和上层建筑之间的矛盾运动。受根本动力的支配，社会转型的直接动力往往更容易被人们所察觉和把握，因而也更受研究者的重视。概莫能外，当前中国社会转型的根本动力，同其他任何国家社会转型的动力一样，都是生产力与生产关系，以及经济基础和上层建筑之间的内在矛盾与张力。而社会转型的直接动力在社会转型的不同阶段则具有较大的差异。在全球化、信息化条件下，当前中国社会转型的动力，是国际国内经济社会发展条件变化所产生的推动力的合力，但更多地体现为执政党、国家（政府）、社会和广大民众在经济社会发展过程中所形成的强大内生动力。

一 当前中国社会转型的外部驱动力

在全球化、信息化时代，国际社会成员的关系发生了根本性改变。国际社会已经从"传统社会老死不相往来的隔离状态"，变为"世界触手可及的融合状态"。国际社会行为体之间"不再是互不相关"，而是处于"相互影响和共同塑造"②的状态，全球社会形成了一个"相互依赖"的复合关系体。③ 对国际社会的关注，既是"比较分析的前提条件"④，也

---

① 庞景君：《社会转型的动力和标志》，《社会科学辑刊》1995年第4期。
② 黄金辉、丁忠毅：《当代国际关系伦理视阈中的和谐世界外交理念分析》，《社会科学研究》2009年第6期。
③ 参见［美］罗伯特·基欧汉、约瑟夫·奈《权力与相互依赖》，门洪华译，北京大学出版社2002年版，第1—30页。
④ John H. Goldthorpe, *Order and Conflict in Contemporary Capitalism.*, New York: Clarendon Press, Oxford University Press, 1984, p. 16.

是洞察一国国内社会变化发展的国际性原因的重要途径。基于这一关照，一国的社会转型不再是传统封闭社会条件下的自我发展，而是在国际国内互动过程中的交互式发展过程。离开与国际社会其他行为主体的有机互动，一国的基本生存与安全需求，物质资源与经济福利将难以得到有效保障。国际社会发展变化往往对国内社会转型具有重要的影响。对当前中国社会转型而言，国际社会发展变化对中国社会转型的推动作用主要体现在以下方面：

第一，世界民主化浪潮带来的民主化压力。在全球化时代，尽管世界各国对什么是民主和实现民主的途径具有千差万别的认识，但民主是现代法理型合法性的重要来源，已成为一种共识。随着全球化进程的加速发展，民主价值理念日益成为"世界范围内的普遍政治价值和政治评价标准"。① 民主化运动在世界范围内迎来了新一轮高潮。塞缪尔·P.亨廷顿将20世纪70年代中期以来的民主化浪潮称为"第三波"，并指出民主已成为"一项全球性的运动"②，促成这一运动的重要力量则是美国、欧洲、梵蒂冈等"外部的行动者"。③ 这一波民主浪潮所产生的"民主动能"和"示范效应"，不仅在20世纪90年代初对苏联和东欧造成巨大冲击，而且也使"其他威权国家面临民主转型的巨大压力"④。当今世界，即使是专制国家，也至少在话语上将民主置于政治生活的重要位置，其重要表现即在其国名上冠以"民主"二字。民主化作为当今世界的重要发展趋势，在全球化和信息化的双重推动下，更是加速发展。民主不仅日益成为一国参与国际政治、经济、社会活动，赢得国际话语权与道义的重要价值基础，更是降低一国与其他国际行为体互动过程中交易成本的重要精神力量，即国家软实力。⑤ 改革开放以来，我国社会主义民主政治建设取得了较大进展，但从总体而言，我国民主政治发展仍具有较大

---

① 王菲易：《经济全球化与韩国民主化：以发展转型战略转型为视角》，《当代韩国》2010年第3期。
② [美]塞缪尔·P.亨廷顿：《第三波——20世纪后期民主化浪潮》，刘军宁译，生活·读书·新知三联书店1998年版，第25页。
③ 同上。
④ 王菲易：《国际因素与民主化：转型学研究的新领域》，《社会科学》2011年第2期。
⑤ 丁忠毅：《国家软实力建设与"中国模式"的自我完善》，《四川大学学报》（哲学社会科学版）2012年第3期。

的提升空间。中国作为国际社会的重要行为主体，在与其他国际行为主体的交互关系中，一方面，从"他者—自我"的互动向度来看，必然面临着其他国际行为主体特别是美欧等原发现代化国家对中国民主化的施压，且这种压力有日益增加的可能。这从中亚的"颜色革命"、中东的"茉莉花革命"，特别是对埃及、利比亚国内民主运动的极力支持中可以得到印证；另一方面，从"自我—他者"的互动向度来看，通过与其他国际行为主体的互动，民主等价值理念，必然影响国内民众的政治价值观，从而产生民主需求。同时，中国要成长为世界性强国，必然要求其通过国内民主政治建设，来增进中国与国际社会主要行为体的价值共识，增强中国参与全球经济活动的能力，提高中国的全球治理能力。由此可以看出，世界民主化浪潮对中国民主化的压力是通过两个向度发挥作用的。这两个互动向度所产生的合力，形成了中国民主化的重要驱动力。中国如何顶住国际民主化浪潮的压力，坚持走中国特色的民主政治发展道路，而不是走西方式民主化道路，是执政党和政府，乃至整个社会都必须高度重视的理论与实践问题。

　　第二，经济发展外部环境变化推动国内经济发展方式的转型。在全球化时代，在国际国内两个市场配置和利用资源是世界各国经济发展的重要特征。外部经济条件的变化既可能成为一国经济增长的重要机遇，也可能成为一国经济低迷衰退的重要原因。不同国家的资源禀赋结构和经济发展方式决定其受外部经济条件影响的程度。在资源禀赋结构既定的情况下，当外部经济条件变化不利于本国经济发展之时，改变本国经济发展方式，以适应外部经济条件变化的新要求，不断提高利用国际市场和资源的能力，有效防控经济发展的外部风险，便成为实现经济持续发展的重要选项。这是经济发展外部环境变化推动一国经济发展方式转型的重要机理。改革开放以来，特别是加入 WTO 以来，中国经济发展的国际化水平不断提高。受中国资源禀赋结构和经济发展方式等诸多因素的影响，中国经济发展存在对外依存度过高的突出问题。

　　从资源禀赋角度来看，中国资源禀赋先天不足，加之中国人口规模巨大，资源短缺问题十分突出。而随着中国经济持续快速发展而增加的资源需求具有刚性特征。满足这一需求只能依靠国际市场的供给。如近年来，石油、铁矿石等关系国计民生的能源资源的进口量，"已占国内需求量的50%以上"。① 资源能源需求的刚性特征与国际供给的波动性特征的交互作用，使中国经济发展潜藏着巨大的风险。从经济发展方式来看，长期以来，中国经济发展主要采用"靠资源投入和净出口（出超）拉动的粗放的经济发展方式"②，虽然经过长期发展，"我国经济已由高速增长阶段转向高质量发展阶段"③，但"经济运行还没有从根本上克服'高投入、高消耗、高污染'的痼疾"。④ 在拉动经济发展的"投资、消费、出口"三驾马车中，经济增长存在过度依赖出口的现象。而出口量在很大程度上取决于国外市场的需求弹性和国家的对外政策安排，具有极大的不稳定性。且在中国出口产品结构中，加工贸易品的出口比例约占出口总额的一半。⑤ 加工贸易品附加值低、人力资本凝聚量不足、可替代性强，但有利于创造就业岗位，因而极易受到国外进出口政策安排特别是贸易保护主义的影响。如当前一些国家和地区出现的逆全球化思潮和政策，日益成为中国经济发展的重要外部约束和挑战。⑥ 从经济发展的内生动力看，当前我国还缺乏与产业结构转型升级和高质量发展匹配的人力资本和科学技术支撑。我国虽然是一个人力资源大国，但还不是人力资源强国；虽然近年来在核心技术领域取得了关键突破，但在诸多核心技术领域依然受制于人。由此限制了中国经济的转型升级和质量提升。

在逆全球化和中美贸易摩擦短期难以得到有效化解背景下，我国经济发展外部环境的急剧变化，既使中国经济发展面临严峻的外部挑战，也为中国经济发展方式转型、经济结构优化提供了外在动力。面对经济发展外部环境的变化，中国只有加快经济发展方式转变，才能不断增强经济发展的内生能力，有效提高抵御经济发展外部风险的能力，从而为中国经济的平稳健康发展提供重要保障。

总之，在当今世界，全球化的深入发展不仅使以资源配置为核心的

---

① 林兆木：《关于转变经济发展方式问题》，《新华文摘》2010年第9期。
② 吴敬琏：《转向长期》，《新华文摘》2010年第9期。
③ 习近平：《决胜全面建成小康社会 夺取新时代中国特色社会主义伟大胜利——在中国共产党第十九次全国代表大会上的报告》，《人民日报》2017年10月28日。
④ 邢文增：《转变经济发展方式 提升经济发展质量》，《红旗文稿》2017年第22期。
⑤ 林兆木：《关于转变经济发展方式问题》，《新华文摘》2010年第9期。
⑥ 戴翔、张二震：《逆全球化与中国开发发展道路再思考》，《经济学家》2018年第1期。

经济活动全球化，还使人的生活方式和价值观念呈现趋同化趋势；信息化进程不但打破了传统的信息封闭与垄断状态，而且使时空高度压缩。全球化和信息化相互交织，使世界更加紧密地联系在一起，从而使外部因素对一国国内经济社会发展的影响比任何时代都更加强劲。中国作为后发现代化国家，在全球化、信息化条件下，一方面，必然面临着与原发现代化国家竞争所带来的巨大转型压力；另一方面，外部环境变化也为国内社会的转型发展提供了良好的机遇。中国在社会转型过程中，必须善于把握经济社会发展的外部机遇，妥善应对外部环境变化所带来的挑战与压力，并将其转化为国内社会转型的强大动力。十一届三中全会以来，我国社会转型的历史经验告诉我们，正是通过打开国门，实行开放政策，在与世界各国的合作和竞争中，为我国社会转型注入了活力和动力。

二 当前中国社会转型的内生动力

马克思主义认为，内因是事物变化发展的根据。原发现代化国家的社会转型历程也从根本上证明了这一哲学理论的科学性。对后发现代化国家而言，其社会转型的初始动力大都来自外部力量，由此推动的社会转型往往因缺乏自主性而成为西方化的同义词，导致其社会转型因缺乏自身特色而难以持续发展。因此，后发现代化国家在社会转型过程中，必须努力实现社会转型动力系统的内生性转化，才能走上适合本国国情的转型道路，不断推动社会的合意性转型。新中国成立特别是改革开放以来，我国在社会转型过程中不仅摆脱了国外势力的直接控制和干预的状态，而且反对照搬包括苏联模式在内的各种经济社会发展模式，并通过改革开放"将外部动力机制转变成了内生动力机制"[1]，从而实现了中国社会转型动力系统的内生性转换[2]，逐渐形成了中国特色社会主义发展道路。当前中国正处在社会全面快速转型的关键时期，社会转型的合意

---

[1] 刘兴赛：《中国经济转型的内在逻辑——本质、动力、决策模式》，《经济体制改革》2008年第6期。

[2] 关于中国当代社会转型初始阶段的动力源，可参见关海庭、吴群芳《渐进式的超越：中俄两国转型模式的调整与深化》，北京大学出版社2006年版，第40—72页。

性推进，也必须依靠和培育强大的内生动力。从经济社会发展的现实情况来看，当前中国社会转型的内生动力，主要表现在以下方面：

第一，经济社会发展理念转变所产生的诱致力。经济社会发展理念，是一国发展模式的核心要素。一国经济社会发展理念的转变，一方面意味着已有发展理念已经难以适应经济社会发展的新要求，对经济社会发展产生了一定的负向作用；另一方面也意味着以既有理念指导的生产生活等社会关系模式的变革，由此决定了经济社会发展理念的转变必然促进一国发展模式的调整，从而带动社会的整体变迁。进入新世纪以来，执政党和中央政府审时度势，先后提出了科学发展观和创新、协调、绿色、开放、共享五大发展理念，不断推动发展理念的与时俱进，为我国社会转型及时供给先进的发展理念，对推进社会合意性转型具有重要价值。五大发展理念的贯彻落实，有利于化解当前我国社会转型期存在的发展不平衡不充分等突出社会矛盾和问题，从而有利于加快经济发展方式转变、推动经济社会协调发展、维护社会公平正义，是推动社会合意性转型的强大诱致力。

第二，执政党和政府的驱动力。社会转型是国家（政府）、社会和民众持续互动的过程。对后发国家的社会转型而言，由于其社会力量和市场力量发育不足，社会自发性转型的进程相对滞后，且存在效率低下等诸多问题。国家因其在公共权力分配、资源配置和社会动员方面存在的优势，往往成为一国社会转型的启动者和主要驱动力量。作为公共权力掌握者、运用者和公共政策输出者的执政党和政府，在推动"社会变革与转型过程中起着支配性作用"[1]，对社会转型产生了强大的政治驱动力。政治力量的充分发挥，往往是一国社会转型快速推进、经济社会持续发展的重要前提和基本保障。当今中国的社会转型是中国特色社会主义建设过程中的"自我主导性战略性"转型[2]，具有鲜明的"规划性"特征[3]，执政党和政府是社会转型的规划者和主导者，是推动社会转型的核心力量。首先，执政党具有推动社会转型的内在动力。中国共产党是中

---

[1] 刘燕、万欣荣：《中国社会转型的表现、特点与缺陷》，《社会主义研究》2011年第4期。
[2] 金正一：《论中国新时期社会转型的基本属性》，《东北师范大学学报》（哲学社会科学版）2009年第6期。
[3] 参见董海军《转轨与国家制度能力——一种博弈论的分析》，上海人民出版社2007年版，第58页。

国特色社会主义现代化建设的领导党和唯一合法的执政党。中国共产党在中国政治生态中的核心地位,决定了其必须带领广大人民群众实现建设富强民主文明和谐的现代国家这一奋斗目标。这一目标的实现,内在地要求其加快推进由传统型社会向现代社会转型的步伐。在世情、国情、党情发生深刻变化的条件下,中国共产党日益意识到"我国发展中不平衡、不协调、不可持续问题突出,制约科学发展的体制机制障碍躲不开、绕不过,必须通过深化改革加以解决。"① 党的十八大以来,习近平总书记多次指出:人民对美好生活的向往,就是我们的奋斗目标。党的十九大对新时代我国社会主要矛盾的判断,更是体现了执政党适应人民日益增长的美好生活需要的使命感和责任感。同时,中国共产党也深刻地意识到其执政地位不是"与生俱来""一劳永逸、一成不变的"。② 中国共产党只有与时俱进、顺势而为,不断通过社会转型促进社会主义的自我发展与完善,才能更好地实现和维护最广大人民的根本利益,从而更好地巩固党的执政地位,维护党的执政安全。其次,执政党和政府具有推动社会转型发展的强大能力。在中国政治体制下,执政党和政府可以通过制定经济社会的长远和近期规划,并通过战略和政策一以贯之的实施,来促进社会的合意性转型。中长期规划如党的十九大提出分两个阶段实现全面建成社会主义现代化强国目标的发展战略,可以明晰经济社会发展的方向和中长期目标。而短期计划如国民经济社会发展五年规划则可以根据国际国内形势的变化及时调整经济社会发展的方向和阶段性任务,从而确保中长远规划的顺利实现。同时,执政党通过"党管干部""党管人才"等重要制度安排及其强大的政治与社会动员能力,有力保障了中

---

① 胡锦涛:《在庆祝中国共产党成立90周年大会上的讲话》,《人民日报》2011年7月1日第2版。

② 进入21世纪以来,中国共产党日益成为一个具有强烈的忧患意识的政党,这从党的诸多重要文献中,可以得到印证。2004年党的十六届四中全会通过的《中共中央关于加强党的执政能力建设的决定》指出:"党的执政地位不是与生俱来的,也不是一劳永逸的。我们必须居安思危,增强忧患意识。"2009年党的十七届四中全会通过的《中共中央关于加强和改进新形势下党的建设若干重大问题的决定》进一步明确指出:"党的先进性和党的执政地位都不是一劳永逸、一成不变的,过去先进不等于现在先进,现在先进不等于永远先进;过去拥有不等于现在拥有,现在拥有不等于永远拥有。"2014年10月,习近平总书记在党的群众路线教育实践实践活动总结大会上的讲话中再次重申这一重要论断。

央决策的贯彻执行,增强了执政党和中央政府重大战略部署的执行力。

第三,市场经济发展的牵引力。① 社会转型是政治、经济、文化和社会整体变迁与发展的过程。在社会转型过程中,经济、政治、文化和社会并不是相互割裂、独立发展,而是相互制约、相互促进的关系。从当前我国社会转型的现实情况来看,我国市场经济体制已经逐步完善,政治、社会领域的改革明显滞后,使整个社会转型呈现出经济与政治、社会的非均衡发展态势。如果没有政治体制改革和社会建设的跟进,使这种非均衡发展态势得到及时改变,不仅将使市场经济体制本身难以进一步完善,而且也可能使政治体制改革和社会建设错过重要的机遇期,使因市场经济内在的不足以及市场经济体制不完善所带来的社会问题不能得到及时有效的解决,造成社会矛盾长期积压,从而侵蚀执政党和政府的政治合法性,危害政治社会稳定,并诱发诸多社会风险,导致社会陷入"转型陷阱"。因此,市场经济体制的建立和完善,必然对政治、文化和社会建设提出新的要求。早在1986年,邓小平同志就指出,"现在经济体制改革每前进一步,都深深感到政治体制改革的必要性。不改革政治体制,就不能保证经济体制改革的成果,不能使经济改革继续向前进,就会阻碍生产力的发展,阻碍四个现代化的实现"②。2010年,时任国务院总理温家宝同志也明确指出,"没有政治体制改革的保障,经济体制改革的成果就会得而复失,现代化建设的目标就不可能实现"③。当前,我国正处于社会转型的关键时期,我国社会主义市场经济体制改革已经步入了"深水区"和"攻坚期",浅层的制度学习和创新的潜能已经开发殆尽,深层的体制改革和制度创新亟待启动。④ 这种深层次的体制改革和制度创新需要对既有权力和权利配置格局进行深刻的调整优化,在本质上是政治体制改革和社会建设的重要任务。⑤ 因此,需按照"五大发展理

---

① 王国平:《改革推进的动力结构及其转型》,《党政论坛》2008年第5期。
② 《邓小平文选》第3卷,人民出版社1993年版,第176页。
③ 李斌:《温家宝深圳考察:只有坚持改革开放 国家才有光明前途》,2010年8月21日,新华网(http://www.xinhuanet.com/)。
④ 丁忠毅:《国家软实力建设与"中国模式"的自我完善》,《四川大学学报》(哲学社会科学版)2012年第3期。
⑤ 黄金辉、丁忠毅:《社会转型与党内民主建设着力点的选择》,《当代世界社会主义问题》2011年第4期。

念"的要求,进一步加快政治体制改革和社会建设的步伐,努力推动经济、政治、社会等领域的全面协调转型与发展。

第四,普通民众对社会发展进步的期待。人民群众是推动社会转型的主体力量。[①] 广大民众在社会转型过程中并不是消极接受社会变迁的结果,而是主动参与到社会转型进程中,并发挥着越来越重要的作用。改革开放以来,中国社会转型的历史经验证明,"中国改革发展的真正动力源自民间"[②],普通民众主体作用的发挥,特别是普通民众对改善自身生存和发展境遇,以及美好生活的向往,成为中国社会转型过程中诱致性制度变迁的重要源泉。如打破农村土地制度改革坚冰的,是安徽凤阳小岗村18位吃不饱、穿不暖的农民。"傻子瓜子"也是迫于生产规模的扩大,才冲破了以雇工人数多少来确定是否存在剥削的铁律。[③] 同时还可以看出,广大民众对社会转型推动的深层动力来自于对自身利益的追求和维护。在我国社会主义市场经济体制的建立完善过程中,受市场经济内在的社会分化功能,以及政府职能缺位等诸多因素的影响,我国产生了大量新兴社会阶层[④],且阶层之间的利益分化日益扩大,并在一定程度上形成了所谓的"既得利益阶层"或"既得利益集团"[⑤],在很大程度上损害了社会的公平公正。虽然社会转型在长远和总体上有利于增进社会的

---

① 雷龙乾:《中国社会转型的哲学阐释》,人民出版社2004年版,第137页。
② 周瑞金:《民间动力:中国改革发展的希望》,《同舟共进》2009年第3期。
③ 传统观念认为,"雇工8人以上就是剥削,必须打击"。参见周瑞《民间动力:中国改革发展的希望》,《同舟共进》2009年第3期。
④ 金雁:《利益关系调整:经济发展方式转型的动力所在》,《中共南京市委党校学报》2011年第4期。
⑤ 党的十八大以来,党和国家领导人也在多个场合明确指出,全面深化改革要冲破既得利益的藩篱。此前,关于我国是否已经形成既得利益阶层或既得利益集团这一问题,学界有很多讨论。汪玉凯、王贵秀、王长江、黄苇町、孙立平等知名学者认为,我国事实上形成了大量的既得利益群体。参见汪玉凯《深化改革要敢于触动既得利益——建立官员财产申报制度的几点思考》,《中共中央党校学报》2009年第2期;王贵秀《"既得利益阶层"与"利益受损阶层"》,《同舟共进》2010年第10期;王长江《政治体制改革:既得利益在作怪》,《人民论坛》2010年第28期;黄苇町《深化改革摆脱既得利益集团的掣肘》,《团结》2011年第1期;孙立平《既得利益群体用维稳绑架社会》,《当代社科视野》2010年第10期。一些学者早在20世纪90年代末就指出:既得利益群体"正成为我们这个社会的实际主宰者,正在企图把整个社会的转变扭转到最能保障他们的利益的方向上来"。参见中国战略与管理研究会社会结构转型课题组《中国社会结构转型的中近期趋势与隐患》,《战略与管理》1998年第5期。

整体福利，但在短期内必然打破既得利益群体的特权地位。因此，必然遭到既得利益群体的抵制和阻挠，由此导致社会改革和转型的动力呈现出衰退之势。[1] 社会转型在本质上是权力和利益格局的调整，并趋于平等与均等的过程。因而对于普通民众来说，首先，对通过社会转型来建立更加畅通的利益表达和分配机制具有强烈的心理需求。其次，随着受教育水平的提高、权利意识的觉醒，特别是随着网络的普及和信息化的发展，广大民众政治参与热情和参与能力也得到了前所未有的提升，社会利益博弈的平台、方式和格局也随之发生了较大变化，既对既得利益群体造成一定的冲击，也对政府全面深化改革形成了日益增长的压力，从而对社会转型产生了双重推动力。

综上所述，在当前世情、国情深刻变化的条件下，中国社会转型既有来自国际环境变化的外源动力，也有相对持久的内生动力。在内外动力综合、交互作用下，中国社会转型正日益全面而深入，并将促成难以"逆转的社会结构变迁"。[2]

第三节 当前中国社会转型的总体发展趋势

自1840年中国近代社会转型启动以来，不同阶段的社会转型具有不同的目标任务与阶段性特征。当前由党的十一届三中全会开启的社会转型，已经进入了一个新的阶段。根据前一阶段社会转型的推进情况、现阶段经济社会发展的现实情况，以及党和国家的经济社会发展理念与战略部署，未来20年中国社会转型从宏观上看将呈现以下趋势。

一 以党的自身建设引领社会合意性转型

当代中国社会转型是中国共产党领导下的中国特色社会主义制度的自我发展与完善。中国共产党是中国社会主义事业的领导核心和社会主

---

[1] 参见张福运《关于改革动力的回顾与思考》，《毛泽东邓小平理论研究》2010年第9期。也有一些学者认为，"既得利益也可能变为改革者"。参见张维迎《既得利益也可能变为改革者》，《领导文萃》2014年第5期。

[2] 涂小雨：《社会转型与中国社会阶层分化趋势分析》，《学习论坛》2011年第5期。

义政权的主导力量①，即领导党和执政党，在中国政治生态体系中居于核心地位，由此决定了其对促进社会合意性转型的核心作用。中国共产党成立以来的历史经验告诉我们："办好中国的事情，关键在党。"② 当前中国社会转型的合意性推进，也必须以党的建设质量的提升为前提和保障。党对社会转型的领导核心作用的发挥，是在党与国家（政府）、社会相互影响、彼此型塑的互动过程中实现的。二者的互动方式在很大程度上影响社会转型的方式与效度。众所周知，中国共产党在艰苦卓绝的革命环境中紧紧依靠广大人民群众推翻帝国主义、官僚资本主义、封建主义"三座大山"而最终获得执政地位。虽然从新中国成立以来，中国共产党就成为事实上的执政党，但由于受革命斗争思维历史惯性、苏联党建模式等诸多因素的影响，其理念意识、领导方式和执政方式"并未实现从革命到执政"③、从革命到建设的及时转型。党在革命战争年代和计划经济时期以高度集权、"一把手"意志④、包揽一切、党政不分、决策封闭⑤为核心特征的领导方式和执政方式，时至今日都仍在不同程度上存在，限制了党的领导水平和执政能力的提高，从而不利于党更好地推动社会的合意性转型。在全球化、信息化和民主化浪潮加快发展的背景下，中国共产党日益面临四大"考验"和四大"危险"⑥，如果党"不能通过

---

① 林尚立：《党的执政能力建设》，重庆出版集团、重庆出版社 2009 年版，第 48 页。

② 习近平：《在庆祝中国共产党成立 95 周年纪念大会上的讲话》，《人民日报》2016 年 7 月 2 日第 2 版。

③ 邱全东、吕元礼：《从革命到执政：党的领导方式的转型》，《理论与改革》2004 年第 4 期。

④ 邓小平同志对"高度集权、'一把手'意志"这一问题进行过精辟的分析。邓小平在《党和国家领导制度的改革》一文中指出："权力过分集中的现象，就是在加强党的一元化领导的口号下，不适当地、不加分析地把一切权力过分集中于几个书记，特别是集中于第一书记，什么事情都要第一书记挂帅、拍板。党的一元化领导，往往因此变成了个人领导。全国各级都不同程度地存在这个问题。"参见《邓小平文选》第 2 卷，人民出版社 1994 年版，第 328—329 页。

⑤ 参见邱全东、吕元礼《从革命到执政：党的领导方式的转型》，《理论与改革》2004 年第 4 期。

⑥ 四大"考验"是指：执政考验、改革开放考验、市场经济考验、外部环境考验；四大"危险"是指：精神懈怠的危险、能力不足的危险、脱离群众的危险和消极腐败的危险。参见胡锦涛《在庆祝中国共产党成立 90 周年大会上的讲话》，《人民日报》2011 年 7 月 2 日第 2 版。

自身的变革适时进行转型和现代化"①,就难以有效应对其面临的严峻挑战,克服面临的危险,就必然损害党的执政能力、削弱党的执政合法性,影响党的执政地位的巩固,并诱发一些难以预知的社会风险和动荡②,从而增添中国社会转型的不确定性。因此,在当前社会全面快速转型的关键时期,作为社会转型核心领导力量的中国共产党,必须加快自身建设质量,并以此带动社会的合意性转型。从国家治理角度来看,党的建设质量提升的关键则在于实现党与国家(政府)和社会互动方式的现代化,即党的领导方式和执政方式的现代化。这就要求中国共产党首先在党的内部范畴实现组织结构的优化、组织文化的现代化,以及组织的开放性和包容性,以更好地适应社会交往方式、社会阶层和社会结构的新变化。③ 其次,加快执政理念、领导方式和执政方式的现代转型,努力实现科学执政、民主执政、依法执政的有机统一,实现"从领导革命、夺取政权的政党向执政党转变",向"领导民主政治的现代政党转变"④,从而为中国社会的合意性转型提供强有力的领导核心和政治保障。

二 以发展方式转型升级促进经济持续健康发展

改革开放以来,我国经济持续快速发展,经济建设取得了举世瞩目的成就。虽然早已成为全球第二大经济体,但从人均 GDP 来看,我国仍处于相对落后的位置。在国际国内经济发展形势发生深刻变化的条件下,我国经济发展的内部约束与外部风险日益增加,传统的粗放式经济发展方式已经难以适应科学发展的要求,难以在竞争日趋激烈的国际环境中赢得优势。因此,摆脱我国传统粗放型经济发展方式的路径依赖,推动经济发展转型升级,提高经济发展质量,是跨越"中等收入陷阱",逐步稳健迈向高收入国家的基本前提。

我国传统粗放型的经济发展方式,虽然在很长一段时间内推动了我国经济的高速增长,但其负面影响也逐渐凸显:一是资源能源利用效率

---

① 桑学成:《政党转型与党的现代化》,《江海学刊》2009 年第 4 期。
② 蔡霞:《中国社会转型与中共的历史转型》,《同舟共进》2011 年第 8 期。
③ 周建勇:《中国共产党转型研究:政党—社会关系视角》,《上海行政学院学报》2011 年第 4 期。
④ 蔡霞:《中国社会转型与中共的历史转型》,《同舟共进》2011 年第 8 期。

低下，不仅造成资源能源的极大浪费，而且增加了生产成本，使我国经济社会发展面临更加突出的资源能源约束。二是经济增长主要依靠要素增加和投资驱动，科技创新和技术进步对经济增长的贡献率不高，并导致居民消费疲软，消费对经济发展的驱动不足。三是劳动密集型产业占比过大，产业结构失衡，新兴产业发展滞后，同时由于人力资本积累和科学技术驱动不足，导致经济增长在很大程度上依靠所谓的"低人权优势"。① 四是经济发展的对外依存度过高，使经济发展在很大程度上受制于国际市场。五是经济增长与环境保护的失衡，经济增长的环境代价过大。总之，传统经济发展方式不仅在经济发展方面造成了诸多问题，而且"制约了政府通过发展公共服务推动社会发展的政策选择"②，造成经济社会发展政策的分割，导致社会问题特别是民生问题不能得到及时有效的解决，经济社会发展严重失衡。

传统粗放型经济发展方式存在的诸多问题，迫切要求我国经济发展方式实现以下方面的转变：一是进一步启动和扩大内需，逐步改变传统主要依靠投资和出口驱动实现经济增长的发展方式，逐步降低经济的对外依存度，降低经济发展的国际风险。二是调整优化经济结构，在扩大劳动密集型产业的优势的同时，进一步壮大和发展人力资本密集型产业，不断提高产品的科技含量和附加值，实现经济发展结构转型升级。三是适应民众消费理念和消费需求转型升级的实现，加快实施供给侧结构改革，着力实现经济发展中的供需匹配和优化。四是逐步树立发展型社会政策理念，实现经济政策和社会政策的有机统一，将社会政策作为促进经济发展的重要支撑，"把保障和改善民生作为加快转变经济发展方式的根本出发点和落脚点"③，努力推动经济社会的协调发展。五是进一步提高资源能源利用效率，加强生态文明建设，不断推动人与自然环境的和谐发展，有效化解经济发展与自然生态环境和资源能源约束的突出矛盾。总之，必须按照"五大发展理念"的要求，加快经济发展方式的调整优

---

① 秦晖：《破除两种尺蠖效应互动——全球经济危机的缘由及根本解决之道》，《南方周末》2009年4月22日；秦晖：《有没有"中国模式"?》，《中国市场》2010年第24期。
② 关信平：《转变经济发展方式与转变社会发展方式》，《探索与争鸣》2011年第1期。
③ 《中华人民共和国国民经济和社会发展第十二个五年规划纲要》。

化，使之成为我国经济社会长期持续健康发展的重要保障。

三 以基本公共服务为核心的社会建设作为社会合意性转型的基础性战略①

社会转型的过程在某种意义上是人的经济与政治社会权利不断得到充分实现和有效保障的过程。一般而言，人的权利可分为经济权利、政治权利和社会权利三大部分，三大权利相互依赖、相互支撑。不同国家在现代化转型过程中对人的三大权利的实现和保障方面具有不同的路径选择和明显的差异性②，且在不同的阶段所致力于解决的主体性问题也具有明显的差异性。对后发现代化国家的社会转型而言，大多数国家所面临的首要任务便是实现和保障人的经济权利。因为只有经济上的自由，才能享有真正的政治权利与社会权利。这在一定程度上取得了社会的共识。但在经济权利得到基本保障之后，民众的政治权利与社会权利的优先序，便成为具有重大争议的问题。这一问题往往不仅仅是理论层面的问题，或者说是发展哲学的问题，更是现实利益问题，是不同社会主体利益博弈的结果。对这一问题的回答，必须在对"应然"与"实然"这两大问题同时加以关照的基础上，才能得出相对合理的答案。正如马基雅维利所指出的那样，应然和实然之间具有较大的鸿沟，如果一个人为了回答应然问题而将实然问题置之脑后，"那么他不但不能保存自己，反而会导致自我毁灭"③。对国家和社会问题的回答也是如此。仅仅考虑实然和应然的某一方面的思维，必将对国家和社会的发展有害而无益。

当前中国的社会转型也面临政治权利与社会权利孰先孰后的战略选择问题。从发展哲学的角度，或者从西方原发现代化国家的历史经验来看，通过民主政治发展保障和维护公民的政治权利，似乎应成为当前中国社会转型的优先项。但从中国社会突出的现实问题、执政党和中央政府的战略选择，以及实现的难易程度而言，以保障和改善民生为核心的

---

① 本部分的观点受到了中国人民大学杨光斌教授题为《中国政治发展的战略选择：2010—2030》的讲座的启发。

② 参见杨光斌《早发达国家的政治发展次序问题》，《学海》2010 年第 2 期。

③ [意]尼科洛·马基雅维利：《君主论》，潘汉典译，商务印书馆1986年版，第74页。

社会建设将成为当前中国社会转型的基础性改革。

第一,对社会权利的需求是当前中国民众最直接的现实需求。新中国成立以来,虽然我国国民经济得到了较快恢复和发展,但受"文化大革命"等政治运动的影响,到1978年,我国居民人均GDP仅为381元,这一水平不仅与主要发达国家的人均收入水平,甚至与很多发展中国家的人均收入水平都存在巨大差距。"穷则思变"。"贫穷不是社会主义,落后不是社会主义。"改变贫穷落后的状态,既成为推进改革开放的重要物质动因,也成为社会主义建设的阶段性任务。改革开放以来,我国逐步确立了"以经济建设为中心"的发展战略,通过社会主义市场经济体制的建立和完善,极大地解放和发展了社会主义生产力,使我国经济建设取得了巨大成就。根据国际货币基金组织(IMF)2018年公布的数据显示,2017年中国人均GDP排名世界第71位。虽然从总体上看,我国人均GDP在世界排位中仍然不高,我国仍处于发展中国家水平,但改革开放以来我国经济的快速发展,在很大程度上保障了公民的经济权利。随着市场经济体制的逐步建立和完善,"经济改革作为主体性改革的阶段性任务已经完成"[1]。但受传统发展理念、发展战略和经济发展方式的影响,我国在经济发展过程中,政府更多的是参与经济建设,而在很大程度上忽视了社会建设,且"把很多经济上的原则放到社会领域",以"破坏社会、损害社会的方式达到经济的增长"。[2] 如在改革开放初期,政府在基础教育、公共医疗卫生、基本社会保障和保障性住房等基本公共服务领域,不仅未能有效履行政府的基本职责,反而借市场化改革之名,将其完全推向市场,使公共服务过度"商品化",导致广大普通民众"上不起学,看不起病,住不起房",民生问题日益成为突出的社会问题,并由此引发了诸多社会矛盾。

基于民生问题的社会问题与社会矛盾,在本质上是基于生存逻辑的利益矛盾,而非难以调和的政治、民族、宗教和意识形态矛盾。[3] 对广大

---

[1] 徐百柯:《改革深 社会稳——新加坡国立大学东亚研究所所长郑永年访谈》,《中国青年报》2010年10月27日。

[2] 同上。

[3] 清华大学社会学系社会发展研究课题组:《以利益表达制度化实现社会的长治久安》,清华大学社会发展论坛,2010年4月。

普通民众而言，其最迫切的需求便是对均等享有受教育权、健康权、基本社会保障权等社会权利的需求。这从近年来民众在"两会"期间关注的热点问题可以得到印证，教育、医疗卫生、就业、社会保障和住房问题，几乎占据了普通民众历年所关注的十大热点问题的半壁江山（如表2—3所示），由此反映出普通民众对社会权利的强烈需求。

表2—3　　2013—2018年"两会"期间民众关心的十大热点问题

排序\年份	2013	2014	2015	2016	2017	2018
1	社会保障	社会保障	收入分配	社会保障	反腐倡廉	反腐倡廉
2	反腐倡廉	反腐倡廉	反腐倡廉	居民收入	社会保障	社会保障
3	收入分配	食药安全	医疗改革	医疗改革	医疗改革	教育公平
4	住房保障	收入分配	养老改革	打虎拍蝇	就业收入	医疗改革
5	医疗改革	干部作风	环境治理	教育公平	教育公平	脱贫攻坚
6	稳定物价	计划生育	教育公平	住房保障	住房保障	住房制度
7	食药安全	环境治理	依法治国	环境保护	环境保护	改革开放
8	法治中国	教育改革	从严治党	司法改革	食药安全	环境保护
9	行政改革	住房	住房保障	金融风险	依法治国	乡村振兴
10	国防建设	新型城镇化	简政放权	一带一路	脱贫攻坚	依法治国

资料来源：根据人民网、新华网历年的网上调查数据整理。

第二，以保障和改善民生为核心内容的社会建设是执政党和政府在基本完成经济改革之后首选的重要改革。将民主政治，还是将社会建设作为经济改革后的主体性改革，是社会各界广泛关注而难以形成共识的重大理论与现实问题。在当前乃至今后很长一段时期内，将以保障和改善民生为核心内容的社会建设，作为执政党和政府在基本完成经济改革之后的重要改革，具有理论和实践上的比较优势和可能性。首先，从理论上看，保障和改善民生蕴含的多重社会价值决定了将其作为新时代的基础性改革具有突出的战略优势：（1）加快以保障和改善民生为重点的社会建设是解决当前我国社会存在的突出民生问题的基本途径，有利于更好地满足人民日益增长的美好生活需要，有效缓解广大民众在社会转型期所面临的巨大生存与发展压力，促进社会和谐稳定。（2）有效保障和改善民生，是消除我国经济政策与社会政策彼此割裂所造成的经济社会发展失衡等负面影响的有效途径，而民生问题的有效解决又必然为经济发展注入新的动力和活力。（3）保障和改善民生不仅有利于广大民众共享改革发展成果，而且可以为"每个社会成员的自由发展提供起码的平台"①，从而更好地维护社会公平正义，使广大民众更加认同和支持各项体制改革和制度创新，从而为新一轮社会改革注入强大动力②，着力实现民生改善和国家治理的良性互动。③（4）切实改善民生问题，是中国共产党践行全心全意为人民服务宗旨的内在要求，是提升党的执政有效性、巩固党的执政地位的重要战略举措。（5）推进以保障和改善民生为重点的社会建设，有利于为民主政治的持续稳定发展提供坚实的社会基础。

从一般意义而言，"民主是个好东西"。④ 但缺乏坚实社会基础的民主必定走向"坏"民主，必定对经济社会发展造成极大的负面影响。菲律宾、泰国的民主政治则是极好的例证。将社会建设而不是民主政治建设作为当前的主体性改革，不是否定当前我国民主政治发展的极端重要性，而是从我国经济社会发展的现实特征出发，并在评估二者的难易程度和执政党的战略选择偏好基础上所作出的理性选择。对中国而言，民主政治的发展不是以年而是以 10 年为计量单位的。⑤ 民主政治的形式似乎可以一蹴而就，但民主政治的有效运转不只是需要民主的形式，更需要必要的以社会共识、社会包容和社会同质性为基础的社会条件，而社会建设正是创造这一条件的基础性工程。因此，在稳步推进民主政治建设的同时，将以保障和改善民生为核心的社会建设作为当前和今后 10 年乃至更长一段时期的主体性改革，不仅对民主政治发展而且对整个经济社会发展都具有重要价值，这既能得到普通民众的支持，更能获得执政党的认同和支持。

---

① 吴忠民：《中国民生问题困局的突破口》，《探索与争鸣》2009 年第 6 期。
② 陈建国：《把改善民生作为一切工作的出发点和落脚点》，《求是》2009 年第 11 期。
③ 王道勇：《改革开放以来我国民生建设的基本经验》，《中国特色社会主义研究》2018 年第 5 期。
④ 俞可平、阎健：《民主是个好东西》，中国社会科学文献出版社 2006 年版，序言。
⑤ 参见 [美] 罗伯特·D. 帕特南《使民主运转起来》，王列、赖海榕译，江西人民出版社 2001 年版，第 217 页。

其次，从执政党和政府的实际战略选择来看，以保障和改善民生为重点的社会建设已经成为执政党和政府的重大战略举措。进入 21 新世纪以来，执政党日益认识到以保障和改善民生为重点的社会建设的重要性，并于 2004 年正式提出了"社会建设"这一概念，使我国社会主义建设事业逐渐从经济、政治、文化建设三位一体的格局转变为政治、经济、文化、社会建设和生态文明建设五位一体的格局，使中国特色社会主义建设更加深入和全面。从当前我国社会建设的重心来看，其主要任务是保障和改善民生。围绕这一中心任务，执政党和政府实施了基本公共服务均等化战略，进一步强化了政府公共服务与社会管理职能，颁布并实施了《中华人民共和国社会保险法》，开启了社会福利和民生立法的进程。"十三五"规划更是明确提出了基本公共服务项目清单制度。这一系列战略举措清晰地表明，执政党和中央政府已经逐渐开启了以保障和改善民生为重点的社会建设这一基础性改革的进程。

当前中国社会转型是中国特色社会主义自我发展和完善的过程，这一转型既有宏观层面的转型，也有微观层面的转型。鉴于本书的核心任务不在于全面细致地探讨当前中国社会转型的问题，在此主要从宏观上把握未来 10—20 年中国社会转型的总体趋势。这些趋势的凸显，需要执政党和政府及时调整经济社会发展战略，从而为社会合意性转型提供重要保障。

第 三 章

1949年以来基本公共服务供给与
社会转型互动共进的回顾与反思

一国基本公共服务体制变迁与其社会转型具有彼此型塑的多维互动关系。基本公共服务体制作为一国经济社会发展制度体系中的基础性制度，必然随着社会转型的推进而不断变迁，而基本公共服务体制的调整和优化，又将对其意识形态、政治有效性、经济发展方式和民众政治社会心理的调整优化产生重要的正向功能，从而有利于推进社会合意性转型。换言之，中国基本公共服务供给与"中国经济、政治和社会体制改革紧密联系，它一方面受到整个秩序'大转型'的影响，另一方面也会对整个秩序的'大转型'起到促进或阻碍作用"[1]。

新中国成立以来，中国社会转型在总体上经历了两个阶段，由此决定了我国基本公共服务体制也大体经历了与计划经济体制相适应的制度安排和与社会市场经济体制相协调的制度改革这两大阶段。在不同阶段的社会转型过程中，国家意识形态（经济社会发展理念）、发展战略、阶段性战略中心、经济基础、国家能力[2]等多种因素的差异，

---

[1] 董克用、魏娜：《迈向2030：中国公共服务现代化》，中国人民大学出版社2018年版，第2页。

[2] 王绍光、胡鞍钢等人在国内较早地提出了"国家能力"这一概念。根据王绍光、胡鞍钢的理解，国家能力主要包括四种能力：（1）汲取能力（extractive capacity），即国家动员社会经济资源的能力，国家财政能力是其集中体现；（2）调控能力（steering capacity），即国家指导经济社会发展的能力；（3）合法化能力（legitimation capacity），是指国家运用政治符号在属民中制造共识，进而巩固其统治地位的能力；（4）强制能力（coercive capacity），主要指国家运用暴力手段、机构、威胁等方式维护其统治地位的能力。国家能力对社会转型具有重要的影响。参见王绍光、胡鞍钢《中国国家能力报告》，辽宁人民出版社1993年版，第7—26页。

决定了我国基本公共服务体制安排在不同转型阶段也具有显著的不同，社会转型的推进是基本公共服务体制变迁的根本动因，而基本公共服务体制的变迁，又在很大程度上适应了我国社会转型的内在需求，从而降低了社会转型成本，为社会的合意性转型提供了重要的制度支撑。

当前，中国正处于全面快速转型的关键时期，全球化、信息化、民主化、市场化和城市化进程不断加快，民众收入差距不断扩大，基于利益差别的社会分化也随之明显，涉及社会利益的矛盾和冲突突出，特别是以民生问题为核心的社会问题日趋凸显。为有效解决日益突出的民生问题，执政党和中央政府提出了构建服务型政府和实施基本公共服务均等化等一系列重大经济社会发展战略，以促进我国社会的合意性转型。

战略明确以后，战略的有效实施就成为问题的核心和关键。而任何战略的实施，都必须在尊重历史和现实条件、把握未来发展趋势以及实现过去、当下和未来有机统一的基础上，才能取得合意的效果。正是基于这一思路，本章力求从政治经济学和经济社会史等学科角度，对1949年新中国成立以来我国基本公共服务体制变迁与社会转型的互动关系，按不同阶段进行宏观和中观层面的梳理（如表3—1所示），力求更好地展示二者互动的内在机理与基本路径，及其所形成的路径依赖，从而为进一步完善我国基本公共服务体制、推进基本公共服务均等化、促进社会合意性转型提供必要的历史借鉴与启示。

上述阶段划分的基本依据是：第一个阶段（1949—1978年），可大体归结为计划经济时代的互动关系；第二阶段（1979—2002年），其时间起点大致为1978年12月党的十一届三中全会的召开，其发展节点是中国共产党的第十六次全国代表大会的召开。党的十六大，中国提出了构建和谐社会的伟大战略构想，并提出了科学发展观这一战略指导思想，为中国社会转型和基本公共服务体制变迁提供了新的历史契机。本章主要从历史的角度对前两个阶段二者的互动关系进行简要的回顾和反思。

表 3—1　　　　1949 年以来中国基本公共服务体制变迁与
　　　　　　　　社会转型互动共进的历史分期

互动关系	阶段	1949—1978 年	1979—2002 年	2003 年至今
社会转型	目标方向	传统社会主义；"四化"、传统现代化	中国特色社会主义；新型现代化	中国特色社会主义；新型现代化
	意识形态（发展理念）	"一大二公"；"以阶级斗争为纲"；"一边倒"	"效率优先，兼顾公平"；"以经济建设为中心"，"摸着石头过河"；改革开放	科学发展、和谐社会；"五大发展理念"，"以人民为中心"；深化改革开放
	发展模式	计划经济；苏联模式	市场经济；发展型政府	市场经济；服务型政府；中国经验、中国智慧、中国方案
基本公共服务	基本目标	维持民众基本生存；维护社会稳定；巩固新生政权；体现社会主义优越性	服务经济体制改革；减轻国家财政负担；减轻企业负担；改善供给绩效；满足多元化需求	均等化；改善民生；改善供给绩效；满足多元化需求；维护社会公平正义
	体制特征	城乡分割；政府与企业分割	城乡分割；市场化	均等化导向；强调政府责任
	决策方式	封闭决策、自上而下	半开放化决策	逐步走向民主决策
	供给主体	政府、企事业单位	政府、市场	政府主导的多元化
	资金来源	公共财政	公共财政、社会筹资、个人出资	公共财政、社会筹资

资料来源：作者绘制。

第一节 1949—1978年中国基本公共服务供给与
社会转型互动的回顾与反思

1949年，中华人民共和国的成立，标志着中国社会转型进入了新的阶段。从宏观和长时段的视角来看，1949—1978年的中国处于传统社会主义探索与建设时期，从经济发展模式的角度可简单地将其归为计划经济时期；而从中观的角度来看，这近三十年的历史又可以分为新民主主义社会向社会主义社会过渡时期（1949—1956年）、"十年建设时期"（1957—1966年）和"文化大革命"时期（1966—1976年）三个阶段。① 由于不同阶段社会转型的历史任务、意识形态、经济社会发展水平的差异，基本公共服务体制变迁与社会转型的互动关系也存在显著的差异性，所产生的经济社会效果也具有明显的差异。

一 1949—1956年中国基本公共服务供给与社会转型的互动

1949年，中华人民共和国成立后，摆在执政党和政府面前的是满目疮痍、百废待兴的局面。从政治上看，中国还未实现完全解放，对国民党和各种旧的反动势力的解放战争仍在继续，新的政权组织尚未普遍建立；从经济上看，国民经济因遭受长年战争创伤而极度虚弱，官僚资本主义经济、帝国主义在华经济尚未开始改造，通货膨胀居高不下，生产萎缩，物资紧缺状态十分严重；从社会生活方面来看，战争造成了大量的伤残军人、失业工人、无业游民和鳏寡孤独，社会秩序紊乱，社会问题丛生；从国际方面来看，作为新生的社会主义国家，西方主要资本主义国家不仅对中华人民共和国这一新生政权采取拒绝承认和敌视态度，而且采用各种手段试图全方位封锁、孤立和排斥，从而将中国社会主义政权扼杀于摇篮之中。在这一背景下，执政党和政府最为迫切的问题就在于恢复生产、启动经济建设，继续开展解放斗争，促进政治稳定，解决突出的社会问题，稳定社会秩序。简言之，即"动员一切力量恢复和

---

① 景天魁、毕天云、高和荣：《当代中国社会福利思想与制度：从小福利迈向大福利》，中国社会出版社2011年版，第57—62页。

发展生产事业"①，以巩固新生政权。

基本公共服务供给作为满足广大人民群众最基本生活需要的基本手段，在其创设和发展过程中，也必须服务于巩固新政权这一核心任务。② 新中国成立之初，财力十分紧张，财政预算遵循了"国防第一、稳定市场第二，其他第三"的方针。但民众对社会救济、社会保障、公共医疗卫生等基本公共服务具有广泛而紧迫的需要，且这些需要的满足与否在很大程度上关乎民众的基本生存、劳动力的再生产、人力资本积累和社会稳定。执政党和政府基于发展生产、恢复社会秩序与巩固政权的需要，在财力十分紧张的情况下提出了"要计算我们的财力，同时计算经济、文化、国防的需要，人民生活的需要"的理念③，对基本公共服务投入了大量经费（如图3—1所示）④，使基本公共服务事业特别是教育、社会保障事业得到了初步发展。

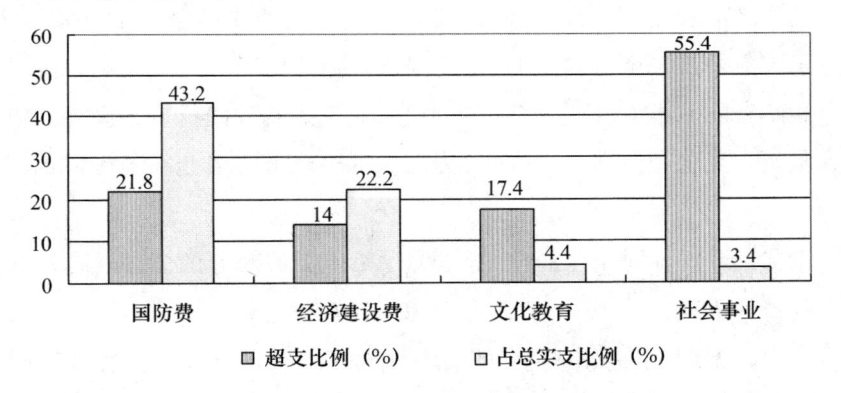

项目	超支比例（%）	占总实支比例（%）
国防费	21.8	43.2
经济建设费	14	22.2
文化教育	17.4	4.4
社会事业	55.4	3.4

图3—1 1950年中国文化教育与社会事业经费超支比例及占总实支的比例

资料来源：根据戎子和《一九五〇年财经工作总结及一九五一年工作的方针和任务》整理绘制。参见中共中央文献研究室《建国以来重要文献选编》（第1册），中央文献出版社1992年版，第178页。

---

① 马杰、郑秉文：《计划经济条件下新中国社会保障制度的再评价》，《马克思主义研究》2005年第1期。

② 景天魁、毕天云、高和荣：《当代中国社会福利思想与制度：从小福利迈向大福利》，中国社会出版社2011年版，第58页。

③ 中共中央文献研究室：《建国以来重要文献选编》第2册，中央文献出版社1992年版，第202页。

④ 从图3—1可以看出，社会事业经费超支比例最高，这表明了广大民众对社会救济、社会保障投入的巨大需求，也反映出执政党和政府对社会事业的高度重视。

从基本公共服务供给来看，1949—1952 年，基本公共服务的供给主要集中在失业救济、劳动保险、医疗卫生和教育等领域。具体而言，主要体现在以下方面：

第一，失业救济制度的初步探索。新中国成立初期，受战争创伤和城镇人口的大量增加等诸多因素的影响，我国城市失业问题十分突出。统计数据显示，1949—1952 年中国城镇失业人口分别达到 474.2 万、437.6 万、400.6 万和 376.6 万人。[①] 大量失业人口的存在，对经济社会稳定造成了巨大威胁。有效化解这一问题，成为新生政权的当务之急。为了减少大规模失业问题及其所诱致的其他社会问题等不稳定因素，1950 年 6 月，政务院颁布了《关于救济失业工人的指示》，劳动部制定了《救济失业工人暂行办法》。根据这两个文件的精神，中央政府确立了生产自救与政府救助相结合、"救济失业与促进就业相结合"的基本理念，成立了失业救济基金，确立了以工代赈[②]、生产自救、专业培训、拨付救济金相结合的基本方法[③]，建立了专司失业工人管理的机构，设立了失业工人救济委员会和劳动介绍所[④]，为逐步解决严重的失业问题提供了制度保障。

第二，劳动保险制度的建立。"为保障雇佣劳动者的健康，减轻其生活中的特殊困难"[⑤]，1951 年 2 月 26 日，政务院颁布了《中华人民共和国劳动保险条例》。同年 3 月，劳动部出台了《劳动保险条例实施细则》。根据这一条例和细则，新中国的劳动保险制度采取了先试点、再推广的办法，对符合试点要求的工人与职员给予劳动保险待遇。劳动保险的各

[①] 参见国家统计局社会统计司《中国劳动工资统计资料（1948—1985）》，中国统计出版社 1987 年版，第 109 页。

[②] 以工代赈是指国家将需要救济的人员组织起来兴办公共工程，举办社会公益事业或者从事社会服务，国家用救济基金为其支付工资，从而使其得到救助。

[③] 于秀丽：《排斥与包容：转型期的城市贫困救助政策》，商务印书馆 2009 年版，第 62 页。

[④] 参见王爱文、刘智勇、朱龙翔等《编织社会安全网：中国社会保障制度的昨天、今天和明天》，广西师范大学出版社 1998 年版，第 71 页。

[⑤] 中共中央文献研究室：《建国以来重要文献选编》第 2 册，中央文献出版社 1992 年版，第 55 页。

项费用,均由企业行政方面或资方按照工资总额的3%缴纳①,所交资金的70%采用直接支付的方式,另30%交由上级工会组织办理。② 劳动保险待遇的范围涵盖了因公致伤(残废)、疾病、非因公致伤(残废)、工人与职工及其直系亲属死亡、养老、生育等诸多方面。同时还对疗养所、残废院、养老院、孤儿保育院、休养所等集体劳动保险事业作出规定。③ 该条例与细则是改革开放前"企业实行社会保险制度的重要法律依据",其颁布标志着中国"劳动保险制度由此初步建立"。④ 据统计,1952年全国实行劳动保险的企业有3861个,职工及其供养的直系亲属达1000万人左右,其中职工302万人,劳动保险费用支出达1.7亿元。⑤ 劳动保险制度的实施,深得广大职工的拥护,极大地激发了干部和职工的劳动热情,为恢复和发展生产提供了重要保障。"社会主义好,生老病死有劳保",真实地反映了当时劳动群众的心声。⑥

第三,公费医疗制的产生。1952年6月27日,政务院颁布《关于全国各级人民政府、党派、团体及所属事业单位的国家工作人员实行公费医疗预防的指示》。同年8月30日,卫生部出台《国家工作人员公费医疗预防实施办法》。根据指示和办法的精神,公费医疗的人员范围主要包括:各级人民政府、党派、团体在编人员,文化、教育、科研、卫生、经济建设等事业单位工作人员⑦,"离、退休人员,以及在乡的二等乙级以上的革命残废军人、高等院校在校学生"⑧。公费医疗的经费主要来源

---

① 中共中央文献研究室:《建国以来重要文献选编》第2册,中央文献出版社1992年版,第56页。

② 参见王爱文、刘智勇、朱龙翔等《编织社会安全网:中国社会保障制度的昨天、今天和明天》,广西师范大学出版社1998年版,第131页。

③ 中共中央文献研究室:《建国以来重要文献选编》第2册,中央文献出版社1992年版,第56—67页。

④ 景天魁、毕天云、高和荣:《当代中国社会福利思想与制度:从小福利迈向大福利》,中国社会出版社2011年版,第58页。

⑤ 《当代中国》丛书编委会:《当代中国的职工工资福利和社会保险》,中国社会科学出版社1987年版,第305页。

⑥ 景天魁、毕天云、高和荣:《当代中国社会福利思想与制度:从小福利迈向大福利》,中国社会出版社2011年版,第58页。

⑦ 参见卫生部《国家工作人员公费医疗实施办法》,1952年8月30日。

⑧ 郑功成:《中国社会保障论》,中国劳动社会出版社1994年版,第302页。

于各级政府的财政预算，按年份实行定额支付，由该级卫生行政部门掌握使用。① 公费医疗的服务范围主要包括"疾病预防和治疗、非责任伤害、妇女生育等项目"。② 公费医疗同劳保医疗一样，在实质上都是一种免费公共服务制度。③

第四，教育制度的初创。百年大计，教育为本。教育事业是一国提高劳动者基本素质、改善人力资本结构、促进经济社会发展的重要途径。新中国成立初期，恢复生产和发展经济的艰巨任务，对高素质劳动人才的巨大需求，迫切要求加快建立与经济社会建设要求相适应的教育体系。正如毛泽东主席1950年5月在《人民教育》创刊号的题词中所指出的那样："恢复和发展人民教育是当前重要任务之一。"为了适应我国经济社会发展的需要，执政党和政府按照《中国人民政治协商会议共同纲领》所确立的新中国的教育应"提高人民文化水平，培养国家建设人才，肃清封建的、买办的、法西斯主义的思想，发展为人民服务的思想"④ 这一主要任务，对新中国的教育制度创设进行了以下方面的探索：一是实行教育经费统一由财政列支的制度。⑤ 二是改造传统知识分子，使之更好地服务于新民主主义教育事业。三是逐步建立从幼儿教育到大学教育的完整教育体系。四是注重社会化教育，坚持教育的普及与水平提高相结合，普遍举办工农速成中学，在加强学校教育的同时，大量办理工人业余补习教育，进行全国规模的识字教育，以逐步消除文盲。五是逐步改造旧的教学体系和机构，"对中国人办的私立学校，一般采取保护维持，加强

---

① 参见卫生部《国家工作人员公费医疗实施办法》，1952年8月30日。
② 王爱文、刘智勇、朱龙翔等：《编织社会安全网：中国社会保障制度的昨天、今天和明天》，广西师范大学出版社1998年版，第132页。
③ 参见郑功成《中国社会保障论》，中国劳动社会出版社1994年版，第303页；景天魁、毕天云、高和荣《当代中国社会福利思想与制度：从小福利迈向大福利》，中国社会出版社2011年版，第14页。
④ 苏渭昌、雷克啸、章炳良：《中国教育制度通史》第8卷，山东教育出版社1999年版，第9页。
⑤ 参见苏渭昌、雷克啸、章炳良《中国教育制度通史》第8卷，山东教育出版社1999年版，第511页。

领导，逐步改造的方针"，而不是"要求立即实现社会主义"。① 六是高度重视培养中级与初级技术人才，以更好适应国家经济建设的迫切需求。② 教育事业的恢复和发展为国家经济社会发展培养了大量的建设人才。

总之，1949—1952年三年间，中国处于经济社会发展的恢复期，国家的各项制度均处于初创时期，基本公共服务体制也是如此。在当时的经济社会条件下，执政党和中央政府对基本公共服务制度的设计和主要供给项目的选择，主要围绕恢复发展生产和巩固新生政权这一中心任务而展开，且将重点放在了城市。而失业救济、劳动保险、公费医疗和教育等主要公共服务事业的发展，在很大程度上达到了制度设计的目标追求，从而为生产的恢复与发展、社会秩序的建立与维护提供了重要制度保障。由于处于基本公共服务事业的初创期，这一时期所设计的基本公共服务的制度与政策（如表3—2所示），既对今后很长一段时期内我国基本公共服务事业的发展，也对我国社会转型的进一步推进产生了重要影响。

表3—2   1949—1952年中国有关基本公共服务事业的重要制度与文件

颁布时间	部门	制度（文件）名称
1949年9月	中国人民政治协商会议	《中国人民政治协商会议共同纲领》
1950年4月	中共中央	《关于举行全国救济失业工人运动和筹措救济失业工人基金办法的指示》
1950年6月	政务院	《关于救济失业工人的指示》
	劳动部	《救济失业工人暂行办法》

---

① 钱俊瑞：《在第一次全国教育工作会议上的总结报告要点》，1949年12月30日。参见中共中央文献研究室《建国以来重要文献选编》第1册，中央文献出版社1992年版，第86—94页。

② 1952年3月31日，政务院在《关于整顿和发展技术教育的指示》中指出，"培养技术人才是国家经济建设的必要条件，而大量地训练与培养中级和初级技术人才尤为当务之急。根据各方面的初步估计，在五六年内，全国经济建设约需中级和初级技术骨干五十万人左右。我国现有的中等技术学校，在数量与质量上，均远不能适应此种需要。"参见中共中央文献研究室《建国以来重要文献选编》第3册，中央文献出版社1992年版，第139—143页。

续表

颁布时间	部门	制度（文件）名称
1951年2月	政务院	《中华人民共和国劳动保险条例》
1951年3月	劳动部	《劳动保险条例实施细则》
1952年6月	政务院	《关于全国各级人民政府、党派、团体及所属事业单位的国家工作人员实行公费医疗预防的指示》
1952年8月	卫生部	《国家工作人员公费医疗预防实施办法》
1949年12月	教育部	《在第一次全国教育工作会议上的总结报告要点》
1951年10月	政务院	《关于改革学制的决定》
1952年3月	政务院	《关于整顿和发展技术教育的指示》

资料来源：根据相关文献整理。

经过3年的建设与发展，我国经济社会发展得到了较快恢复。到1952年，我国工农业的总产值比1949年增长了77.5%，其中现代工业增长了178.6%，农业增长了48.5%。[①] 1952年年底，在国民经济迅速恢复、人民生活得到显著改善和新生政权得到基本巩固的基础上，我国结束了国民经济的恢复阶段，开始从新民主主义社会向社会主义社会过渡。这一过渡时期，正好也是新中国第一个"五年计划"实施的主要时期，在这一时期，我国基本公共服务体制仍然处于初创时期，执政党和政府对基本公共服务的高度重视，特别是财政的大量投入（如图3—2所示）[②]，为基本公共服务事业的发展提供了重要保障。

从总体上看，1953—1956年，对我国基本公共服务供给产生重要影响并奠定了其长期发展制度基础的事件是，1954年新中国的第一部《宪法》明确规定："劳动者在年老、疾病或者丧失劳动能力的时候，有获得物质帮助的权利。国家举办社会保险、社会救济和群众卫生事业，并逐步扩大这些设施，以保证劳动者享受这种权利"，"国家设立并逐步扩大

---

① 参见中共中央文献研究室《建国以来重要文献选编》第6册，中央文献出版社1993年版，第407页。

② 根据"一五计划"财政支出的安排，科教文卫和城市公用事业的中央财政支出的比例仅次于工业建设的财政支出比例。

各种学校和其他文化教育机关,以保证公民享受这种权利"。① 宪法作为一国的根本大法,对公民享有社会保障、文化教育和公共医疗卫生等社会权利的规定,为基本公共服务事业的发展提供了基础性制度保障。具体而言,这一时期我国基本公共服务发展及其与社会转型的互动主要体现在以下几个方面:

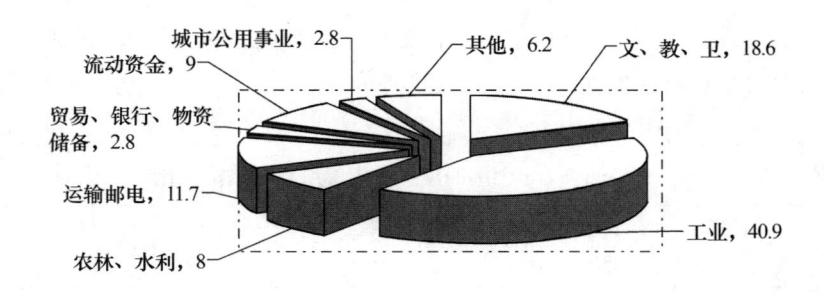

图3—2 "一五计划"期间我国经济社会建设各领域
中央财政支出比例(%)

资料来源:根据《中华人民共和国发展国民经济的第一个五年计划(1953—1957)》的相关数据整理。参见中共中央文献研究室《建国以来重要文献选编》(第6册),中央文献出版社1993年版,第414—415页。

第一,劳动保险制度调整。1953年,我国开始对工业和农业、手工业、资本主义工商业进行社会主义改造,我国国民经济公私比重发生了显著变化(如表3—3所示)。为适应大规模经济建设,特别是有效避免"三大改造"过程中劳动职工因经济性质变化而凸显的基本生存问题,政务院对1951年颁布的《劳动保险条例》和《实施细则》进行了若干修正②,其内容主要有二:一是"扩大条例的实施范围";二是"提高劳动

---

① 中共中央文献研究室:《建国以来重要文献选编》第5册,中央文献出版社1993年版,第540—541页。
② 中共中央文献研究室:《建国以来重要文献选编》第2册,中央文献出版社1992年版,第68—69页。

保险待遇"。① 据统计,《劳动保险条例》修订后短时期内,"支付劳动保险的企业达到4400多个,比上年增长11.6%,职工人数达420万人,比上年增长39%,另外还有签订集体劳动保险合同的单位4300多个,职工70多万人。"② 1956年,《保险条例》的实施范围进一步扩大,"全国实行劳动保险的职工达1600多万人,签订集体劳动保险合同的职工达700万人,分别比1953年增加了4倍和10倍"③,使国营、公私合营和私营企业94%左右的职工享受了保险待遇④,极大地提高保险覆盖率,从而为社会主义改造的顺利推进提供了重要保障。至此,标志着新中国以苏联模式为参照和特征的国家保险模式的初步确立。⑤

表3—3　　1952—1957年中国四项经济指标所有制结构变化　　单位:%

经济指标 经济类型	国民收入		工业总产值		企业数		职工数	
	1952	1957	1952	1957	1952	1957	1952	1957
国营经济	19.1	33.2	41.5	53.8	6.37	32.82	52.84	65.73
合作经济	1.5	56.4	3.3	19.0	3.68	14.43	3.38	3.79
公私合营经济	0.7	7.6	4.0	26.4	0.60	51.04	4.71	30.31
资本主义经济	6.9	—	30.7	0.05	89.35	1.71	39.07	0.16
个体经济	71.8	2.8	20.5	0.8				
总计	100	100	100	100	100	100	100	100

资料来源:于秀丽:《排斥与包容:转型期的城市贫困救助政策》,商务印书馆2009年版,第65页。

第二,保障性住房制度的初步建立。住有所居,是民众的基本需求之一。住房具有高成本与需求刚性等诸多特征。新中国成立初期,受经

---

① 中共中央文献研究室:《建国以来重要文献选编》第2册,中央文献出版社1992年版,第70页。
② 《当代中国》丛书编委会:《当代中国的职工工资福利和社会保险》,中国社会科学出版社1987年版,第307页。转引自郑功成《中国社会保障论》,中国劳动社会出版社1994年版,第65—66页。
③ 同上。
④ 参见马杰、郑秉文《计划经济条件下新中国社会保障制度的再评价》,《马克思主义研究》2005年第1期。
⑤ 同上。

济发展水平低下、保障就业需求的低工资发展策略[1]等诸多因素的制约，一般民众难以具有购买或自建居所的能力。因此，新中国成立后在"城镇实行了完全福利化的住房政策"。[2] 1956年5月，国务院颁布《关于加强新工业区和新工业城市建设工作几个问题的决定》，指出公有住房应实行"统一征地、统一设计、统一规划、统一施工、统一管理"的模式。[3]根据以上原则性要求，城镇住房建设的土地由政府无偿划拨、建设资金由政府财政支出，政府或公有制单位成为住房的真正所有者。住房建成后，以单位为基础，以职工工龄、职务、既有住房条件、家庭人口为主要依据进行分配，所分到住房仅需支付少量或无须支付租金[4]便可获得几乎是永久性的居住权，且住房维修和日常管理的费用都由单位和政府负责。[5] 这种"低保障、广覆盖"的保障性住房政策，在一定程度上满足了城市居民"基本的住房需求"[6]，并"一直延续到20世纪90年代"[7]。

第三，农村"五保户"制度的初步建立。新中国成立后，一方面因为城市工作是执政党和政府的中心工作；另一方面因为农民基本生存的维持具有土地这一最后屏障的保障，农村基本公共服务供给稍显滞后。在对农业进行社会主义改造过程中，执政党和政府针对农村老弱孤寡残等社会成员的生活困难问题，决定建立"五保户"制度。[8] 根据《一九五六年到一九五七年全国农业发展纲要》《高级农村合作社示范章程》等文件的规定，对农业生产合作社中"鳏寡孤独的农户和残废军人"，应对其"保吃、保

---

[1] "三个人的饭五个人吃"，是其形象说法。参见于秀丽《排斥与包容：转型期的城市贫困救助政策》，商务印书馆2009年版，第68页。

[2] 景天魁、毕天云、高和荣：《当代中国社会福利思想与制度：从小福利迈向大福利》，中国社会出版社2011年版，第16页。

[3] 参见张静、关信平《中国社会建设与发展研究》，中国人民大学出版社2009年版，第161页。

[4] 关于住房租金问题，可参见《公共住房租金标准》（1949年）、《公产房地租金标准》（1952年）、《新建民用公房租金标准》（1954年）、《关于国家机关工作人员全部实行工资制和改行货币工资的命令》（1955年）、《中央国家机关工作人员住用公家宿舍收租暂行办法》（1955年）等相关文件。

[5] 参见贾康、刘军民《中国住房制度改革问题研究》，经济科学出版社2007年版，第68—69页。

[6] 张静、关信平：《中国社会建设与发展研究》，中国人民大学出版社2009年版，第161页。

[7] 景天魁、毕天云、高和荣：《当代中国社会福利思想与制度：从小福利迈向大福利》，中国社会出版社2011年版，第16页。

[8] 郑功成：《中国社会保障论》，中国劳动社会出版社1994年版，第65—66页。

穿、保烧（燃料）、保教（儿童和少年）、保葬"，使其"生养死葬都有指靠"①。一般而言，农村"五保户"制度所需的经费由农村集体组织筹集，而不是国家财政经费支付。由此，农村"五保户"制度初步建立，并成为"党和政府在广大农村地区的一项长期政策"②。

总之，1949—1956年是我国经济社会恢复发展时期和社会主义改造时期，是新中国各项制度的初创时期，同时也是"中华人民共和国建国以来最好的时期之一"③。基本公共服务体制作为经济社会发展制度体系的重要组成部分，也处于初创时期，且在很大程度上取决于后者。通过7年的建立和调整，新中国建立起了基本公共服务体制的雏形，公共服务事业取得了较快发展（如表3—4所示），为完成这一时期国家的"中心任务"提供了重要的保障，国家（单位）包揽、城乡分割的供给特征也开始显现。

表3—4   1956年中国公共服务事业基本情况

领域	基本情况
教育	1. 高等学校招生18.5万人；超过计划指标5.2% 2. 中等专业学校招生43.3万人，达到计划指标的97.4% 3. 初级和高级中学招生2345.3万人，超过计划指标9.6% 4. 初级和高级小学招生2345.3万人，比上年增长35.6%
卫生事业	病床总数达214673张，比1955年增长40980张
劳动保险	全国实行劳动保险的职工达1600多万人；签订集体劳动保险合同的职工达700万人；3.94%左右的职工享受了保险待遇

资料来源：1. 教育和卫生事业的数据来自薄一波：《关于一九五六年度国民经济计划的执行结果和一九五七年度国民经济计划草案的报告》（1957年7月1日）；中共中央文献研究室：《建国以来重要文献选编（第10册）》，中央文献出版社1996年版，第425—466页。

2. 劳动保险的数据来自郑功成：《中国社会保障论》，中国劳动社会出版社1994年版，第65—66页。

---

① 中共中央文献研究室：《建国以来重要文献选编》第8册，中央文献出版社1994年版，第42—43页。
② 景天魁、毕天云、高和荣：《当代中国社会福利思想与制度：从小福利迈向大福利》，中国社会出版社2011年版，第16页。
③ 薄一波：《若干重大决策与事件的回顾》（上卷），中共中央党校出版社1991年版，第565页。

二 "十年建设时期"中国基本公共服务供给与社会转型的互动

1956年,"三大改造"的基本完成,标志着社会主义制度在我国的初步建立。加快建设和发展社会主义,充分体现社会主义的优越性,成为我国经济社会发展的"中心任务",中国开始了全面建设社会主义时期。受传统社会主义意识形态、苏联经济社会发展模式在短期内取得经济较快发展所产生的吸引力等诸多因素的影响,我国建立了以社会主义计划经济体制为基础的经济社会发展制度体系。在这一时期,执政党和国家在经济社会发展过程中,既有对社会主义建设道路的成功探索,也有对经济社会发展形势,特别是国内社会主要矛盾和阶级斗争形式的错误判断,使社会主义建设事业既取得了较快的发展,也经历了一定的挫折。基本公共服务体制作为经济社会发展制度体系的子系统,也必然服务于计划经济体制的发展,被打上了计划经济体制的烙印。同时,基本公共服务也难以避免受意识形态调整和"反右派斗争""大跃进""农村公社化运动"等政治运动的干扰。

从总体上看,这一时期我国城乡基本公共服务制度在前一阶段基础上进行了调整和完善,并确立了在发展生产的基础上逐步开展以劳动保险为主要内容的基本公共服务事业"是国家的长远方针"[1] 这一基本原则。具体而言,主要体现在以下方面:

第一,城市公费医疗和劳保医疗制度的完善。1957年9月,周恩来总理在《关于劳动工资和劳保福利问题的报告》中对劳动保险实施过程中的问题进行了深刻分析[2],认为劳动保险在实施过程中走得快了一些,某些项目办得多了,某些规定不合实际。由于国家包办,既导致了严重浪费的现象,又造成了民众对国家的依赖。[3] 同时,未享受公费医疗和劳保医疗的群众看病难、看病贵的问题开始凸显。为了解决这些问题,主管部门开始实行普通群众缴纳低于成本价格的费用而享受医疗服务的制

---

[1] 参见中共中央文献研究室《建国以来重要文献选编》第10册,中央文献出版社1996年版,第573—590页。
[2] 同上书,第327—332页。
[3] 王爱文、刘智勇、朱龙翔等:《编织社会安全网:中国社会保障制度的昨天、今天和明天》,广西师范大学出版社1998年版,第132页。

度，在很大程度上使全体城镇居民开始享受免费的医疗卫生服务。① 自1964年开始，卫生部、全国总工会等相关主管部门相继出台了《关于改进公费医疗的报告》《关于国营企业提取工资附加费的补充规定》《关于改进公费医疗管理问题的通知》和《关于改进企业职工劳保医疗制度几个问题的通知》，决定对公费医疗和劳保医疗进行收费。如对公费医疗收取门诊费和住院费的5%。② 这在一定程度上改变了"国家和企业包得过多、药品浪费"的情况③，促进了全体城镇居民共享医疗卫生服务，从而推动了这两大制度的发展。

第二，农村基本公共服务事业的发展。在城市经济社会各项工作初步走上正轨后，农村公共服务事业开始进入执政党的视野，并逐渐成为重要的工作任务。这一时期，农村公共服务事业的发展主要体现在以下方面：

一是农村合作医疗得到了较快发展。农村合作医疗发端于1955年，在农村公社化运动中得到逐步发展，并于1959年卫生部在山西省稷山县召开的全国农村卫生工作会议之后在全国推广。稷山会议之后，中央肯定了卫生部提交的《关于全国农村卫生工作山西稷山现场会议情况的报告》和《关于人民公社卫生工作几个问题的意见》，并要求各地"参照执行"。④ 农村合作医疗坚持以"预防为主"的方针，坚持中西医相结合，"高中初级卫生人员相结合、脱产卫生员与不脱产卫生员相结合"的基本原则，在公社设立卫生院、在生产大队设立卫生所，经费主要来源于社员每年交纳的保健费，社员看病由公社与生产队实行公益补助，只缴纳医药费和少量挂号费。⑤ 农村合作医疗是人民公社举办的集体福利事业，

---

① 王爱文、刘智勇、朱龙翔等：《编织社会安全网：中国社会保障制度的昨天、今天和明天》，广西师范大学出版社1998年版，第132页。

② 参见中共中央文献研究室《建国以来重要文献选编》第19册，中央文献出版社1998年版，第289—292页。

③ 景天魁、毕天云、高和荣：《当代中国社会福利思想与制度：从小福利迈向大福利》，中国社会出版社2011年版，第18页。

④ 曹普：《人民公社化时期中国农村合作医疗制度的历史演变（1958—1984）》，《中共石家庄市委党校学报》2009年第5期。

⑤ 参见中共中央文献研究室《建国以来重要文献选编》第13册，中央文献出版社1996年版，第289—292页。

在中央的高度重视下①,取得了较快发展。据估算,到1962年,全国举办农村合作医疗的生产大队的比重达到了46%。② 1965年,卫生部根据中央的指示,对合作医疗制度建立过程中出现的"共产风""供给制"等突出问题进行了整改③,并出台了《关于城市组织巡回医疗队下农村配合社会主义教育运动进行防病治病工作的报告》《关于把卫生工作重点转向农村的报告》,使卫生工作资源投入的重心逐渐转移到农村,有效改善了农村医疗卫生工作长期滞后的局面。到1965年年底,山西、湖北等10多个省、自治区、直辖市的一部分市县实行了合作医疗制度④,"合作医疗遍地开花"。⑤

二是农村文化教育事业逐渐受到重视。1956年1月23日,中央颁布《一九五六年到一九六七年全国农业发展纲要(草案)》⑥,计划从1956年开始,用5—7年的时间,在每一个公社设立业余文化学校,力争消除文盲;分别用7—12年的时间,逐步建立"民办公助"的乡村小学,逐步普及小学义务教育,普及农村文化网、广播网、建立电影放映队、文化站、图书室和业余剧团等文化组织,兴建乡村体育场,普及农村体育活动,以逐渐满足农民的文化娱乐需要。⑦

三是农村公共卫生预防工作逐渐受到重视。针对血吸虫病、黑热病、血丝虫病、钩虫病、麻疹、肺结核等当时广泛存在的危害人民健康安全的疾病,中央提出,要广泛开展爱国卫生运动,注重预防各种常见疾病,并要求从1956年起,力争在7—12年内基本消灭上述疾病。

---

① 1960年3月,毛泽东亲自代中共中央起草《关于卫生工作的指示》,要求各级党委书记挂帅,亲自抓好合作医疗的运行工作。参见中共中央文献研究室《建国以来毛泽东文稿》第9册,中央文献出版社1996年版,第80页。

② 参见周寿祺《探寻农民健康保障制度的发展轨迹》,《国际医药卫生导报》2002年第6期。

③ 曹普:《人民公社化时期中国农村合作医疗制度的历史演变(1958—1984)》,《中共石家庄市委党校学报》2009年第5期。

④ 郑功成:《中国社会保障论》,中国劳动社会出版社1994年版,第312页。

⑤ 《卫生战线的深刻革命——纪念毛主席"六·二六"指示十周年》,《人民日报》1975年6月26日。

⑥ 虽然《纲要》颁布的时间为1956年,但任务实施主要在此阶段。

⑦ 参见中共中央文献研究室《建国以来重要文献选编》第13册,中央文献出版社1996年版,第289—292页。

总之，1957年至1966年初，是我国社会主义全面建设时期，也是我国经济社会发展各项具体制度的进一步建立和完善时期。基本公共服务制度体系作为经济社会发展制度体系的重要组成部分，也处在调整和完善过程之中。经过社会主义改造，我国城镇人口的绝大部分都被纳入了全民所有制和集体所有制单位之中，公民能否有效享有基本公共服务主要视其就业情况，单位成为医疗、保障性住房、社会保险等基本公共服务的实际供给者。在农村，随着农村公社化运动的兴起和发展，几乎所有农民都被整合进人民公社，人民公社成为农村医疗卫生、文化教育等基本公共服务的供给者。在这一时期，随着农村公共服务供给体系的初步构建，与计划经济相配套的基本公共服务体系初步建立。[1]

三 "文化大革命"时期中国基本公共服务供给与社会转型的互动

1966年5月，《五一六通知》的发布，标志着长达十年的"文化大革命"正式开始。[2] "文化大革命"是在特定国际国内环境中，党内存在的"以阶级斗争为纲"的意识形态，以及1957年反右派斗争和"大跃进"等政治运动中，"左倾"错误的扩大和总爆发。[3] 这一"革命"运动，充斥着对主要领导人的极端个人崇拜[4]，充斥着文攻武斗与阶级斗争，整个社会几乎陷入了无政府状态，使最高领导人以"天下大乱，达到天下大治"[5] 的总体设想并未实现。整个社会的混乱无序局面对国民经济和社会生产生活造成了极大的破坏和损失。仅从国民经济收入来看，就使中国损失了5000亿元人民币，相当于改革开放之前全国基本建设投

---

[1] 参见景天魁、毕天云、高和荣《当代中国社会福利思想与制度：从小福利迈向大福利》，中国社会出版社2011年版，第60—62页。

[2] 马英民：《"文化大革命"时期民众主流意识形态探析》，《党的文献》2003年第6期。

[3] 参见沈传宝《马克思主义中国化在"文化大革命"中的曲折命运和经验教训》，《中共党史研究》2008年第2期。

[4] "服从毛主席要服从到盲从的地步，相信毛主席要相信到迷信的地步""把对毛主席的忠诚，融化在血液中，铭刻在脑海里，落实在行动上"等当时广泛流传的政治口号，生动形象地反映了当时全国上下对毛泽东的极端崇拜现象。参见陈如芳《"文化大革命"中的"口号"研究》，《党史博采》2007年第77期。

[5] 中共中央文献研究室：《建国以来毛泽东文稿》第12册，人民出版社1998年版，第71页。

资总额的五分之四。① 而对政治资本、社会资本与人力资本的损害则难以精确估算。因此，从总体上看，"文化大革命"是中国社会主义建设过程中的重大失误与挫折，对国家政治、经济与社会生活造成了极大的冲击与破坏。

受"对什么是社会主义以及怎样建设社会主义的极'左'认识"的影响②，基本公共服务供给的指导思想也出现了极"左"倾向，过分追求平均主义，将劳动保险等基本公共服务事业视为走资本主义道路、修正主义与福利主义等错误思想一度充斥社会，对基本公共服务实践产生了严重的负面影响。③ 从基本公共服务供给的实践来看，在社会保险方面，1969 年财政部颁布《关于国营企业财务工作中几项制度的改革意见》。根据这一文件的相关规定，"劳动保险逐渐变成了企业保险"④，企业成为劳动保险的供给者，其负担不断加重，这种情况一直"延续到改革开放后"。⑤ 在教育方面，泛政治化、平等主义、历史虚无主义对基础教育、高等教育、职业教育等各类教育事业形成了极大冲击⑥，特别是"高等教育的各项工作陷入停顿，全国高等学校招生工作被迫停止"。⑦ 在社会保障和教育等基本公共服务事业出现严重倒退的情况下，农村合作医疗制度却在毛泽东的高度关注下得到了前所未有的发展。⑧ 据统计，1976 年，

---

① 参见许玉明、思涯、王敬《科学评价"文化大革命"时期我国经济建设的得失》，《世纪桥》1996 年第 3 期。

② 景天魁、毕天云、高和荣：《当代中国社会福利思想与制度：从小福利迈向大福利》，中国社会出版社 2011 年版，第 62 页。

③ 参见郑功成《中国社会保障论》，中国劳动社会出版社 1994 年版，第 77 页；景天魁、毕天云、高和荣《当代中国社会福利思想与制度：从小福利迈向大福利》，中国社会出版社 2011 年版，第 62 页。

④ 郑功成：《中国社会保障论》，中国劳动社会出版社 1994 年版，第 77 页。

⑤ 郑秉文、于环、高庆波：《新中国 60 年社会保障制度回顾》，《当代中国史研究》2010 年第 2 期。

⑥ 杨凤城：《从历史的"长时段"研究"文化大革命"》，《北京党史》2006 年第 4 期。

⑦ 景天魁、毕天云、高和荣：《当代中国社会福利思想与制度：从小福利迈向大福利》，中国社会出版社 2011 年版，第 62 页。

⑧ 在当时的历史条件下，"搞不搞合作医疗是对毛主席的态度，是'执不执行毛主席革命路线'的问题，因此很快就一哄而起，实现了'一片红'"。参见张自宽《对合作医疗早期历史情况的回顾》，《中国卫生经济》1992 年第 6 期。

合作医疗覆盖了全国90%以上的农村人口。①

总之,"文化大革命"时期,中国经济社会生产的总体面貌,可以借用"放下生产闹革命""停课闹革命"等政治口号加以描述和反映,国家政治经济生活总体上处于无序与停滞状态。基本公共服务供给作为经济社会生产的重要活动,也必然难以"独善其身"。

四 对1949—1978年中国基本公共服务供给与社会转型互动关系的反思

基本公共服务的社会功能决定了决策者必须将其作为推动经济社会发展的重要战略选项,而一国经济社会发展的意识形态、主导力量、战略选择等诸多因素,又必然或阻碍或促进基本公共服务的发展,二者形成了一种动态的互动关系,其互动质量在很大程度影响一国经济社会发展质量。从制度变迁的角度来看,1949—1978年中国社会转型属于社会制度急剧变迁的过程。在这近三十年的历史发展过程中,强大的新生政权力量在短时期内将旧中国的制度体系迅速打碎,并同时构建和实施一套新的制度体系。基本公共服务体制也是在这一急剧的制度变迁过程中建立和运行的。基本公共服务体制的初创与调整,是整个国家经济社会发展制度体系建立与调整的重要组成部分,前者既决定于后者的总体目标,又为实现这一目标提供了重要的制度支撑,且这一时期二者的互动关系,为改革开放以来基本公共服务与社会转型的互动关系设定了基本的路径。通过对这一时期我国基本公共服务体制变迁与社会转型互动过程的考察,既有助于更加客观地评价这一时期我国基本公共服务的历史作用,也有助于考察社会转型过程国家的意识形态、发展战略等因素对基本公共服务事业发展的根本性影响。

第一,基本公共服务为新中国政权的巩固和经济社会的恢复与发展提供了重要的制度支撑。1949年新中国成立至"文化大革命"发生之前,执政党和政府围绕巩固新生政权和恢复经济社会生产等中心任务,按照社会问题的紧迫程度,先后创立了社会失业救济、劳保医疗、公费医疗、

---

① 参见杨宜勇、吕学静《当代中国社会保障》,中国劳动保障出版社2005年版,第106页;另见郑功成《中国社会保障论》,中国劳动社会出版社1994年版,第312页。

"五保户"制度等一系列社会保障制度,并逐步建立起包括初等、中等、职业技术和高等教育等在内的完整教育体系。这一时期是我国基本公共服务体系的初创和调整时期,多数基本公共服务项目都取得了明显进展,特别是在医疗卫生领域,中国用仅占 GDP 总量 3% 左右的投入,基本满足了城乡居民的基本医疗卫生需求,使居民多项健康指标达到了中等发达国家的水平,被世界卫生组织和世界银行誉为"以最少投入获得了最大健康收益"①的成功探索,成为"发展中国家医疗卫生工作的典范"。②基本公共服务体系的建立和完善,在满足广大民众的基本生活需求、改善其生存与发展境遇、促进社会稳定的同时,保证了劳动力"再生产"的可持续性,为经济社会发展积累了必要的人力资本,从而使新生政权获得了"政治支持,并持续保障了政权的稳定"。③ 而基本公共服务的普遍供给,也被视为社会主义优越性的重要体现之一。因此,对"文化大革命"之前基本公共服务供给对新生政权的巩固和经济社会的恢复与发展的历史贡献,"无论如何评价其意义都是不为过的"。④

第二,基本公共服务体制的选择是国家的意识形态、经济体制和发展战略综合作用的结果。计划经济条件下的基本公共服务,除了恢复发展生产、维护社会稳定等目标外,"还有更为广阔的经济理论、意识形态和发展战略选择背景"。⑤ 1949—1978 年的中国,由于受社会主义经典理论、苏联社会主义意识形态、中国传统思想和中国共产党在革命战争年代所形成的意识形态的影响,"平均主义""以阶级斗争为纲"为核心的意识形态一度成为当时中国社会的主流意识形态。受平均主义和传统大同思想、"父爱主义"等意识形态的影响,中国在城乡分别建立的"广覆盖、低水平"的劳保医疗、公费医疗、住房保障制度与农村合作医疗制

---

① 世界银行:《1993 年世界发展报告:投资于健康》,中国财政经济出版社 1993 年版,第 210—211 页。
② 参见国务院发展研究中心课题组《对中国医疗卫生体制改革的评价与建议》,《中国发展评论》(中文版)第 7 卷第 S1 期。
③ [英]沙琳:《需要和权利资格:转型期中国社会政策研究的新视角》,中国劳动社会保障出版社 2007 年版,第 7 页。
④ 马杰、郑秉文:《计划经济条件下新中国社会保障制度的再评价》,《马克思主义研究》2005 年第 1 期。
⑤ 朱玲:《计划经济下的社会保护评析》,《中国社会科学》1998 年第 5 期。

度，也体现了"平均主义"的鲜明特色。特别是在"不患寡而患不均"这一传统道德伦理与传统社会主义所倡导的平均主义的交互影响下，部分基本公共服务领域"出现了绝对平均主义"的倾向。① 受"以阶级斗争为纲"革命意识形态为代表的极"左"意识形态的影响，认为社会主义不存在失业等社会问题，基本公共服务所提供的社会福利被认为是资本主义法权，是工人阶级的腐蚀剂，是必须加以反对和批判的。这一意识形态在"文化大革命"时期被发挥到了极致，由此造成了大多数基本公共服务的瘫痪与停滞。从经济角度来看，1949—1978 年中国的经济体制可在总体上划分为计划经济体制。在计划经济体制下，国家的消费与生产、初次分配与再次分配的比例，都是执政党和政府根据经济发展水平和国家经济社会发展中心工作的需要而确定的。而国家的公共政策重心和财政分配格局，将直接影响基本公共服务的发展方向与规模。从发展战略来看，1949—1978 年，中国在城市化、工业化优先发展战略的总体框架下相继实施了"五年计划""大跃进""备战"与"洋跃进"战略。② 在不同发展战略导向下，基本公共服务发展的态势呈现出明显的差异。如"大跃进"期间，"鼓足干劲，力争上游，多快好省地建设社会主义"的总路线提出之后，教育等基本公共服务也提出了"多快好省"的方针③，教育事业内在的建设与发展规律被严重忽视，从而必然影响教育公共服务的供给质量。

第三，城市与工业优先发展战略取向导致基本公共服务供给的二元化、差别化供给。在革命战争年代，中国共产党通过"农村包围城市"道路，取得了中国革命的胜利。革命胜利之后，现代社会的特征与发展趋势决定了执政党和政府必须将城市和工业的发展作为其中心工作。对于经济社会发展水平低下的现代化转型国家而言，为了推进城市化与工

---

① 参见李春《嬗变与重构：新中国成立以来公共服务模式转型分析》，《四川行政学院学报》2010 年第 1 期。

② 参见苏少之、任志江《1949—1978 年中国经济发展战略研究》，《中南财经政法大学学报》2006 年第 1 期。

③ 参见中共中央文献研究室《建国以来重要文献选编》第 11 册，中央文献出版社 1996 年版，第 16—21 页。

业化,特别是在短时期内快速启动和推进城市化与工业化,必然压缩对农村经济社会发展的投入与支持。中国在工业化和城市化进程中,不仅把政府预算的重点放到了城市,而且还通过工农业产品价格"剪刀差"的方式,为城市和工业的发展积累了大量的资金。[1] 而在基本公共服务供给方面,政府则采取了城乡分割的供给体制,并通过户籍管理制度将这一体制刚性化。户籍制度的实施,将城乡居民人为地划分为两大享有"不同权利资格的人群"。[2] 在城市,政府构建了一套以终身就业为基础的、以单位直接供给的基本公共服务体系,以免费或只收取少量费用的方式,为城市职工及其家属提供了包括医疗、教育、保障性住房、养老等各种基本公共服务。这一基本公共服务体系被一些研究者形象地称为"单位福利制度""单位社会主义""迷你福利国家"。[3] 广大农村人口的基本公共服务大体上由其自己筹资和集体经济出资,除非通过升学或被城市劳动部门录用等方式成为城市居民[4],否则难以享受与城市居民同等的基本公共服务。公共医疗卫生服务供给状况（如图3—3所示）便是城乡公共服务供给二元化特征的典型反映。以1964年为例,当年用于830万享受公费医疗的人员的经费,比用于5亿多农民的还多。[5] 而即使在城市内部,国家工作人员与非国家工作人员的基本公共服务待遇也具有较大差别。早在1957年党和政府就发现了这一问题,如周恩来在党的八届中央委员第三次全体会议上所作的《关于劳动工资和劳保福利问题的报告》中就指出：全国26万张病床中,仅有5万张供一般市民和农民使

---

[1] 关于改革开放前中国城乡"剪刀差"的额度问题,可参见武力《1949—1978年中国"剪刀差"差额辨正》,《中国经济史研究》2001年第4期。

[2] ［英］沙琳：《需要和权利资格：转型期中国社会政策研究的新视角》,中国劳动社会保障出版社2007年版,第7页。

[3] 岳经纶：《共和国60年来公共政策变迁》,《湖湘论坛》2009年第4期。

[4] 1958年1月9日颁布的《中华人民共和国户口登记条例》规定："公民由农村迁往城市,必须持有城市劳动部门的录用证明,学校的录取证明,或者城市户口登记机关的准予迁入的证明,向常住地户口登记机关申请办理迁出手续。"参见中共中央文献研究室《建国以来重要文献选编》第11册,中央文献出版社1996年版,第16—21页。

[5] 参见中共中央文献研究室《建国以来重要文献选编》第20册,中央文献出版社1998年版,第526—527页。

用，而享受劳保医疗和公费医疗这一全国总人口中的极少数群体却占用了16.75万张。[1] 1965年6月26日，毛泽东主席在同医务人员中的谈话中也指出了同样的问题。毛泽东指出："卫生部的工作只是给全国人口的15%服务，而且这15%主要还是老爷。"[2] 5亿农民难以得到基本的医疗卫生服务。在这一背景下，毛泽东指示：卫生部应将医疗卫生的重点放到农村。[3] 因此，这一时期民众所享受的基本公共服务，"是一种典型的内部再分配的身份制度待遇"。[4]

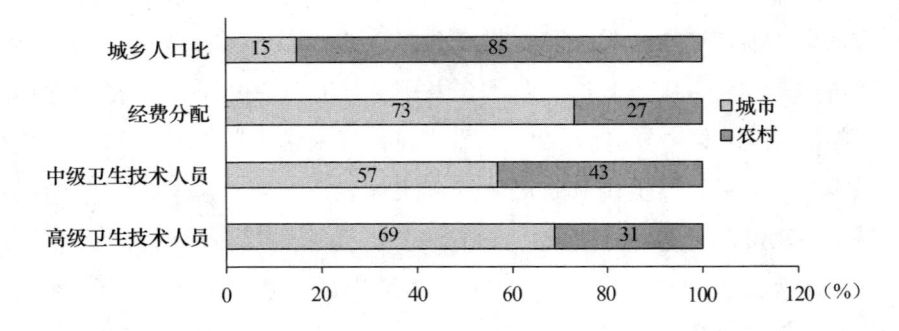

图3—3 1964年全国城乡人口比及城乡公共医疗卫生资源分布示意图

注：农村包括县及县以下的人口，其中高级卫生技术员在县以下的仅占10%，中级卫生技术人员在县以下的仅占27%，全年卫生总经费为9.3亿元，其中公费医疗2.8亿元左右，占30%，经费分配县以下的仅占16%。

资料来源：卫生部党委关于把卫生工作重点放到农村去的报告（1965年9月3日），参见中共中央文献研究室《建国以来重要文献选编》第20册，中央文献出版社1998年版，第526—527页。

第四，国家在基本公共服务中承担无限责任，导致供给效率低下和

---

[1] 参见中共中央文献研究室《建国以来重要文献选编》第10册，中央文献出版社1994年版，第573—590页。

[2] 中共中央文献研究室：《建国以来毛泽东文稿》第11册，中央文献出版社1996年版，第387页。

[3] 参见中共中央文献研究室《建国以来重要文献选编》第10册，中央文献出版社1994年版，第573—590页。

[4] 熊跃根：《社会政策：理论与分析方法》，中国人民大学出版社2009年版，第224页。

民众对国家的依赖。公共服务是现代政府的基本职能之一，政府理应在基本公共服务供给过程中发挥主导作用。1949—1978 年，除"文化大革命"时期外，受计划经济体制、全能型政府管理体制和社会发育不足等因素的交互影响，中国基本公共服务特别是城市基本公共服务都直接由国家——单位和集体供给，政府几乎作为唯一的供给主体，控制了基本公共服务的决策、生产和分配的全过程。① 公共服务所需资源都根据上级政府的行政指令实行"统一调拨"，并按"统一标准"将公民的需求进行体制化②，市场和社会在公共服务供给中几乎完全缺失。而公民个人无须承担与其权利对等的责任，同时受实施赶超战略的影响，国家往往采用"先生产，后生活"，"重生产，轻生活"③ 的制度安排，劳动者工资水平普遍低下，缺乏必要的公共服务消费能力。以上因素共同决定了基本公共服务供给主体、资金来源的单一化，政府在事关民众生老病死的基本公共服务供给过程中几近承担了无限责任，也决定了基本公共服务供给的低效率与低水平，从而一方面使广大民众产生了严重的依赖思想；另一方面也造成政府基本公共服务供给难以满足民众的基本需要，进而对经济社会发展产生了诸多负面影响，不利于社会转型的合意性推进。

总之，这一时期我国基本公共服务供给体制与执政党一贯的政治价值主张和经济社会发展的水平在总体上相适应，并在与社会转型的互动过程中，为执政党和政府中心工作的完成以及经济社会的发展作出了重要贡献。但这一时期的公共服务也存在过分追求平均主义、城乡分割、差别化供给、决策封闭，供给主体与资金来源单一等诸多问题，因而难以可持续发展。这些问题的惯性作用和负面影响在短期难以得到有效解决，其中一些突出的问题和缺陷甚至延续至今。

---

① 参见李春《嬗变与重构：新中国成立以来公共服务模式转型分析》，《四川行政学院学报》2010 年第 1 期。
② 参见王永生《论计划经济时代公共服务的供给模式》，《新东方》2000 年第 3 期。
③ 景天魁、毕天云、高和荣：《当代中国社会福利思想与制度：从小福利迈向大福利》，中国社会出版社 2011 年版，第 65 页。

第二节 1979—2002 年中国基本公共服务供给与社会转型互动的回顾与反思

1978 年 12 月，党的十一届三中全会作出了改革开放的伟大决定，开启了我国由传统社会主义向中国特色社会主义转型的新篇章。由改革开放所驱动的新时期的社会转型，在广度、深度与速度等方面都超过 1840 年以来中国任何历史时期的转型。从总体上看，改革开放以来我国社会的转型，以市场化为主线和动力，逐渐形成了以市场化、民主化、城市化、工业化与信息化相互交织为主要内容和特征的现代化转型。我国社会的全面快速转型，内在地要求基本公共服务体制与之相适应。

一是农村家庭联产承包责任制和市场经济体制的确立，打破了计划经济体制下基本公共服务体制赖以存在的经济基础。

二是以效率优先、兼顾公平为核心的发展理念的确立，销蚀了传统社会主义的平均主义思想，基本公共服务供给领域的平均主义思想也逐渐失去决策者的支持和社会心理基础。

三是城市化和工业化进程的加快推进，城乡人口结构发生了显著变化，对基本公共服务供给的结构和总量都提出了新的要求。[①]

四是随着市场经济体制的建立和完善，我国政府职能也随之发生了改变。如改革开放以来，国务院分别于 1982 年、1988 年、1993 年、1998 年、2003 年、2008 年、2013 年和 2018 年进行了八次大规模的机构改革，其目的就是为了适应经济社会发展对政府职能的新要求。政府的执政理念与执政能力的变化、政府职能的调整，特别是服务型政府的建设必将对基本公共服务供给主体、供给方式进行调整，从而影响公共服务绩效。

五是保障社会转型过程中出现的弱势群体的基本生存与发展权利内在地需要基本公共服务体制的变迁。随着社会转型的推进，社会各阶层由于初始发展条件、参与社会竞争能力和机会等方面的差异，在社会竞争中必然会出现新的弱势阶层和群体。在中国社会转型过程中，"中国社

[①] 王小林：《工业化、城市化进程中的公共服务需求与公共财政政策选择》，《经济研究参考》2006 年第 7 期。

会主要群体呈现弱势化趋向"。① 当前，一些群体的弱势化甚至有加剧的趋势。社会群体的弱势化趋向，不利于广大民众共享改革与发展成果，从而对社会公平公正、经济社会发展活力与政治社会稳定造成诸多负面影响。改变社会主要群体弱势化倾向的途径是多样的，但强化基本公共服务供给，对保障其基本生存与发展权利无疑具有基础性作用。因此，保障社会弱势群体的基本生存与发展权利必然要求公共服务体制的变革。同时，通过基本公共服务供给加大对社会弱势群体基本生存与发展权利的保护，其功能既是社会性的也是政治性的②，一方面有利于解决突出的社会问题，从而赢得社会各阶层特别是弱势群体对基本社会制度的认同；另一方面也有利于增进执政党和政府的社会整合能力，以有效应对转型社会中的各种利益矛盾与冲突，不断增强其执政能力。这也是近年来党和国家领导人多次强调"社会政策要托底"的重要原因。③

六是经济发展方式的转变内在地要求基本公共服务体制的改革创新。社会转型在一定程度上可以视为经济发展方式科学化、理性化与人本化的过程。推动经济发展方式的科学化、理性化与人本化，必然要求将人力资本积累和科学技术进步作为经济社会发展的基础性动力，并在经济社会发展过程中，更加注重对劳动者基本社会权利的保障和维护。以基础教育、公共医疗卫生、社会保障为主要内容的基本公共服务，在促进人力资本积累、推动科学技术进步与保障劳动者的社会权利等方面的基础性作用，决定了基本公共服务供给必须随着经济社会的发展而调整优化，从而促进经济发展方式的升级。此外，社会转型过程中劳动力流动规模的扩大与速度的加快、计划生育政策导致的家庭结构变化，以及老龄化等诸多社会问题的凸显，也内在地要求基本公共服务体制做出调整以与之相适应。

改革开放以来，为了适应社会全面快速转型的新要求，我国基本

---

① 吴忠民：《中国社会主要群体弱势化趋向问题研究》，《东岳论丛》2006年第2期。
② 参见熊跃根《社会政策：理论与分析方法》，中国人民大学出版社2009年版，第216页。
③ 参见丁忠毅《托底与共享：国家治理的社会政策路径》，《社会科学战线》2017年第1期。

公共服务体制也围绕广大民众的公共服务需求变化和市场经济体制的建立完善与政府职能转变这两大主线进行了深刻的转型。从价值理念上看，受"效率优先，兼顾公平"发展理念的影响，基本公共服务供给也将效率放在了重要位置，并与此相适应，分别从政府、市场和社会相分离，以及政府体系内部的分权这两大维度，对基本公共服务供给体制进行了改革。① 基本公共服务供给体制的变迁，一方面改变了政府在基本公共服务供给中的垄断地位，充分发挥了市场和社会在基本公共服务供给中的比较优势，实现了供给主体、资金来源的多元化，有效提高了基本公共服务的供给效率；另一方面由于政府在教育、公共医疗卫生和保障性住房等基本公共服务领域的责任的缺失，特别是某些政府部门在基本公共服务供给过程中，不仅未能有效发挥政府的基本职能，反而借市场化之名，将基本公共服务完全推向市场，导致购买能力低下的普通民众难以享受本应由政府提供的基本公共服务，给我国经济社会发展带来诸多负面影响，不利于社会合意性转型的推进。

1979—2002 年，我国基本公共服务体制变迁和社会转型互动，从总体上可以分为 1979—1984 年、1985—1992 年和 1993—2002 年三个阶段。第一个阶段以 1984 年党的十二届三中全会作出的"发展公有制基础上的有计划的商品经济"② 这一重要决定为标志；第二阶段以 1992 年邓小平南方谈话，以及党的十四大作出的"建立社会主义市场经济体制"这一重大决定为标志。1979—1984 年，我国基本公共服务体制在总体上属于恢复阶段，仍然承袭了计划经济时期的主要制度体系，具有计划经济体制下基本公共服务体制的基本特征。③ 鉴于此，本节将这一时期分为 1979—1992 年和 1993—2002 年这两个阶段，对我国基本公共服务体制变迁与社会转型的互动过程进行考察与回顾，并对其进行简要的总结与反思。

---

① 参见李春《嬗变与重构：新中国成立以来公共服务模式转型分析》，《四川行政学院学报》2010 年第 1 期。

② 《中共中央关于经济体制改革的决定》，人民出版社 1984 年版。

③ 参见姜晓萍、邓寒竹《中国公共服务：30 年的制度变迁与发展趋势》，《四川大学学报》（哲学社会科学版）2009 年第 1 期。

一 1979—1992 年基本公共服务供给与社会转型的互动

1978 年，党的十一届三中全会在决定将党和政府的工作中心转移到经济建设的同时，作出了推进经济体制改革的决定。随着家庭联产承包责任制的确立，"农村经济开始向专业化、商品化、现代化转变"①，农村经济社会发展取得显著成效。在农村经济改革稳步推进的同时，以城市为重心的经济体制改革也逐渐铺开，但这种改革仍然是初步的，"城市经济体制中严重妨碍生产力发展的种种弊端还没有从根本上消除"②。为了进一步推进城市经济体制改革，1984 年，党的十二届三中全会通过的《中共中央关于经济体制改革的决定》将城市经济体制改革作为下一阶段我国经济体制改革和经济发展的中心任务，并明确提出建立有计划的商品经济，指出应进一步扩大企业自主权，坚持将"增强企业活力"作为"经济体制改革的中心环节"。③ 随着城乡经济体制改革的推进，基本公共服务体制也逐渐开始转型。

第一，教育事业的恢复与发展。随着经济社会改革的深入推进，人才日益成为制约改革开放的重要因素。为加快对经济社会发展所需的人才的培养，执政党和政府高度重视教育事业的发展，并在党的十二大政治报告中，首次将教育作为现代化建设的战略重点。④ 1985 年，中共中央颁布的《关于教育体制改革的决定》规定，政府教育经费投入"要高于财政经常性收入的增长"；将发展基础教育的责任交给地方，逐步实行九年义务教育，并将其作为提高民族素质和国家繁荣的基础性战略⑤；大力发展职业教育，逐步扩大高校办学自主权。⑥ 1986 年 4 月，《中华人民共和国义务教育法》正式颁布，以法律形式对义务教育过程中政府、社会、学校和家庭的责任与义务进行了明确规定。虽然直到 21 世纪初城乡义务

---

① 《中共中央关于经济体制改革的决定》，人民出版社 1984 年版。
② 同上。
③ 同上。
④ 景天魁、毕天云、高和荣：《当代中国社会福利思想与制度：从小福利迈向大福利》，中国社会出版社 2011 年版，第 23 页。
⑤ 参见郑功成《中国社会保障 30 年》，人民出版社 2008 年版，第 287 页。
⑥ 参见《中共中央关于教育体制改革的决定》，1985 年 5 月 27 日。

教育才实现完全免费,但这一立法体现了政府在教育事业发展中的主导作用,对基础教育事业的发展具有基本的保障作用。1987年7月,原国家教委出台《关于社会力量办学的若干暂行规定》,允许集体经济组织、企事业组织、私人办学者等社会力量参与举办各种教育事业,并指出社会力量办学是整个教育事业的"组成部分","是国家办学的补充"。① 这一规定的颁布与实施标志着教育行政部门开始向社会领域分权,政府完全供给公共教育服务的局面开始被打破。②

第二,就业保障制度的建立与发展。随着"以国有企业改革"为中心的城市经济体制改革的推进,国有企业的劳动用工制度进行了深刻改革,竞争上岗、优胜劣汰成为劳动制度的重要原则。1983年,劳动人事部下发《关于积极试行劳动合同制的通知》,开始打破传统计划经济体制下"只能进、不能退"的用人制度,之前在名义上所没有的失业问题随之出现。③ 1986年,国务院颁布《国营企业实行劳动合同制暂行规定》《国营企业招用工人暂行规定》《国营企业辞退违纪职工暂行规定》和《国营企业职工待业保险暂行规定》四项法规,使新中国成立初期所形成的统包统配的"铁饭碗"劳动用工制度被打破,合同制工人人数不断增加(如表3—5所示),初次就业定终身的劳动就业史画上了句号。④ 解决一项传统制度所引发的社会问题,必然通过另一项制度创新来实现。为了保障待业(失业)工人的基本生存权利,促进其再就业,计划经济体制下所没有的就业保障这一基本公共服务项目应运而生。就业保障制度的建立,为国有企业裁减冗员、减员增效提供了制度化保障,同时也保障了待业(失业)劳动人员的基本生存权利,有效避免了待业(失业)人员对社会稳定的潜在威胁。

---

① 国家教委:《关于社会力量办学的若干暂行规定》,1987年7月8日。
② 参见姜晓萍、邓寒竹《中国公共服务:30年的制度变迁与发展趋势》,《四川大学学报》(哲学社会科学版)2009年第1期。
③ 在计划经济体制下,受传统社会主义意识形态的影响,失业问题不被决策者承认,名义上不存在失业问题。
④ 景天魁、毕天云、高和荣:《当代中国社会福利思想与制度:从小福利迈向大福利》,中国社会出版社2011年版,第23页。

表 3—5　　　　　　　　1983—1992 年中国合同制工人数　　　　　单位：万人

年份	合计 人数	合计 比重	国有单位 人数	国有单位 比重	城镇集体单位 人数	城镇集体单位 比重	其他单位 人数	其他单位 比重
1983	65	0.6	57	0.6	8	0.3	—	—
1984	209	1.8	174	2.0	32	1.0	3	8.1
1985	409	3.3	332	3.7	72	2.2	5	11.4
1986	624	4.9	524	5.6	92	2.7	8	14.5
1987	873	6.6	735	7.6	125	3.6	13	18.1
1988	1234	9.1	1008	10.1	206	5.8	20	20.7
1989	1468	10.7	1190	11.8	245	7.0	33	25.1
1990	1702	12.1	1372	13.3	287	8.1	43	26.3
1991	1972	14.9	1589	14.9	323	8.9	60	28.0
1992	2541	18.9	2058	18.9	399	11.0	84	29.8

注：1. 各年人数为年末人数；2. 比重由各类单位劳动合同制总人数除以其职工总人数计算所得。

资料来源：郑功成：《中国社会保障论》，中国劳动社会出版社 1994 年版，第 340—341 页。

第三，社会保障事业开始实行社会统筹。城市经济体制改革的深入推进，使经过社会主义改造所建立起来的单一的公有制经济所有制模式逐渐解体，个体经济、私营经济和混合所有制经济逐渐产生，并不断壮大（如表 3—6 所示）。原有以国有企业劳动者为实施主体的社会保险制度远远不能涵盖在新的所有制企业工作的劳动者。[1] 同时，传统企业办社会的社会保障制度使国有企业背上了沉重包袱，难以适应日趋激烈的市场竞争。计划经济时期形成的"国家—单位"社会保障制度逐渐失去其所赖以存在的经济和社会基础，弊端和问题逐渐凸显。[2]

---

[1] 郑功成：《中国社会保障论》，中国劳动社会出版社 1994 年版，第 340—341 页。
[2] 参见王爱文、刘智勇、朱龙翔等《编织社会安全网：中国社会保障制度的昨天、今天和明天》，广西师范大学出版社 1998 年版，第 23 页。

表3—6　　　　1978—1992年中国城镇不同所有制企业
　　　　　　　　　劳动者数量及占比　　　　　　　单位：万人

年份	总数	国有单位	占比（%）	集体单位	占比（%）	其他单位	占比（%）	个体劳动者	占比（%）
1978	9514	7451	78.3	2048	21.5	—	—	15	0.2
1979	9999	7693	76.9	2274	22.8	—	—	32	0.3
1980	10525	8019	76.2	2425	23.0	—	—	81	0.8
1981	11053	8372	75.5	2568	23.3	—	—	113	1.0
1982	11428	8630	75.5	2651	23.2	—	—	147	1.3
1983	11746	8771	74.7	2744	23.3	—	—	231	2.0
1984	12229	8637	70.6	3216	26.3	37	0.3	339	2.8
1985	12808	8990	70.2	3324	26.0	44	0.3	450	3.5
1986	13292	9333	70.2	3421	25.8	55	0.4	483	3.6
1987	13783	9654	70.0	3488	25.4	72	0.5	569	4.1
1988	14267	9984	70.0	3527	24.7	97	0.7	659	4.6
1989	14390	10108	70.3	3502	24.3	132	0.9	648	4.5
1990	14730	10346	70.2	3549	24.1	164	1.1	671	4.6
1991	15268	10664	69.8	3628	23.8	216	1.4	760	5.0
1992	15630	10889	69.6	3621	23.2	282	1.8	838	5.4

资料来源：郑功成：《中国社会保障论》，中国劳动社会出版社1994年版，第339页。

为了使社会保障覆盖更多的劳动者，以减轻国有企业在社会保障中的过重负担，国务院和相关部门开始对计划经济时期以劳保医疗为主要内容的社会保障制度进行社会化改革，其重要举措即为推进社会保障基金的社会统筹。以养老保险为例，1986年国务院颁布的《国营企业实行劳动合同制暂行规定》要求，新招员工全部实行劳动合同制，其养老保险费用实行社会统筹[1]，建立企业、个人和国家三方共同筹资的养老保险

---

[1] 景天魁、毕天云、高和荣：《当代中国社会福利思想与制度：从小福利迈向大福利》，中国社会出版社2011年版，第28页。

基金。① 1991年6月，国务院发布《关于企业职工养老保险制度改革的决定》，规定由劳动部和地方劳动部门负责城镇职工养老保险工作，实行个人缴纳养老保险费、社会统筹养老保险基金为主要内容的筹资模式。② 这一决定的出台，也标志着我国"国家—社会"保障模式开始建立。

在城镇，除教育、社会保障等基本公共服务领域外，公共医疗卫生领域、保障性住房领域也开始了社会化改革的进程。在医疗卫生领域，1985年4月，国务院原则同意卫生部提交的《关于卫生工作若干政策问题的报告》，决定扩大医院自主权，支持社会个体开业行医，改革收费制度，逐步提高医疗费用。③ 1988年11月，卫生部、财政部等部门联合发布《关于扩大医疗卫生服务有关问题的意见》，决定在医疗卫生事业单位"推行各种形式的承包责任制"；允许"从事有偿业务服务"；拉开收费档次；实行"以副补主"，可举办第三产业和小型副业，并将收入的一部分上交卫生主管单位。④ 这一意见的实施加快了医疗卫生事业社会化的步伐，在很大程度上提高了基本医疗卫生服务的供给规模和效率，但一些改革举措也为此后我国基本医疗卫生服务过度市场化埋下了隐患。与其他公共服务领域一样，在经济体制转型过程中，我国原有的国家福利分房制度也逐渐瓦解。⑤ 早在1980年6月，中共中央、国务院批转的国家建委党组《全国基本建设工作会议汇报提纲》开始"准许私人建房、私人买房、准许私人拥有自己的住宅"，由此开启了住房商品化政策。⑥ 1988年2月，国务院在《关于在全国城镇分期分批推行住房改革实施方案》中提出了中国第一个房改总体方案。方案指出住房制度改革是市场

---

① 企业筹资比例为工人工资总额的15%，个人筹资比例不超过本人标准工资的3%。参见王爱文、刘智勇、朱龙翔等《编织社会安全网：中国社会保障制度的昨天、今天和明天》，广西师范大学出版社1998年版，第27页。

② 景天魁、毕天云、高和荣：《当代中国社会福利思想与制度：从小福利迈向大福利》，中国社会出版社2011年版，第28页。

③ 国务院：《国务院转批卫生部关于卫生工作改革若干政策问题的报告的通知》，1985年4月25日。

④ 卫生部、财政部、人事部、国家物价局、国家税务局：《关于扩大医疗卫生服务有关问题的意见》，1988年11月9日。

⑤ 景天魁、毕天云、高和荣：《当代中国社会福利思想与制度：从小福利迈向大福利》，中国社会出版社2011年版，第28页。

⑥ 同上书，第24页。

经济体制改革的重要组成部分，提出要实现住房商品化，从而既解决城镇住房问题，又推动房地产、建筑业和建材工业的发展。① 1991 年 6 月，国务院下发《关于继续积极稳妥地进行城镇住房制度改革的通知》，进一步强调要发展市场化的房地产产业。② 同年 12 月，国务院转批《关于全面推进城镇住房制度改革的意见》，明确了住房制度改革的总体目标，提出了国家、集体、个人共同筹资建房的基本原则，逐步"实现住房商品化，发展房地产业"。③

这一时期，新中国成立初期所形成的城乡基本公共服务供给的二元体制继续延续。农村基本公共服务供给受城市优先、工业优先发展战略影响，仍然没有得到应有的重视，除了农村五保户供养制度得到有效恢复和发展外，其他基本公共服务供给状况并未得到有效改善，部分基本公共服务甚至走向衰退。如从公共医疗卫生领域来看，随着农村家庭联产承包责任制的确立，人民公社化时期所建立的农村合作医疗因失去经济基础和组织基础而逐渐走向式微。据统计，1989 年农村合作医疗覆盖率已从 1976 年的 90% 左右下降到 4.8%。④ 随着城市养老保险制度的发展和农村老龄化问题的显现，1987 年农村养老保险制度开始进行试点工作。⑤ 1992 年出台的《县级农村社会养老保险基本方案（试行）》，虽然奠定了"老农保"的基本制度框架，但与城镇社会统筹的筹资方式不同，其采用的是个人缴费的方式。国家和社会责任的缺失，在很大程度上限制了农村养老保险制度的发展。

从教育、就业保障制度、社会保障和住房制度等领域的改革来看，这一时期城镇基本公共服务体制的变迁主要是适应经济体制改革的新要求，在很大程度上都是服务于国有企业改革，而在有计划的商品经济发展过程中，基本公共服务改革的趋势也是市场化和社会化。通过市场化

---

① 参见《国务院关于印发在全国城镇分期分批推行住房制度改革实施方案的通知》，1988 年 2 月 25 日。
② 参见《国务院关于继续积极稳妥地进行城镇住房制度改革的通知》，1991 年 6 月 7 日。
③ 国务院住房制度改革领导小组：《关于全面推进城镇住房制度改革的意见》，1991 年 12 月 31 日。
④ 董克用：《中国经济改革 30 年（社会保障卷）》，重庆大学出版社 2008 年版，第 24 页。
⑤ 同上书，第 71 页。

和社会化改革，计划经济体制下国家对基本公共服务的垄断局面逐渐被打破，基本公共服务供给的规模、效率和质量都有明显提高，广大民众对基本公共服务的多样化需求的满足程度也逐步得到了提高。但基本公共服务供给领域采用的"简政放权""鼓励创收"等类似国有企业改革的激励措施[①]，使各类公共服务供给单位的创收动力不断强化，导致政府基本公共服务供给职能发生偏向甚至异化，为各类社会问题的凸显埋下了隐患。

二 1993—2002 年基本公共服务供给与社会转型的互动

20 世纪 80 年代末，受政治风波、经济动荡等多种因素的影响，中国改革开放开始出现"迈不开步子，不敢闯"[②]的突出问题，中国社会现代化转型又一次处于十字路口。这一突出问题的要害在于意识形态领域关于姓"社"姓"资"的争论问题。[③] 针对意识形态领域的争论，特别是对市场经济的非议，邓小平同志在南方谈话中打破了"社会主义等于计划经济、资本主义等于市场经济"等传统思维的禁锢，旗帜鲜明地提出了社会主义本质理论[④]，从而超越了意识形态的争论，为我国社会主义市场经济体制的建立和完善提供了思想理论指导与支撑。1992 年，党的十四大明确提出："我国经济体制改革的目标是建立社会主义市场经济体制。"[⑤] 这意味着我国发展战略的又一次转型，即"从发展计划经济转向发展社会主义市场经济"。[⑥] 社会主义市场经济体制的建立和完善，必然带来经济结构、分配方式、政府职能、财政体制等诸多方面的体制与机

[①] 伏玉林：《事业单位改革：公共服务提供与生产的民营化》，《学术月刊》2007 年第 1 期。

[②] 《邓小平文选》第 3 卷，人民出版社 1993 年版，第 372 页。

[③] 邓小平同志在南方谈话中指出："改革开放迈不开步子，不敢闯，说来说去就是怕资本主义的东西多了，走了资本主义道路。要害是姓'资'还是姓'社'的问题。"参见《在武昌、深圳、珠海、上海等地的谈话要点》，载《邓小平文选》第 3 卷，人民出版社 1993 年版，第 372 页。

[④] 参见《邓小平文选》第 3 卷，人民出版社 1993 年版，第 373 页。

[⑤] 参见中共中央文献研究室《十四大以来重要文献选编》（上），人民出版社 1996 年版，第 20 页。

[⑥] 周天勇等：《中国行政体制改革 30 年》，格致出版社、上海人民出版社 2008 年版，第 93 页。

制改革，从而必然影响基本公共服务的需求与供给。从总体上看，这一时期我国基本公共服务的总体变革趋势为市场化与社会化。在经济建设为中心的发展战略思想的指导下，受以 GDP 为中心的考核评价体系等诸多因素的影响，经济建设职能成为政府职能体系的核心，各级政府特别是地方政府成为经济成长的重要推动力。① 由此导致政府的公共服务职能在很大程度上成为政府经济职能的附属职能，其突出表现即为：大多数社会保障项目的改革与调整，都是服务于国有企业改革的深化。② 在市场化与社会化趋势下，中央政府与地方政府事权与财权的调整，也在很大程度上决定了这一时期我国基本公共服务供给体制的变迁路径。因此，本部分内容主要从市场化与社会化③、国有企业改革和分税制改革等三个方面，探讨我国基本公共服务体制转变与社会转型的互动关系。

（一）基本公共服务供给市场化与社会化的加速推进

随着我国改革开放的逐步推进，特别是社会主义市场经济体制的逐步确立，教育、医疗卫生、保障性住房等基本公共服务领域的市场化改革也逐渐拉开帷幕，并呈现加速推进之势。

1. 教育事业的市场化与社会化

20 世纪 80 年代末以来，教育与市场经济改革的关系，一直是社会各界讨论的热点问题。20 世纪 90 年代中期，特别是在 1997 年亚洲金融危机之后，无论是在基础教育领域，还是在中、高等教育领域，教育事业的市场化与社会化进程显著加快，并形成了形式多样的市场化与社会化模式，主要包括民办学校（院）、中外合资办学、股份制办学、公立学校转制、民办公助，以及个人独资办学等模式。以高等教育为例，2002 年前后，全国民办高校达 1200 多所，招收各类学生达 120 余万人。④ 同时，受政府教育经费投入不足和全球教育事业市场化浪潮的影响，无论是义

---

① 周天勇等：《中国行政体制改革 30 年》，格致出版社、上海人民出版社 2008 年版，第 68—83 页。

② 参见宋晓梧《从"为国企改革配套"到公共服务均等化》，《中国社会保障》2008 年第 6 期。

③ 关于市场化和社会化，无论是决策层还是理论界都存在不同的理解，但一般而言主要指在公共服务领域引入市场和社会力量，从而打破政府在公共服务供给中的垄断地位。

④ 参见张应强《体制创新与建设高水平民办大学》，《高等教育研究》2002 年第 7 期。

务教育还是非义务教育阶段收费也逐渐攀升（如图3—4所示），高等教育则从1997年起，开始全面收费，使学费收入占高校经费支出的比例不断上升[①]，教育经费结构发生了显著变化（如表3—7所示），政府投资比例逐渐下降，社会投资比例逐渐增大，教育经费来源逐渐多元化。[②] 由此导致教育类支出占城乡居民家庭支出的比例不断加大，给家庭经济困难学生的学习与生活带来了沉重负担，使"上不起学"的问题逐渐凸显。

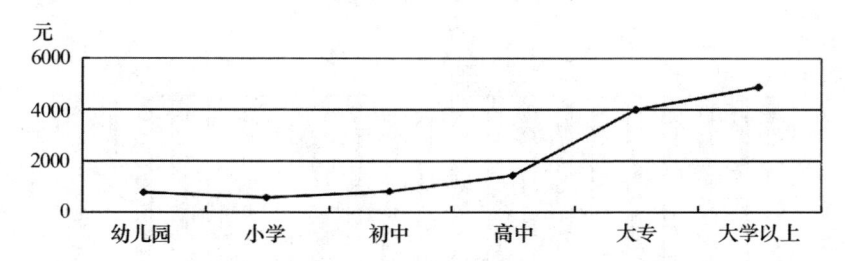

图3—4　2000年城市家庭学生不同教育阶段的学杂费支出

注：以上费用不包括学生的生活费。

资料来源：《中国信息报》2000年2月15日，转引自于秀丽《排斥与包容：转型期的城市贫困救助政策》，商务印书馆2009年版，第96页。

表3—7　　1990年、1995年、2000年中国教育经费投入结构对比　单位：亿元

		1990年	1995年	2000年
教育经费总投入		671（100）	1918（100）	3849（100）
财政性投入	总额	569（84.8）	1427（74.4）	2563（66.6）
	政府拨款	426（63.5）	1028（53.6）	2086（54.2）
	教育税费	65（9.7）	198（10.3）	284（7.4）
非财政性投入	总额	102（15.2）	491（25.6）	1287（33.4）
	学杂费	31（4.6）	212（11.1）	595（15.5）

注：表中括号内数据为此项经费占教育经费总投入的百分比。

资料来源：胡瑞文、陈国良：《中国高教筹资多元化：成就、挑战、展望》，《教育发展研究》2001年第7期。

[①] 参见卢乃桂、操太圣《中国改革情境中的全球化：中国高等教育市场化现象透析》，《北京大学教育评论》2003年第1期。

[②] 参见胡瑞文、陈国良《中国高教筹资多元化：成就、挑战、展望》，《教育发展研究》2001年第7期。

2. 公共医疗卫生事业的市场化与社会化

随着我国市场经济改革的深入，我国公共医疗卫生事业也逐步走向"商业化与市场化"[①]，市场竞争机制逐渐成为公共医疗卫生事业发展的主导机制[②]，公共医疗卫生服务逐渐成为"私人消费品"[③]，个人现金卫生支出占政府、社会与个人卫生支出总和的比例逐渐上升（如图3—5所示），其可及性越来越取决于社会个体的购买能力。

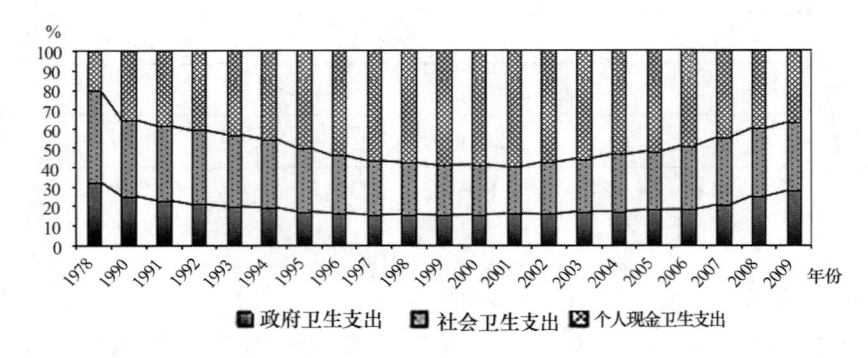

图3—5　1978—2009年中国政府、社会、个人现金卫生支出构成图

资料来源：1. 赵郁馨、谢小平、翟铁民：《2007年中国卫生总费用分析与预测》，《中国卫生经济》2009年第4期。2. 翟铁民、王从从、郭峰等：《2009年中国卫生总费用测算结果与分析》，《中国卫生经济》2011年第4期。

从公共医疗卫生事业主管部门的政策导向来看，其主要目标追求是推进医疗卫生机构的所有制结构的多元化，促进公共医疗卫生事业的市场化与商业化。这在1992年和2000年分别出台的《关于深化卫生改革的几点意见》和《关于城镇医药卫生体制改革的指导意见》两个文件中可

---

① 国务院发展研究中心课题组：《对中国医疗卫生体制改革的评价与建议》，《中国发展评论》（中文版）第7卷第S1期。

② 如决策部门的文件的关键词往往是"市场主导""激励""竞争""个人责任"，充分体现了市场竞争原则。参见王绍光《政策导向、汲取能力与卫生公平》，《中国社会科学》2005年第6期。

③ 国务院发展研究中心课题组：《对中国医疗卫生体制改革的评价与建议》，《中国发展评论》（中文版）第7卷第S1期。

以得到集中反映。① 这两个文件的实施，为公共医疗卫生事业的市场化改革提供了指导性原则和政策依据，加速了公共医疗卫生事业的市场化与社会化进程。从公共医疗卫生供给的角度来看，政府的主导作用逐渐由市场所取代，医疗供给机构的市场化水平不断提升。政府公共卫生投入占卫生总费用的比例逐年下降（如图3—6所示），政府公共卫生事业投入经费占GDP的比重，不仅低于发达国家，"甚至低于大多数发展中国家"（如图3—7所示）。② 同时政府在公共医疗保险方面也缺乏必要的重视和努力（如表3—8所示），从而不利于缓解民众的医疗支出压力。正是基于此，一些学者从政府责任的角度，将此轮公共医疗卫生事业的市场化改革，形象地称为"'甩包袱'式的市场化改革"③，并从政策范式角度将这一时期的公共卫生政策称为"市场化"范式。④ 从市场的角度来看，各种资本进入和退出公共医疗卫生服务领域的门槛较低，医疗卫生服务机构的管理方式企业化程度高，医疗服务价格形成机制的市场化程度高，不同医疗机构之间的关系逐渐从传统的合作关系演变为竞争关系。⑤ 医疗服务机构也逐渐以利润最大化为目标，逐渐将其发展重心集中在高服务价格的医疗服务项目上，并通过高价药和高收费检查项目来增加收入⑥，从而背离了公共医疗卫生事业的价值目标。与治疗和住院成本

---

① 1992年出台的《关于深化卫生改革的几点意见》指出："鼓励采取部门和企业投资、单位自筹、个人集资、银行贷款、社团捐赠、建立基金等多种形式，多渠道筹集社会资金，用于卫生建设。卫生医疗单位应积极兴办医疗卫生延伸服务的工副业或其他产业，以工助医，'以副补主'。"参见卫生部《关于深化卫生改革的几点意见》；2000年颁布的《关于城镇医药卫生体制改革指导意见的通知》将医疗机构分为非营利和营利性机构，并指出："营利性医疗机构医疗服务价格放开，依法自主经营，照章纳税。"参见国务院办公厅《国务院办公厅转发国务院体改办等部门关于城镇医药卫生体制改革指导意见的通知》。

② 王绍光：《政策导向、汲取能力与卫生公平》，《中国社会科学》2005年第6期。

③ 王延中、冯立果：《中国医疗卫生改革何处去——"甩包袱"式市场化改革的资源集聚效应与改进》，《中国工业经济》2007年第8期。

④ 曹琦、崔兆涵：《我国卫生政策范式演变和新趋势：基于政策文本的分析》，《中国行政管理》2018年第9期。

⑤ 参见国务院发展研究中心课题组《对中国医疗卫生体制改革的评价与建议》，《中国发展评论》（中文版）第7卷第S1期。

⑥ K. Eggleston, W. Yip. *Hospital Competition under Regulated Prices: Application to Urban Health Sector Reforms in China*, International Journal of Health Care Finance and Economics, Vol. 4, No. 4, 2004, pp. 343 – 368.

快速上升相对照的是城镇居民收入增幅的相对缓慢,如 1989—2003 年,我国城镇居民医疗成本增长 12 倍,而收入仅增长 6.72 倍①,远低于前者的增幅,导致医疗支出占居民家庭支出的比例不断增加,使多数社会成员的医疗卫生需求"出于经济原因难以得到满足,贫困阶层则连最基本的医疗卫生服务都享受不到"②。

总之,公共医疗卫生事业的市场化与社会化改革,在很大程度上打破了政府在公共医疗卫生服务供给中的垄断地位,但由于在市场化与社会化改革过程中政府职能的严重缺位,我国公共医疗卫生事业的宏观效率和公平性都出现了下降的态势,使广大民众"看病贵、看病难"的矛盾日益突出,从而对经济社会发展产生了一系列不良后果,进而不利于我国社会的合意性转型。

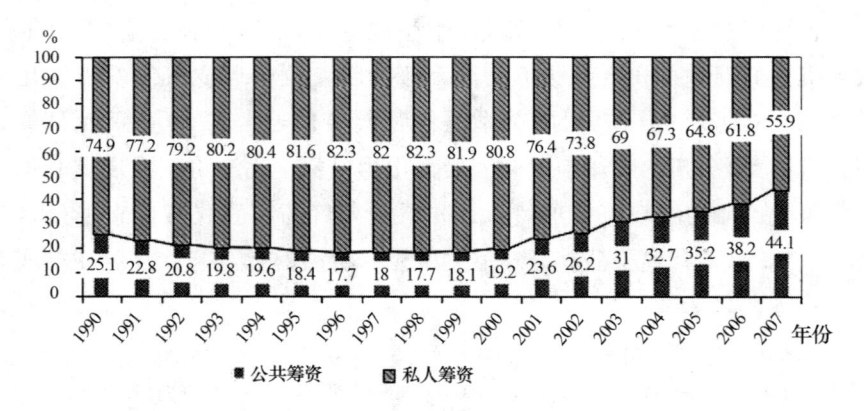

图 3—6　1990—2007 年中国卫生总费用中公共筹资与私人筹资占比图

资料来源:顾昕:《公共财政转型与政府卫生筹资责任的回归》,《中国社会科学》2010 年第 2 期。

表 3—8　　　1993—2003 年中国城镇各类医疗保险覆盖率的变化　　　单位:%

	1993 年	1998 年	2003 年	1993—2003 年的变化
1. 个人账户 + 社会统筹	—	—	30.4	30.4

---

① 王绍光:《政策导向、汲取能力与卫生公平》,《中国社会科学》2005 年第 6 期。
② 国务院发展研究中心课题组:《对中国医疗卫生体制改革的评价与建议》,《中国发展评论》(中文版)第 7 卷第 S1 期。

续表

	1993 年	1998 年	2003 年	1993—2003 年的变化
2. 公费医疗	18.2	16	4	-14.2
3. 劳保医疗	35.3	22.9	4.6	-30.7
4. 合作医疗	1.6	2.7	6.6	5.0
5. 其他社会保险	17.4	10.9	4	-13.4
6. 商业保险	0.3	3.3	5.6	5.3
7. 无保险	27.3	44.1	44.8	17.5
有社会保险（1-5）	72.4	52.6	49.6	-22.8
无社会保险（6-7）	27.6	47.4	50.4	22.8

资料来源：卫生部卫生统计信息中心：《中国卫生服务调查：第三次国家卫生服务调查分析报告》，中国协和医科大学出版社 2004 年版，第 16 页。

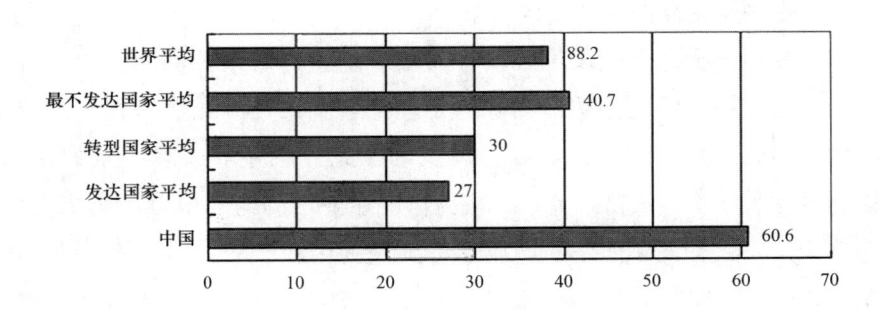

国家	比重
世界平均	88.2
最不发达国家平均	40.7
转型国家平均	30
发达国家平均	27
中国	60.6

图 3—7　2002 年世界各国居民个人医疗卫生支出占医疗卫生总支出的比重（%）

资料来源：赵青平、赵素梅：《忧患中国公共卫生体系》，《数据》2005 年第 8 期。

（二）国有企业改革与基本公共服务供给

推进国有企业改革，是建立完善我国社会主义市场经济体制的内在要求。[①] 20 世纪 90 年代以来，我国国有企业改革逐步进入攻坚阶段。[②] 1993 年，党的十四届三中全会在《关于建立社会主义市场经济体制若干问题的决定》中，明确了国有企业改革的目标和方向，即"转换国有企

---

① 白重恩、路江涌、陶志刚：《国有企业改制效果的实证研究》，《经济研究》2006 年第 8 期。
② 黄海嵩：《中国国有企业改革问题研究》，中国经济出版社 2007 年版，第 2 页。

业经营机制,建立现代企业制度"。国有企业改革不仅有利于提高我国经济效率、增强我国经济发展活力,而且有利于巩固公有制的主体地位。但国有企业改革不仅涉及企业经营理念、管理方式的转变,而且涉及改变传统企业办社会、裁减企业冗员、促进再就业,以及保障下岗职工基本合法权益等多方面的问题。这些问题在本质上是企业和职工的利益问题。如果不能构建解决上述问题的长效机制,合理有效解决国有企业改革中的利益冲突与矛盾问题,国有企业改革便可能因重重阻力而难以深入。具体而言,主要体现在以下方面:

一是国有企业改革必须改变计划经济体制下企业办社会的格局。在传统计划经济体制下,企业几乎包揽了职工的养老保险、医疗保险和住房等福利项目,致使国有企业负担过重,从而难以以平等身份参与市场竞争,不利于提高国有企业的竞争力。

二是推进国有企业改革必须有效裁减企业的富余劳动力,构建有效的劳动力市场,促进劳动力资源的合理配置。在计划经济时代,因技术与管理落后、指令性用人制度,以及确保充分就业等诸多因素的影响,国有企业吸纳了大量富余人员,成为影响企业活力与竞争力的重要因素。为改变这一状态,必须按照市场经济发展的内在要求,对国有企业的富余人员进行裁减,并逐步构建有效的人力资本流通市场,使劳动力在国有企业和非公有制企业之间实现自由流动。对此,江泽民同志曾指出,"要确保国有企业这一改革目标的顺利实现,必须努力解决企业富余人员过多的问题","对企业实行减员增效、下岗分流,就是其中一项重要措施"。[①]

三是国有企业改革必须妥善解决下岗分流职工的基本民生问题,有效维护其基本生存和发展权利。就业是民生之本。大量下岗职工如果不能重新就业或享有基本生活保障,不仅不利于充分发挥我国的劳动力资源优势,促进我国经济社会持续发展,还容易引发诸多社会矛盾和冲突,不利于社会的稳定发展。1995—2003年,4380万职工在国有企业改革过

---

① 中共中央文献研究室:《十五大以来重要文献选编》,人民出版社2000年版,第357—371页。

程中被分流下岗。① 如果不能解决好其基本生活保障和再就业工作，必然影响国有企业改革的成效，影响"改革、发展、稳定的大局"。② 综观上述关于国有企业改革过程中必须有效解决的突出问题，归结到一点就是必须根据国有企业改革的内在要求，建立和完善与之相适应的以社会保障为核心内容的基本公共服务体系。

为适应国有企业改革对基本公共服务供给的新要求，我国基本公共服务供给体系进行了一系列重大调整，主要表现在以下方面：

一是城镇居民最低生活保障制度的建立和完善。随着国有企业改革的推进，下岗分流人员日益增多。据统计，1997年年末有1270万下岗工人，1998年年底有877万，1999年年终有937万，2000年年底有911万人。③ 这些下岗人员大多数为年龄较高、文化水平较低的人员，其再就业难度较高，下岗之后便失去了稳定的收入来源，且与就业相联系的社会保障权利一并失去，其基本生存与发展权利受到了严重威胁。在这一背景下，为有效保障下岗职工的基本生活与发展权利，城镇居民最低生活保障制度应运而生。④ 1993年5月和10月，上海和厦门相继颁布《关于本市城镇居民最低生活保障线的通知》和《厦门市城市居民最低生活保障暂行办法》，地方性的最低生活保障制度开始运行。上海、厦门等地最低生活保障制度的实践，推动了全国性最低生活保障制度的出台，并为其提供了地方性政策经验。1997年9月，国务院颁布《关于在全国建立城市居民最低生活保障制度的通知》，对城市居民最低生活保障制度的实施对象、资金来源、发放标准、管理方式等内容进行了具体规定，明确规定了政府应承担的财政支出责任，并要求于1998年和1999年年底分别在地级以上城市、县级市和县政府所在地的镇逐步建立起这项制度。⑤ 此后，中央政府及其下辖部门先后出台多项法规和制度（如表3—9所示），

---

① Ross Garnaut, Ligang Song, Yang Yao. Impact and Significance of State-owned Enterprise Restructuring in China. China Journal, Issue55: 35 – 66.
② 中共中央文献研究室：《十五大以来重要文献选编》，人民出版社2000年版，第357—371页。
③ 于秀丽：《排斥与包容：转型期的城市贫困救助政策》，商务印书馆2009年版，第103页。
④ 参见景天魁、毕天云、高和荣等《当代中国社会福利思想与制度》，中国社会出版社2011年版，第32页。
⑤ 参见国务院《关于在全国建立城市居民最低生活保障制度的通知》。

对城市居民最低生活保障制度进行了完善,逐渐构筑了"城镇社会保障体系的'最后一道安全网'"。①

表3—9　　　1999—2001年中央政府出台的城市最低社会生活保障法规与制度

日期	颁布部门	制度(文件)名	主要内容
1999年9月	国务院	《城市居民最低生活保障条例》	1. 享有城镇低保人员的基本条件和保障标准 2. 城镇最低生活保障的资金来源、管理监督与工作程序 3. 对工作人员和保障对象的要求及法律责任
2000年1月	民政部	《关于深入贯彻〈城市居民最低生活保障条例〉进一步规范完善城镇居民最低生活保障制度的通知》	1. 切实解决应保未保问题 2. 完善社会救济工作组织机构,加强基层工作;提高管理水平 3. 加强与其他社会保障项目的衔接
2000年12月	国务院	《关于印发完善城镇社会保障体系试点方案的通知》	1. 推动国有企业下岗职工基本生活保障向失业保险并轨 2. 城市居民最低生活保障所需资金,由地方各级人民政府列入财政预算,专户管理,专款专用
2001年11月	国务院	《关于进一步加强城市居民最低生活保障工作的通知》	1. 认真贯彻属地管理原则,尽快把所有符合条件的城市贫困人口纳入最低生活保障范围 2. 明确中央政府和地方政府的财政责任

资料来源:根据相关文件整理。

二是就业保障制度的改革。针对国有企业改革中大量职工分流下岗的现实问题,为完善"国有企业的劳动制度,保障待业职工的基本生

---

① 参见景天魁、毕天云、高和荣等《当代中国社会福利思想与制度》,中国社会出版社2011年版,第46页。

活"①，1993年4月，国务院颁布《国有企业职工待业保险规定》，对待业职工的范围、待业保险基金的筹集和管理、使用等内容做出了明确规定②，成为国有企业改革的重要配套环节。③ 1999年，为弥补《国有企业职工待业保险规定》的不足，国务院颁布了《失业保险条例》，使失业保险有了明确的法律规定。《失业保险条例》首次以"失业保险"取代了"待业保险"的提法，将失业保险的范围扩大到了包括国有企业职工在内的所有类型企业及事业单位职工；确定了失业保险的保障标准并明确了失业保险实行市级统筹的原则④，奠定了我国现行失业保险制度的基本框架。与此同时，劳动部还在借鉴英国"就业重振"项目经验的基础上，推出了"再就业工程"，并于1995年在全国范围内实施。⑤ 这一工程是帮助国有企业妥善安置富余劳动力、有效促进下岗职工再就业的新型基本公共服务项目。⑥ 1998年6月、2002年9月，国务院分别颁布《关于切实做好国有企业下岗职工基本生活保障和再就业工作的通知》和《关于进一步做好下岗失业人员再就业的通知》，进一步推动了就业公共服务制度的完善。

三是基本医疗保障和养老保险制度的改革。随着国有企业改革的推进，为改变计划经济体制下企业办社会的格局，巩固和扩大国有企业改革成果，我国开始对基本医疗保障和养老保险制度进行新一轮改革。从医疗保障制度改革来看，1994年，国家体改委、财政部、卫生部等部门出台《关于职工医疗制度改革的试点意见》，并选取江苏镇江和江西九江两市进行试点（简称"两江"试点）。经过一年多的试点，国务院肯定了

---

① 国务院：《国有企业职工待业保险规定》。
② 参见国务院《国有企业职工待业保险规定》。
③ 参见景天魁、毕天云、高和荣等《当代中国社会福利思想与制度》，中国社会出版社2011年版，第27页。
④ 参见国务院《失业保险条例》；另见郑功成《中国社会保障30年》，人民出版社2008年版，第259—261页；景天魁、毕天云、高和荣等《当代中国社会福利思想与制度》，中国社会出版社2011年版，第39页。
⑤ 参见景天魁、毕天云、高和荣等《当代中国社会福利思想与制度》，中国社会出版社2011年版，第27页。
⑥ 参见胡晓义《走向和谐：中国社会保障制度发展60年》，中国劳动社会保障出版社2009年版，第262页。

"两江"试点成果,并于 1996 年 5 月转发《关于职工医疗保障制度改革扩大试点的意见》,将统账结合的医疗保险制度推向全国。① 此后,国务院、劳动和社会保障部分别于 1998 年 12 月和 2002 年 8 月,颁布了《关于建立城镇职工基本医疗保险制度的决定》和《关于进一步做好扩大城镇职工基本医疗保险个人账户管理的通知》,进一步推动了统账结合的医疗保险制度的完善。从养老保险制度来看,1995 年,国务院在《关于企业职工养老保险制度改革的决定》的基础上出台《关于深化企业职工养老保险制度改革的通知》,进一步完善了社会统筹与个人账户相结合的养老保险模式。1997 年 7 月、2000 年 12 月国务院先后颁布《关于建立统一的企业职工基本养老保险制度的决定》和《关于完善城镇社会保障体系的试点方案》,对个人与企业的养老保险缴费比例、个人账户规模和养老金计发办法进行了明确规定,使"企业职工养老保险制度向着做实个人账户的方向改革"②,大大减轻了国有企业在职工养老保险方面的负担,有效增强了企业活力。

(三) 分税制改革与基层政府基本公共服务供给能力的变化

一国的财政制度安排,关乎一国的财政汲取能力,直接关乎其国家能力③,而强大的国家能力是影响一国公共服务供给的核心要素。④ 1980—1993 年,为适应我国经济体制改革的需要,我国先后实行了"利改税"和"分权包干"的财税体制。⑤ 在这一财税体制下,中央财政实力十分弱小,财税收入呈现出"弱中央强地方"的基本格局。根据财政部 1993 年初的统计,当时政府收入占国内生产总值之比例,已经由 1978 年的 34% 降至 15%。⑥ 中央政府财政汲取能力的下降,意味着中国国家能力的下降,意味着中央政府推进市场经济体制改革、促进现代化建设

---

① 参见景天魁、毕天云、高和荣等《当代中国社会福利思想与制度》,中国社会出版社 2011 年版,第 30 页。

② 同上书,第 41 页。

③ 参见王绍光、胡鞍钢《中国国家能力报告》,辽宁人民出版社 1993 年版,第 2 页。

④ Meckling Jonas, Nahm Jonas. The power of process: State capacity and climate policy. Governance. 2018, Vol. 31, pp. 741–757.

⑤ 参见王玉华、李森《基层政府公共服务能力研究——基于完善省以下财政体制的视角》,中国财政经济出版社 2010 年版,第 80—82 页。

⑥ 参见王绍光、胡鞍钢《中国国家能力报告》,辽宁人民出版社 1993 年版,第 2 页。

的能力的弱化。① 在这一背景下,1994 年,分税制财政体制作为市场经济国家财政体制的典范,开始在中国实行。分税制的主要特征是"分税、分征、分管"。② 经过分税制改革,中央政府和地方政府的财权与事权被重新划定,即二者分别用各自的税收管理其应管之事。在分税制体制下,所有税源被分为中央税、地方税和共享税,中央政府控制了大量优质税源,财权的增加使其财力大为增加,但事权并没有相应增加,相反,上级政府利用其权力位阶的优势,将事权层层下移,导致县乡政府的事权日益增多,从而导致事权与财权(财力)的失衡(如图 3—8、图 3—9 所示)。③ 国务院发展研究中心的报告显示,1994—2002 年,我国中央政府财政收入占财政总收入的比例,平均达到 52%,地方政府的比例为 48%;与此形成鲜明对照的是,中央政府的事权平均仅为 30%,地方政府则高达 70%。④ 就基本公共服务而言,财权(财力)与事权匹配、地区间基本公共服务支出能力均等是基本公共服务持续和均等化供给的重要基础。⑤ 但分税制财政体制使基本公共服务供给面临两大困境:

一是在财权与事权配置方面出现了财权重心上移、事权重心下移的逆向配置趋势,地方政府特别是县乡政府,过多地承担了具有显著外部性的基础教育、公共医疗卫生、基本社会保障等公共服务的支出责任。如许多市县政府承担了几乎 100% 的社会保障支出责任,县乡两级政府在基础教育和公共医疗卫生事业中的支出分别高达 70% 和 60% 左右。⑥ 但在财力约束条件下,地方政府要么无力兴办基本公共服务事业,造成基本公共服务事业的严重滞后;要么大举债务或依靠土地财政等方式兴办

---

① 参见王绍光、胡鞍钢《中国国家能力报告》,辽宁人民出版社 1993 年版,第 2—4 页。
② 侯一麟:《政府职能、事权事责与财权财力:1978 年以来我国财政体制改革中财权事权划分的理论分析》,《公共行政评论》2009 年第 2 期。
③ 梁朋、周天勇:《解决中央和地方事权与财权失衡的理性探索》,《地方财政研究》2004 年第 1 期。
④ 宋立:《我国公共服务供给中各级政府事权财权配置改革研究》,《经济研究参考》2005 年第 25 期;另见樊继达《非对称性分权、财政转移支付与公共服务均等化》,《国家行政学院学报》2007 年第 6 期。
⑤ 谢芬、肖育才:《财政分权、地方政府行为与基本公共服务均等化》,《财政研究》2013 年第 11 期。
⑥ 胡志平:《中国农村公共服务非均衡供给的政治经济学分析》,博士学位论文,复旦大学,2010 年,第 194 页。

基本公共服务事业，从而严重影响经济社会的健康发展，造成基层政府特别是经济社会落后地区的基层政府的公共服务能力十分低下。

二是经济社会发展的不平衡和转移支付制度的不足造成地区间基本公共服务财政支出能力的巨大差异，使转移支付制度促进基本公共服务均等化的作用难以发挥，甚至发挥逆向调节作用[①]，从而造成城乡、东中西部之间基本公共服务供给水平的巨大差异，严重制约了基本公共服务的均等化。

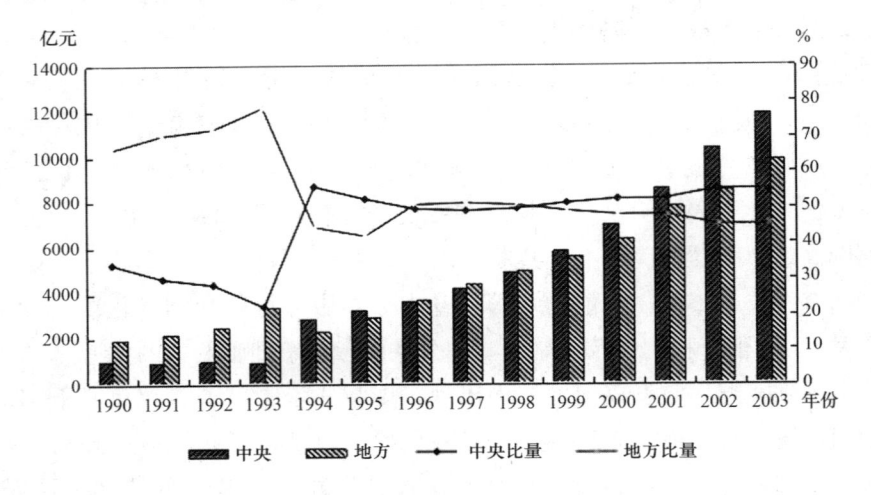

图3—8　1990—2003年中国中央与地方政府财政收入及其比重

资料来源：根据历年统计年鉴整理。

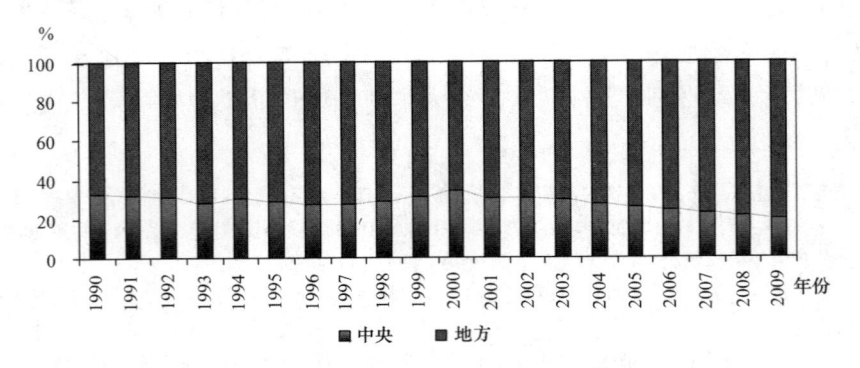

图3—9　1990—2009年中国中央与地方政府财政支出比重

资料来源：根据历年统计年鉴整理。

---

① 参见郑垚、孙玉栋《转移支付、地方财政自给能力与基本公共服务供给——基于省级面板数据的门槛效应分析》，《经济问题探索》2018年第8期。

三 对1979—2002年中国基本公共服务供给与社会转型互动共进的反思

1979年以来,由改革开放所驱动的我国社会转型,无论广度,还是在深度上都超越了之前各阶段的社会转型。在"以经济建设为中心"的发展战略的统领下,我国社会转型形成了以市场化为主线和核心动力,全球化、城市化、民主化与信息化相互交织、相互促进的格局。在社会发生深刻转型的背景下,基本公共服务体制也必然随之发生重大变迁,以适应社会转型的内在要求,并为社会转型提供必要的支撑作用。从总体上看,1979—2002年,我国基本公共服务体制变迁较好地适应了我国社会转型的内在要求,这一时期所建立诸多具体领域的基本公共服务体系,为当前我国这些领域的基本公共服务项目奠定了基础性制度框架。诸多公共服务项目的建立和完善,为这一时期我国社会的合意性转型提供了重要保障。特别是以社会保障为核心内容的基本公共服务体系的建立和完善,在推进国有企业改革,推动我国市场经济体制的完善方面,发挥了重要作用。从基本公共服务供给的总体发展趋势来看,随着我国市场经济体制和行政管理体制改革的深入,计划经济时期基本公共服务体制日益失去了其赖以存在的经济与行政组织基础,同时受国际社会特别是西方发达国家基本公共服务改革思潮和运动的影响,我国基本公共服务供给也进行了深刻的市场化、社会化改革,使政府在基本公共服务供给中的垄断格局逐渐被打破,在一定程度上提升了公共服务供给的效率,并满足了民众对公共服务的多样化需求。在充分肯定这一时期我国基本公共服务体制变迁对社会转型的正向功能的同时,也必须深入审视此阶段基本公共服务体制变迁与社会转型互动过程中的问题与不足。

第一,基本公共服务的市场化社会化改革必须与社会保护机制建设相协调。卡尔·波兰尼认为,市场和社会之间存在着巨大的张力。如果按照亚当·斯密等古典经济学家的设想,完全实现市场这一看不见的手的自发调节,必然对社会造成毁灭性破坏。19世纪以来的人类发展历史总是被"一种双向运动支配着",即处于市场的扩张和与之反向的社会保护运动过程之中,并通过社会保护运动"把市场的扩张控制在某种确定方向上"。① 基本公共服务供给在保障广大民众的基本生存与发展方面具有托底作用，是现代市场经济条件下政府的基本职能，是一个社会的基础性保护机制。因此，基本公共服务供给的市场化与社会化改革，必须以更好地发挥其社会保护性功能为前提和归宿，任何背离这一前提和旨归的改革，都必然对经济社会的发展造成极大的负面影响。改革开放以来，特别是1992年党的十四大以来，我国加快了从计划经济体制向市场经济体制转型的速度，整个国家的市场化程度与水平不断提高。在市场化转型的大背景下，特别是在1997年亚洲金融危机的冲击下，为了扩大国内消费，我国教育、公共医疗卫生、保障性住房等基本公共服务领域也加快了市场化改革的步伐。经过一段时期的改革，住房领域基本走上完全市场化道路，教育事业走上了产业化与社会化道路，公共医疗卫生事业走上了商业化和市场化道路。基本公共服务的市场化与社会化供给，虽然在一定程度上提高了供给效率，但由于市场和社会本身的内在缺陷②，以及对基本公共服务供给内在规律的违背，造成一些基本公共服务事业改革在总体上讲是"不成功的"。③ 改革不成功的重要表现就是基本公共服务的"商品化"，使财富占有量而非民众的基本政治与社会权利成为决定民众基本公共服务获取量的核心因素，导致普通民众"住不起房、看不起病、上不起学"，基本公共服务的社会保护功能难以发挥。

第二，政府基本职能的履行与基本公共服务的市场化、社会化改革必须实现有机协调。基本公共服务供给是现代政府的基本职能。政府基本公共服务职能的有效发挥，既是保障广大民众基本政治与社会权利的需要，也是夯实政府合法性基础的需要，由此决定了政府在基本公共服

---

① [英]卡尔·波兰尼：《大转型：我们时代的政治与经济起源》，冯钢、刘阳译，浙江人民出版社2007年版，第112页。

② 关于政府、市场和社会在公共服务供给中的内在缺陷问题，美国学者莱斯特·M.萨拉蒙作了较为系统的分析。就中国而言，我国社会发育滞后，其公共服务供给能力更是低下。参见[美]莱斯特·M.萨拉蒙《公共服务中的伙伴——现代福利国家中政府与非营利组织的关系》，田凯译，商务印书馆2008年版，第40—52页。

③ 如国务院发展研究中心课题组认为，"改革开放以来，中国的医疗卫生体制发生了很大变化，在某些方面也取得了进展，但暴露的问题更为严重、从总体上讲，改革是不成功的"。参见国务院发展研究中心课题组《对中国医疗卫生体制改革的评价与建议》，《中国发展评论》（中文版）第7卷第S1期。

务供给中的主导地位。但受有限理性、信息不对称、官僚主义与政策偏好等诸多因素的影响,政府在基本公共服务供给过程中被普遍认为效率较低。为改变政府在基本公共服务领域的低效率问题,西方发达国家纷纷进行了市场化与社会化改革。受国际公共服务社会市场化与社会化改革浪潮影响,我国基本公共服务也按照"效率优先、兼顾公平"的理念,进行了大规模的市场化与社会化改革。但由于市场经济体制建设经验的不足,以及对基本公共服务供给规律的违背,我国基本公共服务供给的市场化与社会化改革存在着为市场化而市场化的倾向,即将市场化作为目标,而不是将市场化与社会化作为提高基本公共服务效率的基本手段。在这一意义上,以市场机制解决政府基本公共服务供给的问题,违背了政府存在的目的。[①] 将基本公共服务市场化与社会化改革作为目的而不是手段的思维和做法,使一些政府部门不仅没有有效履行其基本公共服务职能,反而借市场化改革之名,将一些公共服务项目完全推向市场,使基本公共服务的公益性逐渐淡化,在事实上成为完全的私人产品,从而导致民生问题逐渐凸显,既损害广大民众基本政治与社会权利,也容易削弱执政党和政府的政治合法性。

第三,需促进国家发展战略优先序选择与基本公共服务均等化基础性战略地位的有机统一。基本公共服务供给有利于保障广大民众的基本生存与发展权利,增进民众的基本福祉,维护社会的公平正义,强化政治认同,增进民族团结与促进区域协调发展,是一国经济、政治与社会持续稳定运行的"安全阀"。对现代政府而言,促进基本公共服务均等化,是其重要的基础性战略之一,理应成为各级政府优先发展的重要战略。受新中国成立以来城市优先和工业优先发展战略影响,我国城乡基本公共服务供给形成了显著的二元结构,广大农民的基本公共服务权利受到了制度性排斥。随着改革开放的推进,我国基本公共服务供给的城乡二元鸿沟不仅没有缩小,反而随着城市经济体制改革特别是国有企业改革的深化而逐渐扩大,导致城乡发展差距进一步扩大,成为城乡社会"断裂式"发展的重要原因。与此同时,为了在改革开放过程中有效摆脱

---

① Ronald C. Moe. The "Reinventing Government" Exercise: Misinterpreting the Problem, Misjudging the Consequences. Public Administration Review. Vol. 54, No. 2, pp. 111–122.

传统社会主义"一大二公""平均主义"思想的束缚，使一些地方在改革开放过程中率先破局，并积累示范性经验，邓小平同志在1978年下半年前后两次提出了"先富带动后富"理念。[①] 这一理念的实践形态则是东部优先发展的战略。这一非均衡性战略在很大程度上符合我国地缘优势、资源禀赋和发展基础的实际，对经济社会的跨越式发展具有重要作用。但随着这一战略的实施，东部沿海地区与中东部地区经济社会发展的差距越来越明显，东部地区政府基本公共服务供给财力远远高于中西部地区的政府，加之中央政府对地区间基本公共服务均等化的忽视，我国东中西部的基本公共服务的差距越来越大，进一步加剧了东中西部地区经济发展的失衡，并由此诱发了诸多社会问题。因此，从经济社会协调发展的角度来说，基本公共服务均等化战略应成为一国实施经济社会非均衡发展战略的前提与基础，必须实现二者的有机协调与统一。只有在基本公共服务更加均等，使社会不同群体基本生存与发展权利得到同等尊重与保障的前提下，一国的非均衡发展战略才更具合理性与合法性。

[①] 第一次是1978年9月20日，邓小平在天津视察时，提出："我的一贯主张是，让一部分人，一部分地区先富起来，大原则是共同富裕，一部分地区发展快一点，带动大部分地区，这是加快发展，达到共同富裕的捷径。"参见中共中央文献研究室《邓小平年谱（1975—1997）（上）》，中央文献出版社2004年版，第387页。第二次是在《解放思想，实事求是，团结一致向前看》的讲话中提出："要允许一部分地区、一部分企业、一部分工人农民，由于辛勤努力成绩大而收入先多一些，生活先好起来。……使全国各族人民都能比较快地先富裕起来。"参见《邓小平文选》第2卷，人民出版社1994年版，第152页。

第四章

基本公共服务非均等供给对社会合意性转型的阻碍及均等化战略的推进

新中国成立以来基本公共服务供给与社会转型的互动历史显示，我国基本公共服务供给大致经历了计划经济体制下以平等为导向的阶段和市场经济条件下供给差距日趋扩大的阶段。但无论是前一阶段，还是后一阶段，我国基本公共服务供给在理论上和实践中，都表现出显著的非均等特征。在计划经济时代，我国基本公共服务供给虽然表现出强烈的"平等主义"倾向，但在实践过程中，受国家财力不足、城市工业优先发展战略等诸多因素的影响，基本公共服务供给在城乡之间和城市内部分别形成了城乡分割与党政机关和企业分割的双重二元结构。改革开放以来，基本公共服务体系作为国家治理体系的重要组成部分，也在社会转型过程发生了深刻的变迁。但受公共服务供给传统二元结构"路径依赖"效应、区域发展不平衡、社会阶层加速分化等诸多因素的影响，我国基本公共服务非均等供给的状况，不但没有得到有效改善，反而有进一步扩大的趋向，并呈现出一些新的特征。基本公共服务的非均等供给，使同一主权范围内的公民难以均等地共享改革发展成果，不但对当时的经济社会发展产生诸多负面影响，而且容易使各种负面影响形成一种累积效应，导致各种经济社会矛盾逐渐积累并集中释放，从而阻碍社会的合意性转型。进入 21 世纪以来，我国基本公共服务长期非均等供给的矛盾逐渐显现出来，对我国经济社会高质量、可持续发展的掣肘作用也越发明显。在这一背景下，执政党和中央政府明确提出了"基本公共服务均等化"战略。加快推进适应我国社会全面快速转型需要的基本公共服务均等化战略，切实保障和改善民生，不断满足人民日益增长的美好生活需要，逐渐成为我国经济社会发展的重要战略之一。

第一节　基本公共服务非均等供给的主要表征

非均等供给是新中国成立以来我国基本公共服务供给的重要特征。只有具体把握基本公共服务非均等供给的主要表征，才能更好地认识基本公共服务非均等供给的负面影响，并找准促进基本公共服务均等化的着力点。当前，诸多理论工作者对我国基本公共服务非均等供给特征已经进行了系统深入的研究，不同研究者分别从城乡非均等供给、东中西部区域非均等供给以及某一具体领域的非均等供给等方面进行了研究。在借鉴已有研究成果的基础上，本节将我国基本公共服务非均等供给的基本表征主要归纳为城乡非均等、区域非均等、不同社会群体间非均等等三个方面，并对其进行简要分析。

一　城乡基本公共服务的非均等供给

马克思、恩格斯认为，由于生产力水平的发展，特别是物质劳动和精神劳动的分工，导致"城市和乡村的分离"，这种分离是"社会进步的表现"。[①] 但城乡分野随之带来的问题是城乡关系的对立。"城市本身表明了人口、生产工具、资本、享乐和需求的集中；在乡村里看到的却是完全相反的情况：孤立和分散。"[②] 就公共服务而言，城乡之间生产力水平的巨大差异在根本上决定了其组织、生产和供给效果的差异，如果再加上一国城乡发展战略等因素的影响，城乡公共服务必然出现更大的差异。

[①] 马克思、恩格斯指出："物质劳动和精神劳动的最大的一次分工，就是城市和乡村的分离。作为生产力发展结果的城乡分离，本身就是社会进步的表现。"参见马克思、恩格斯《马克思恩格斯全集》第4卷，人民出版社1979年版，第38页。

[②] 《马克思恩格斯选集》第3卷，人民出版社1995年版，第257页。

新中国成立以来，受城乡经济社会发展基础、国家能力、城市和工业优先发展战略等诸多因素影响，我国城乡基本公共服务供给形成了两套不同的供给体制。在城市，居民只需缴纳少量费用或完全免费享受医疗、养老和住房等基本公共服务，政府在基本公共服务供给方面承担了完全或者绝大部分责任；而在农村，"每一个人都依附于村庄"[1]，农民的教育、医疗、养老等事业，以及农村基础设施建设，大多由自己或集体筹资筹劳，导致了城乡基本公共服务供给的巨大差异。1958年出台的户籍管理制度将这种差别化的基本公共服务供给方式制度化。长期以来，户籍制度不仅承载着人口与社会治安管理的重任，更成为区隔不同户籍人群公共服务权利的屏障，成为农村人口长期难以享受与城市居民均等的基本公共服务权利的制度藩篱，造成了对广大农民基本政治社会权利的制度化排斥。[2]

改革开放以来，我国基本公共服务供给的城乡二元鸿沟并没有得到有效弥合，反而随着市场化与社会化改革而不断扩大。因为在市场化背景下，我国基本公共服务领域也出现了过度市场化的倾向，特别是一些政府部门的"甩包袱"式改革，使基本公共服务的获得在很大程度上取决于社会个体的购买能力。市场机制成为基本公共服务资源配置的重要杠杆。在此种状况下，一方面，农村基本公共服务供给与城市基本公共服务供给的巨大差异，导致农村经济社会发展的严重滞后，使"三农"问题更加突出，农民收入水平长期难以提高，农民的购买能力严重不足；另一方面，农民购买能力的不足，又反过来导致农民对教育、公共医疗卫生、基本社会保障的消费不足（如图4—1所示），从而影响农村基本公共服务事业的可持续发展。由此，农村基本公共服务供给与农村经济社会发展之间陷入一种恶性循环的状态，在没有政府等外部力量对农村基本公共服务供给的强力支持下，城乡基本公共服务供给的非均等供给状态将难以改变。

---

[1] 董克用、魏娜：《迈向2030：中国公共服务现代化》，中国人民大学出版社2018年版，第11页。

[2] 参见王春福《社会权利与社会性公共产品的均等供给》，《中共中央党校学报》2010年第1期。

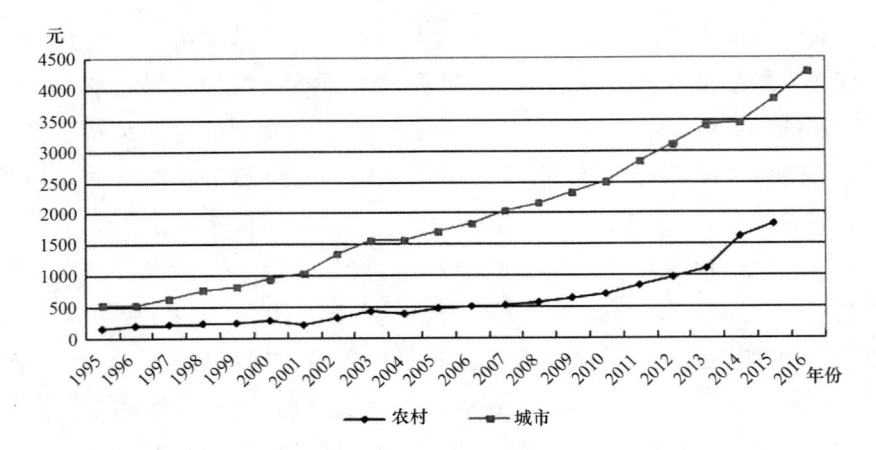

图4—1　1995—2016年中国城乡居民医疗保健和教育等领域支出差距

注：此图所计算的数据主要包括城乡居民的医疗保健类支出和文教娱乐用品及服务类支出两项数据。

资料来源：根据历年统计年鉴数据计算得出。

总体而言，我国基本公共服务供给的城乡差距表现在诸多方面。已有研究成果也对我国基本公共服务供给的城乡差距进行了较深入的研究。本节主要考察城乡教育、医疗卫生和社会保障三个领域的基本公共服务城乡非均等供给情况。

（一）城乡基础教育的非均等供给

基础教育是基本公共服务的重要内容之一。长期以来，政府在基础教育方面承担了最主要的作用。但受城市优先发展战略、城乡财政能力等多方面因素的影响，我国城乡基础教育这一基本公共服务的供给，存在显著的非均等供给特征。首先，从教育经费投入情况来看，我国城乡之间义务教育阶段生均财政预算教育经费存在巨大差距。虽然近年来随着国家对义务教育的重视，义务教育阶段城乡生均财政预算差距在逐年缩小，如有研究指出，到2011年农村初中生均预算内经费支出和生均预算内公用经费支出已分别达到城市的96.6%和98.4%[1]，但在改革开放

---

[1] 宗晓华、杨素红、秦玉友：《追求公平而有质量的教育：新时期城乡义务教育质量差距的影响因素与均衡策略》，《清华大学教育研究》2018年第6期。

后很长一段时间内，城乡义务教育阶段生均财政预算差距长期高位运行。如 1995—2006 年，我国城镇小学生均财政经费预算最高时期达到了农村小学的 1.75 倍，初中阶段更是高达 1.95 倍（如表 4—1 所示）。

表 4—1　　　　　1995—2006 年城乡义务教育阶段生均财政预算教育经费情况　　　　　单位：元

年份	小学 农村	小学 城镇	城镇/农村	初中 农村	初中 城镇	城镇/农村
1995	221.59	386.91	1.75	397.8	777.10	1.95
1996	253.53	435.42	1.72	447.02	846.59	1.89
1997	281.21	469.68	1.67	480.12	889.30	1.85
1998	310.58	511.33	1.65	485.82	904.53	1.86
1999	350.53	556.83	1.59	515.22	918.24	1.78
2000	417.44	642.79	1.54	539.87	977.23	1.81
2001	558.36	821.56	1.47	666.7	1125.33	1.69
2002	723.36	1004.71	1.39	815.95	1282.75	1.57
2003	823.22	1140.34	1.39	889.69	1401.80	1.58
2004	1035.27	1330.58	1.29	1101.32	1568.37	1.42
2005	1230.26	1533.77	1.25	1355.4	1836.00	1.35
2006	1531.23	1849.68	1.21	1763.75	2217.46	1.26

资料来源：朱长存、马敬芝：《农村人力资本的广义外溢性与城乡收入差距》，《中国农村观察》2009 年第 4 期。

受经费巨大差异的影响，城乡中小学校的教学设施与师资力量等教育教学资源必然存在巨大的差距，由此导致其办学能力的差距，从而必然造成城乡人才培养质量的巨大差距。以教师队伍的学历结构为例，城乡之间的差距十分明显（如表 4—2 所示）。以 2007 年为例，城市小学师资队伍中专科和本科以上学历的教师比例分别达到了 85.3% 和 37.2%，而与之相对应的农村小学的比例仅为 58.3% 和 6.6%；城市初中的上述两项指标的比例分别达到 99% 和 72%，农村则仅为 96% 和 36%。[1] 而在这

---

[1] 根据《中国教育统计年鉴》（2007 年）的相关数据整理。

之前，农村中小学特别是西部地区中小学的师资队伍中，存在大量代课教师，他们的学历更是低下。据统计，1997 年，我国农村小学代课教师的比例高达 15.98%[1]，2005 年，全国共有代课教师 44.8 万人[2]，到 2008 年年底，全国"中小学仍有代课教师 35.42 万人"，其中 82.10% 分布在乡镇和农村中小学，人数达到 29.08 万人。[3] 另根据"中国教育追踪调查（CEPS）"的数据，"城市本科及以上学历的教师比例高达 84.96%，农村地区只有 57.73%"[4]，城乡差距十分明显。

表 4—2　　　　2007 年中国城乡小学至高中阶段教师学历比较

教师学历情况	小学 城市	小学 县镇	小学 农村	初中 城市	初中 县镇	初中 农村	高中 城市	高中 县镇	高中 农村
总人数（人）	903550	1308593	3400420	664681	1404252	1395363	538795	782790	121519
研究生	1558	393	388	6861	2484	1414	15926	8776	845
本科	280053	181107	224141	471469	654627	500437	491393	673857	97840
专科	489080	811316	1765768	179913	712141	837435	30719	98451	22413
专科以上占比（%）	85.30	75.87	58.33	99.03	97.51	95.98	99.86	99.78	99.65
本科以上占比（%）	31.17	13.87	6.60	71.96	46.79	35.97	94.16	87.21	81.21

注：专科以上和本科以上占比为百分比，其分母是各级同类学校教师的总人数。
资料来源：根据《中国教育统计年鉴》（2007 年）的相关数据整理。

城乡之间基础教育公共服务的非均等供给，还可以从全国第六次人口普查数据中的城乡 6 岁以上人口受教育情况得到反映。在农村基础教育长期滞后累积效应的影响下，乡村人口中未上学的人口占全国未上学

---

[1] 安雪慧、丁维莉：《代课教师：合理存在还是应该清退——兼论代课教师规范管理制度》，《教育研究》2011 年第 7 期。

[2] 刘晓仁：《44.8 万代课教师何去何从》，《西部大开发》2006 年第 6 期。

[3] 安雪慧、丁维莉：《代课教师：合理存在还是应该清退——兼论代课教师规范管理制度》，《教育研究》2011 年第 7 期。

[4] 宗晓华、杨素红、秦玉友：《追求公平而有质量的教育：新时期城乡义务教育质量差距的影响因素与均衡策略》，《清华大学教育研究》2018 年第 6 期。

人口的比例高达71.09%，仅上过小学的人口占全国具有小学文化水平人口的64.97%，具有初中文化水平的人口也占到全国具有初中文化水平人口的52.84%，具有高中文化水平的人口则仅为全国具有高中文化水平人口的25.23%（如表4—3所示）。乡村人口中初中升高中人口的锐减，其原因一方面在于农村高中教育发展的滞后，另一方面反映出城乡之间初中教学质量的巨大差距。由此表明农村人口上高中困难是其难升大学的重要症结[1]，这也反映出基础教育差距对城乡人口上大学机会不均等的重要影响。

表4—3　　　　全国城乡人口比例及6岁以上人口受教育情况　　　　单位:%

	人口比例	未上学	小学	初中	高中	大专	本科	研究生
城市	30.92	12.93	17.16	26.75	50.17	63.76	76.90	91.25
镇	20.01	15.98	17.88	20.41	24.60	22.52	16.47	5.96
乡村	49.07	71.09	64.97	52.84	25.23	13.72	6.62	2.79

资料来源：根据2010年第六次全国人口普查数据计算得出。

总之，受教育经费投入、基础设施、教学器材、师资力量等方面巨大差距的影响，我国城乡基础教育的发展存在巨大的差距。进入21世纪以来，我国逐渐加大了对义务教育特别是农村义务教育的投入，但由于农村义务教育基础十分薄弱，受长期累积效应和农村经济社会发展滞后等诸多因素的影响，城乡基础教育非均等供给、城乡教育质量差距较大的状况在短期内难以得到根本改变。

（二）城乡公共医疗卫生的非均等供给

城乡公共医疗卫生非均等供给是我国城乡基本公共服务二元结构的又一重要表征。城乡公共医疗卫生非均等供给可以追溯到新中国成立初期。在基本公共服务城乡二元结构的大背景下，基本公共医疗卫生事业也实行了二元供给体制。在城市，包括各级政府、党派、人民团体和各类事业单位的国家工作人员实行"公费医疗"制度，企业职工则实行

---

[1] 李春玲：《教育不平等的年代变化趋势（1940—2010）——对城乡教育机会不平等的再考察》，《社会学研究》2014年第2期。

"劳保医疗制度"。公费医疗和劳保医疗，虽然二者"名称不同、筹资渠道不同，但实质都为免费医疗福利制度。"[①] 而广大农村则在20世纪50年代中后期才开始实行农村合作医疗制度。农村合作医疗制度"鼎盛时期覆盖了90%左右的农村人口"[②]，有效解决了广大农民看病无保障的问题，并成为发展中国家解决公共医疗卫生问题的典范。但事实上，农村合作医疗的资金主要来源于集体和农民个人，以及国家财政的一部分转移支付，与城市主要由政府财政支出的供给方式具有重要区别。改革开放以来，农村家庭承包责任制的建立逐渐瓦解了农村合作医疗制度的经济基础，计划经济时期的农村合作医疗制度逐渐势微（如图4—2所示）。与此同时，农村并没有建立新的适合农村经济社会发展实际的医疗保障制度以替代传统农村合作医疗的功能，而是随着公共医疗卫生事业的改革，逐渐建立起市场化的医疗卫生供给体制。在城市，公共医疗卫生制度虽然也进行了市场化改革，但一直有医疗保障制度为支撑。在这一背景下，城乡公共医疗卫生供给的差距日益扩大。

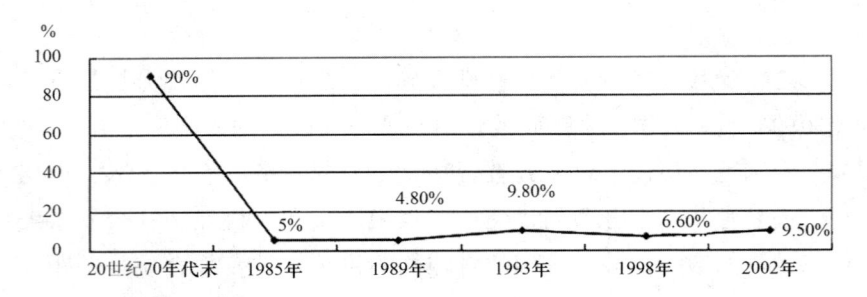

图4—2 20世纪70年代末至2002年中国农村合作医疗覆盖率

资料来源：根据郑功成、杨宜勇、吕学静等人的资料整理。参见郑功成《中国社会保障论》，中国劳动社会出版社1994年版，第312页；杨宜勇、吕学静《当代中国社会保障》，中国劳动保障出版社2005年版，第106页。

城乡公共医疗卫生非均等供给具有多方面的表征。本部分内容主要

[①] 景天魁、毕天云、高和荣：《当代中国社会福利思想与制度：从小福利迈向大福利》，中国社会出版社2011年版，第14页。

[②] 国务院发展研究中心课题组：《对中国医疗卫生体制改革的评价与建议》，《中国发展评论》（中文版）第7卷第S1卷。

从城乡卫生费用及比值、城乡卫生资源等方面,对改革开放以来我国城乡公共医疗卫生的非均等供给进行考察。

从城乡卫生费用支出总量上看,1990—2014 年,城市和农村公共卫生费用支出都出现了快速增长的态势,但城市的增幅远远大于农村的增幅。到 2014 年,城市公共卫生费用达到了 26575.6 亿元,而农村仅为 8736.8 亿元,城乡公共卫生费用比值则从 1990 年的 1.13∶1 扩大为 2010 年的 3.47∶1(如图 4—3 所示)。2010 年后,这一比值开始降低,至 2014 年仍为 3.04∶1。从城乡人均卫生费用来看,1990 年城市人均卫生费用为 158.8 元,农村人均卫生费用为 38.8 元,城乡比值为 4.09∶1,2007 年城乡人均卫生费用比值达到 4.25∶1,成为 1990 年以来的历史最高值。虽然 2007 年以来城乡人均费用的比值逐渐下降,但人均费用的绝对值却并未减少,并在 2014 年达到了 2146.1 元(如图 4—4 所示)。由此可以看出 20 世纪 90 年代以来我国城乡卫生经费不仅在总量上,而且在人均卫生经费上也具有巨大的差异。而卫生经费的巨大差异又必然引起包括医疗设备、医护人员在内的城乡卫生资源的巨大差异,从而导致城乡医疗卫生质量的巨大差异。

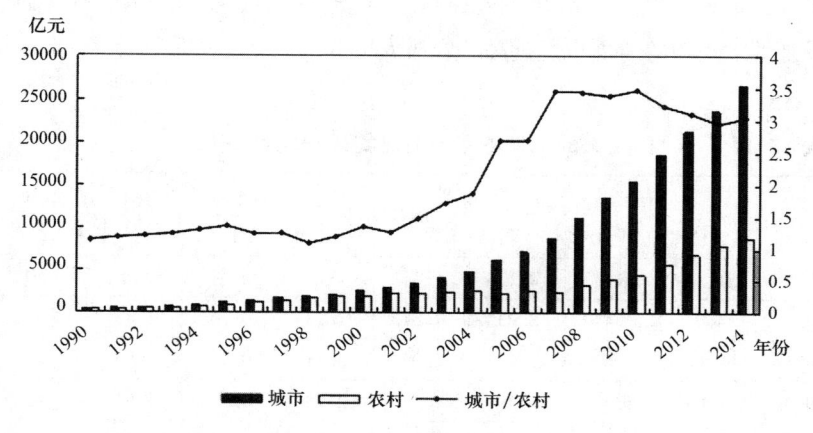

图 4—3　1990—2014 年中国城乡公共卫生费用支出及比值

资料来源:1. 1990—2007 年的数据根据《中国卫生统计年鉴 2008》的相关数据整理;2. 2008—2014 年的数据根据《中国卫生和计划生育统计年鉴 2017》的相关数据整理。

图4—4 1990—2014年城乡人均公共卫生费用支出及比值

资料来源：1. 1990—2007年的数据根据《中国卫生统计年鉴2008》的相关数据整理；2. 2008—2014年的数据根据《中国统计年鉴2017》的相关数据整理。

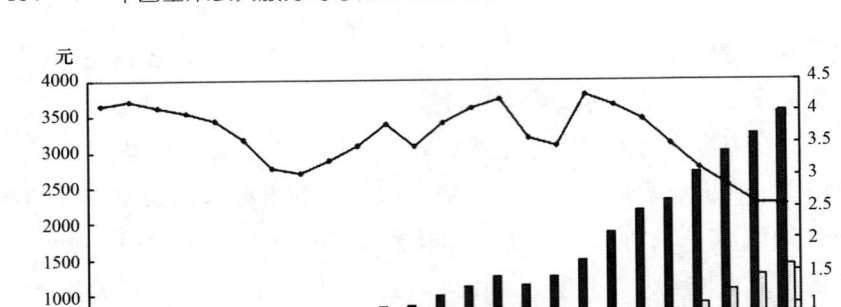

从城乡卫生资源的分布来看，《中国卫生统计摘要》历年的统计数据显示，1980—2016年，我国市级及以上的城市千人病床数始终是乡镇的两倍以上。除此之外，城市人口在千人拥有卫生技术人员、执业（助理）医师数，以及注册护士数等方面也远远高于农村人口（如表4—4所示）。

表4—4 1980—2016年中国城乡卫生资源差距

年份	医院（卫生院）床位张数/千人		卫生技术人员数/千人		执业（助理）医师数/千人		注册护士数/千人	
	城市	农村	城市	农村	城市	农村	城市	农村
1980	4.7	1.48	8.03	1.81	3.22	0.76	1.83	0.2
1985	4.54	1.53	7.92	2.09	3.35	0.85	1.85	0.3
1990	4.18	1.55	6.59	2.15	2.95	0.98	1.91	0.43
1995	3.5	1.59	5.36	2.32	2.39	1.07	1.59	0.49
2000	3..49	1.50	5.17	2.41	2.31	1.17	1.64	0.54
2005	3.29	1.43	5.82	2.69	2.46	1.26	2.1	0.65
2006	3.99	1.49	6.09	2.7	2.56	1.26	2.22	0.66
2007	3.8	1.58	6.44	2.69	2.61	1.23	2.42	0.7

续表

年份	医院（卫生院）床位张数/千人		卫生技术人员数/千人		执业（助理）医师数/千人		注册护士数/千人	
	城市	农村	城市	农村	城市	农村	城市	农村
2008	4.05	1.75	6.68	2.8	2.68	1.26	2.54	0.76
2009	5.54	2.41	7.15	2.94	2.83	1.31	2.82	0.81
2010	5.94	2.6	7.62	3.04	2.97	1.32	3.09	0.89
2011	6.24	2.8	7.9	3.19	3	1.33	3.29	0.98
2012	6.88	3.11	8.54	3.41	3.19	1.4	3.65	1.09
2013	7.36	3.35	9.18	3.64	3.39	1.48	4	1.22
2014	7.84	3.54	9.7	3.77	3.54	1.51	4.3	1.31
2015	8.27	3.71	10.21	3.9	3.72	1.55	4.58	1.39
2016	8.41	3.91	10.79	4.04	3.92	1.59	4.91	1.49

资料来源：根据《中国统计年鉴》历年数据整理。

总之，我国城乡公共医疗卫生非均等供给具有很长的历史，而且其供给鸿沟是巨大的，导致城乡居民难以享受均等的基本公共医疗卫生服务。城乡公共医疗卫生的巨大差距必然导致城乡居民健康状况的显著差异。

（三）城乡基本社会保障的制度分割与非均等供给

同公共医疗卫生事业一样，城乡基本社会保障也存在显著的非均等供给特征。

首先，主要社会保障制度二元结构长期存在和运行。如表4—5所示，我国城乡医疗保险、养老保险、最低生活保障和失业保险制度等主要社会保险制度都存在明显的分割特征，城市和农村实施的是完全不同的制度和政策，政府在主要社会保障制度运行中承担的责任也存在巨大差异。以城乡养老保障制度为例，在城市，党政机关和主要事业单位工作人员实行的养老福利金制度，公共财政承担完全的支出责任；企业和部分经营性事业单位的养老保障实行企业和个人缴费、社会统筹和个人账户相结合的模式，公共财政承担"兜底"责任。在农村，2009年新型农村养老保险试点改革以前，农村居民的养老保险依靠自我保障、家庭保障和土地保障（如表4—6所示）。1992—1999年农村虽然实行过短暂的养老保险制度，但其筹资方式也主要是采取个人账户储备积累制度。

即使是这一制度,也在 1999 年后搁浅,农村养老保险逐渐过渡为商业保险。[①] 2014 年 2 月,国务院发布《关于建立统一的城乡居民基本养老保险制度的意见》,人力资源和社会保障部与财政部出台了《城乡养老保险制度衔接暂行办法》。这两份文件明确提出了在全国范围内实现新农保和城居保制度合并实施并与职工基本养老保险制度相衔接的改革要求。[②]

表 4—5　　　中国城乡主要社会保障项目设立(变迁)时间

城乡 项目	城市	农村
医疗保险	1. 1951 年,《劳动保险条例》; 2. 1998 年,《国务院关于建立城镇基本医疗保险制度的决定》	1. 1959 年,《关于人民公社卫生工作几个问题的意见》; 2. 1979 年,《农村合作医疗章程(实行草案)》; 3. 2003 年,《关于建立新型农村合作医疗制度的意见》
养老保障	1. 1951 年,《劳动保险条例》; 2. 1991 年,《关于企业职工养老保险制度改革的决定》; 3. 1997 年,《关于建立统一的企业职工基本养老保险制度的决定》	1. 1956 年,农村"五保户"制度; 2. 1992 年,《县级农村社会养老保险基本方案(实行)》(与个人账户和社会统筹的制度不同,采用个人账户储备积累制); 3. 1999 年,《国务院批转整顿报销业工作小组保险整顿与改革方案的通知》指出:"目前中国农村尚不具普遍实行社会保险的条件",对农村养老保险"可以逐步将其过渡为商业保险"; 4. 2009 年,《关于开展新型农村养老保险试点的指导意见》; 5. 2014 年,《国务院关于建立统一的城乡居民基本养老保险制度的意见》,将新农保和城居保两项制度合并实施

---

① 景天魁、毕天云、高和荣:《当代中国社会福利思想与制度:从小福利迈向大福利》,中国社会出版社 2011 年版,第 43 页。

② 参见国务院《国务院关于建立统一的城乡居民基本养老保险制度的意见》;人力资源和社会保障部、财政部《城乡养老保险制度衔接暂行办法》。

续表

城乡 项目	城市	农村
最低生活保障	1. 1997年，《关于在全国建立城市居民最低生活保障制度的通知》； 2. 1999年，《城市居民最低生活保障条例》	1. 2007年，《国务院关于在全国建立农村最低生活保障制度的通知》
失业保险	1. 1950年，《救济失业工人的指示》《救济失业工人暂行办法》，此后很长一段时间认为社会主义制度下不存在失业现象，从而废除了相关制度； 2. 1986年，《国营企业职工待业保险暂行规定》； 3. 1993年《国有企业职工待业保险规定》； 4.《失业保险条例》	尚未建立

注：本表只列出了重要制度的建立和变迁时间。
资料来源：笔者整理。

表4—6　　　　　我国城乡不同人群养老制度比较

养老保障制度	城市居民		农村居民
	企业员工、部分经营性事业单位员工	党政机关员工、事业单位员工（并轨前）	
基本养老模式	养老保险制度（始于1986年，1997年面向城镇职工普遍建立）	养老福利金制度	2009年开始实行养老保险试点，2010年10月1日起开始普遍建立，目前主要依靠自我保障、家庭保障、土地保障、集体保障
社会再分配功能	强	强	弱
保障性质	强制性	强制性	自愿性

续表

养老保障制度	城市居民		农村居民
	企业员工、部分经营性事业单位员工	党政机关员工、事业单位员工（并轨前）	
主管单位	社会保障部门	人事部	民政部门
资金来源	企业、个人缴费	财政拨款	集体、个人缴费
统筹范围	省	省	县
财务模式	社会统筹、个人账户相结合的"混合模式"	现收现付	个人账户模式，个人积累制
财务平衡方法	以支定收、财政最后"兜底"	根据需求从财政列支	以支定收
政府责任	财政承担"兜底"责任	财政承担所有责任	不与财政挂钩、财政不承担"兜底"职责
养老金发放单位	社会机构	政府机关、事业单位	社会机构
收益模式	待业确定型与缴费确定型	待业确定型	缴费确定型
与基本养老配套的制度	有最低生活保障（待遇确定型）	有最低生活保障（待遇确定型）	2007年后有最低生活保障（待遇确定型）

资料来源：上海财经大学公共政策研究中心：《2008年中国财政报告——构建和谐社会的财政政策研究》，上海财经大学出版社2008年版，第354页。笔者根据养老保险制度改革进展进行了修改。

其次，城乡社会保障的覆盖率、积累额度存在巨大差异。在城乡主要社会保障制度相互区隔的情况下，农村社会保障的主要项目大多滞后于城市社会保障项目的建立和变迁，再加上城乡筹资模式、经济发展水平等诸多因素的影响，导致城乡社会保障主要项目在覆盖率和积累额度等方面都存在巨大的差距。

以城乡养老社会保障项目为例，1997年，城市养老保障基金累积积累额为682.6亿元，农村为139亿元，城乡之比为4.9∶1，而到了2008年，两者的比例扩大为19.9∶1。从人均积累额来看，2008年城市人均年积累额为4537元，农村为982元，两者差距达到3645元。从覆盖面来说，城市社会养老保险的覆盖率约为36.1%，而农村的覆盖率仅为7.1%

左右①，覆盖范围差距巨大（如表4—7所示）。2010年10月，我国开始实施新型农村社会养老保险制度，并于次年7月开始实行城镇居民社会养老保险制度。由此改变了过去很长一段时期内我国社会基本养老保险制度主要覆盖城镇就业职工的局面，使我国基本社会养老保险制度覆盖了所有人群。2014年，我国开始建立城乡居民基本养老保险制度，这一制度将新型农村社会养老保险和城镇居民养老保险合并，致力于在全国范围内建立统一的城乡居民基本养老保险制度。2015年年初，国务院决定同意提高城乡居民基础养老金标准，从每人每月55元提高到70元。与近年来城镇职工及机关事业单位养老金的大幅度增长相比、与城乡居保承担的各种社会功能相比，城乡居保的基础养老金水平仍然偏低。②

表4—7　　　1997—2011年中国城乡社会养老保险制度运行情况

年份	年末参保人数（万人）城镇	年末参保人数（万人）农村	基金累积积累（亿元）城镇	基金累积积累（亿元）农村	基金积累年均增长率（%）城镇	基金积累年均增长率（%）农村	年人均积累额（元）城镇	年人均积累额（元）农村	年人均积累增长率（%）城镇	年人均积累增长率（%）农村
1997	8671	7452	682.8	139	—	—	788	187	—	—
1998	8476	8025	611.6	166	-10.4	19.40	722	207	-8.37	10.87
1999	9502	8000	734	184	20.01	10.71	772	230	7.05	11.06
2000	10448	6172	947	195	29.02	6.25	906	317	17.34	37.72
2001	10902	5995	1054	216	11.30	10.54	967	360	6.66	13.80
2002	11128	5462	1608	233	52.56	7.96	1445	427	49.46	18.50
2003	15506	5428	2207	259	37.25	11.14	1423	478	-1.50	11.84
2004	16353	5378	2975	285	34.80	9.91	1819	530	27.82	10.93
2005	17487	5442	4041	310	35.83	8.77	2311	570	27.02	7.49
2006	18766	5374	5489	354	35.83	14.19	2925	659	26.58	15.64
2007	20137	5171	7391	412	34.65	16.38	3670	797	25.48	20.95
2008	21891	5595	9931	499	34.37	21.12	4537	892	23.60	11.94

---

① 根据2008年城乡养老保险制度年末参保人数和年末城乡人口数计算得出，由于未能得到精确的数据，此比例只是一个大概的数值。
② 王宏波：《建立农村社会养老保险制度的理由、条件与启示》，《农村经济》2017年第12期。

续表

年份	年末参保人数（万人）		基金累积积累（亿元）		基金积累年均增长率（%）		年人均积累额（元）		年人均积累增长率（%）	
	城镇	农村	城镇	农村	城镇	农村	城镇	农村	城镇	农村
2009	23550	8691	12526	681	—	—	5446	784		
2010	25707	10277	15365	423			5977	412		
2011	28391	32643	19497	1199			6867	367		

资料来源：根据《劳动与社会保障事业发展统计报告》（1997—2007 年）、《人力资源和社会保障事业发展公报》（2008—2011 年）相关数据整理。2012 年年末全国所有县级行政区全面开展城乡居民社会养老保险工作。城乡居民社会养老保险工作不再分城市和农村人口进行统计。

二 东中西部地区基本公共服务的非均等供给

改革开放以来，受东中西部地区资源禀赋、区位条件和东部优先发展战略等诸多因素的影响，我国东中西部经济社会发展水平的地区差距逐渐扩大。从经济社会发展水平来看，按照张维为的观点，中国的国土空间至少可以分为两大板块，即"准发达国家"板块（或"发达板块"）和"新兴经济体"板块[1]，两大板块之间存在巨大的差异。党的十八大以来，我国"区域合作机制、区域互助机制、区际利益补偿机制"不断建立完善，但"我国区域发展差距依然较大"，"区域发展不平衡不充分问题依然比较突出"，"区域分化现象逐渐显现"。[2]

东中西部地区各省市之间经济社会发展水平的巨大差异，在根本上决定了各地区基本服务的供给能力、供给规模的巨大分殊。特别是 1994 年分税制改革以来，基础教育、公共医疗卫生和主要社会保障等基本公共服务的事权主要由地方政府尤其是县级政府承担，再加上转移支付制度的缺陷，导致基本公共服务供给在很大程度上取决于地方政府的财政能力。地方政府的财政能力成为各地基本公共服务供给能力的核心影响因子。东部地区由于经济更为发达，地方政府的财力更强，其基本公共

---

[1] 张维为：《中国震撼：一个"文明型国家"的崛起》，上海世纪出版集团、上海人民出版社 2011 年版，第 38 页。

[2] 《中共中央 国务院关于建立更加有效的区域协调发展新机制的意见》，2018 年 11 月 18 日。

服务投资和支付能力也就更强，其基本公共服务供给的整体水平要普遍高于中西部地区。中西部地区特别是一些边远贫困地区，经济发展水平相对落后，财政收入远不能与东部地区相比；一些地方政府的财政更是典型的"吃饭财政"，财政收入仅够维持政府的日常运行和政府职员的工资，基本公共服务供给能力低下，从而使东中西部地区基本公共服务呈现出明显的非均等供给特征。

从总体上看，东中西部地区的基础教育、公共医疗卫生、社会保障、基础设施建设等基本公共服务都存在明显的非均等化供给特征。已有研究成果从不同角度对我国东中西部地区基本公共服务的非均等供给特征进行了较系统的研究。以社会保障为例，已有研究发现，我国"社会保障水平的'东—中—西'格局与中国地区发展格局相吻合"，且"经济发达地区的社会保障水平以更快的速度在提高"。因此，"中国社会保障水平的相对差距不是在缩小，而是有扩大的趋势"。[①]

在借鉴已有研究成果的基础上，在此主要对东中西部地区基础教育非均等供给特征进行考察。

首先，从各地区中小学生均教育经费投入来看，东部发达地区省份的投入普遍高于中西部省份。以 2017 年为例，北京市中小学教育生均一般公共预算教育事业经费支出分别达到 25793.55 元和 57636.12 元，是全国生均预算内经费最高的省市，河南作为最低省份，其投入经费分别为 5759.21 元和 8997.6 元。两省市的生均经费悬殊。2017 年，仍分别有 13 个和 12 个省份的中小学教育生均一般公共预算教育事业经费支出尚未达到全国平均标准（如表 4—8 所示）。

表 4—8　　　　　2014—2017 年中小学教育生均一般公共预算
教育事业费支出情况　　　　　单位：元

地区	普通小学				普通初中			
	2014 年	2015 年	2016 年	2017 年	2014 年	2015 年	2016 年	2017 年
全　国	7681.02	8838.44	9557.89	10199.12	10359.33	12105.08	13415.99	14641.15

---

① 李琼、周宇、田宇等：《2002—2015 年中国社会保障水平时空分异及驱动机制》，《地理研究》2018 年第 9 期。

续表

地区	普通小学				普通初中			
	2014年	2015年	2016年	2017年	2014年	2015年	2016年	2017年
北京市	23441.78	23757.49	25793.55	30016.78	36507.21	40443.73	45516.37	57636.12
天津市	17233.85	18128.16	18284.41	18683.78	26956.43	28208.67	29961.87	30949.79
河北省	5349.05	6752.72	7300.16	7914.19	7749.39	9557.77	10532.56	11441.39
山西省	7359.19	9269.24	9450.60	10151.83	9016.90	11403.16	12266.96	13523.76
内蒙古	10181.40	11972.33	13109.32	13110.02	11954.80	14362.59	16301.67	16380.17
辽宁省	8354.27	9138.21	9735.78	10218.47	11163.16	12706.60	13710.03	14564.35
吉林省	10192.63	12136.74	13087.73	13846.91	12707.69	15539.57	16878.96	17746.68
黑龙江	11062.98	12939.48	14066.49	14383.58	12187.65	14435.89	15514.68	15920.79
上海市	19519.88	20688.35	22125.13	20676.54	25456.58	27636.22	30284.67	30573.39
江苏省	11175.06	11988.81	12503.03	13081.57	16690.42	19048.59	21194.74	22364.58
浙江省	9811.88	11599.79	12908.55	13937.07	14204.93	16616.16	18798.27	20564.12
安徽省	6658.15	7766.51	8573.56	9035.59	9210.80	11114.71	12435.26	13239.49
福建省	8175.63	9102.81	9636.46	10110.59	11544.45	13199.18	14692.28	16100.38
江西省	6851.82	7462.02	7989.54	8500.64	9002.57	9665.37	10513.42	11346.21
山东省	7253.54	8135.32	8790.76	9151.57	11333.87	13408.97	14630.28	15227.84
河南省	4447.63	4575.27	5036.31	5759.21	7139.84	7262.97	7811.96	8997.60
湖北省	7020.68	8790.99	10076.72	11030.98	11347.73	14435.84	17271.97	18635.99
湖南省	6363.41	7154.49	7861.30	8378.07	10068.21	10472.97	11878.72	12574.64
广东省	7738.55	8757.95	9997.31	11267.58	9264.05	11456.70	13725.98	16084.37
广西	5945.96	7061.36	7690.45	7897.88	7360.62	8745.99	9507.61	10028.82
海南省	8825.64	10460.87	11353.02	11296.31	10594.56	13205.91	14585.94	14982.87
重庆市	7259.92	8431.67	9180.10	10533.21	9224.77	10834.51	11917.36	14692.02
四川省	7530.41	8984.53	9003.19	9620.83	9111.07	11477.01	12063.03	13394.03
贵州省	6789.79	8645.83	9659.17	9753.05	6924.70	8704.94	10131.84	11273.06
云南省	6200.67	7532.21	8931.35	10491.47	7586.92	9335.79	10822.06	12730.79
西藏	17905.94	25750.22	24237.46	26246.80	16631.68	23845.23	24605.62	27341.64
陕西省	10196.97	10896.37	11172.06	11016.89	12330.50	13619.44	14155.05	15163.88
甘肃省	7289.18	9118.26	10321.93	10776.09	8377.71	10187.13	11721.46	12551.12
青海省	9438.49	10472.79	11948.81	13191.54	11949.57	13295.04	14915.34	16910.88

续表

地区	普通小学 2014年	2015年	2016年	2017年	普通初中 2014年	2015年	2016年	2017年
宁夏	6470.11	8034.85	8719.91	9503.42	9689.53	11047.18	11929.40	12920.35
新疆	11292.19	12929.81	12133.41	11738.70	14452.18	16999.84	17410.13	17949.09

资料来源：根据教育部、国家统计局、财政部发布的2015—2018年《全国教育经费执行情况统计公告》的相关数据整理。

其次，东中西部地区基础教育"硬"环境的巨大差异。受财政投入、历史积累等诸多因素的影响，东中西部地区基础教育不仅在教学理念、教学方式、师资质量等"软"环境方面也存在显著的差异，而且在人均校舍面积、危房比例、生均固定资产、生均电脑等现代教学设备、生均图书拥有量方面也存在显著的差异。以固定资产为例，区际义务教育生均固定资产也存在较大差距。相关数据显示，东部沿海综合经济区2014年生均固定资产达到了大西南综合经济区的2倍以上（如表4—9所示）。

表4—9　2010—2014年全国八大综合经济区义务教育生均固定资产

单位：万元

项目 区域	2010年 小学	初中	2011年 小学	初中	2012年 小学	初中	2013年 小学	初中	2014年 小学	初中
东北综合经济区	0.41	0.66	0.40	0.83	0.44	0.92	0.55	1.16	0.62	1.34
北部沿海综合经济区	0.47	0.79	0.64	0.88	0.54	1.22	0.66	1.22	0.75	1.41
东部沿海综合经济区	0.79	1.44	0.84	1.79	0.9	2.05	1.03	2.33	1.1	2.56
南部沿海综合经济区	0.63	0.73	0.7	0.84	0.74	0.96	0.84	1.18	0.89	1.44
黄河中游综合经济区	0.37	0.53	0.41	0.59	0.7	0.52	0.96	0.6	1.12	
长江中游综合经济区	0.3	0.58	0.33	0.66	0.42	0.85	0.5	1.03	0.59	1.18
大西南综合经济区	0.38	0.51	0.4	0.6	0.48	0.7	0.56	0.85	0.66	0.99
大西北综合经济区	0.42	0.61	0.51	0.76	0.56	0.98	0.71	1.24	0.85	1.51

资料来源：李鹏、朱德全：《义务教育学校标准化建设：进程、问题与反思——基于2010—2014年全国义务教育办学条件数据的测度分析》，《清华大学教育研究》2016年第1期。

三 不同社会群体间基本公共服务的非均等供给

基本公共服务在不同群体之间的非均等供给现象是一个普遍的问题。① 随着改革开放以来我国社会的全面快速转型,我国社会的阶层分化也日益加剧。由于经济基础、利益表达与博弈能力、政策偏向等诸多因素的影响,我国社会不同阶层的基本公共服务获取能力也存在着巨大的差异,不同群体之间基本公共服务的非均等供给现象十分突出。由于统计事业发展滞后,当前很难获得有关群体间基本公共服务供给方面的相对权威可靠的数据,造成对这一问题的研究相对薄弱。② 本书也面临同样的难题。在此,主要简单地分析农民工群体基本公共服务的非均等供给以及不同社会群体基本社会保障的非均等供给问题。

首先,农民工群体基本公共服务的非均等供给。中国群体间基本公共服务非均等供给的一个重要表现是广大农民工群体难以享受与所在城市居民大致均等的基本公共服务权利,即难以享受"同城待遇"。③ 广大农民工在城市的职业是工人,但其身份却是农民。根据国家统计局发布的《全国农民工监测调查报告》的统计数据,2016年我国有27747万名农民工。④ 受户籍制度、政府财政能力等诸多因素的限制,广大的农民工群体及其子女在基础教育、公共医疗卫生与社会保障等领域难以获得与城市居民大致均等的基本公共服务。根据"农民工城市贫困项目课题组"的调研数据,一段时期内,75%左右的农民工子女在城市公立学校就读需要交500元到5000元以上不等的赞助费,近一半的农民工不能享受任何医疗保险待遇。⑤

---

① 参见 Julian Le Grand, *The Strategy of Equality: Redistribution and the Social Services*, London: George Allen and Unwin, 1982。
② 侯惠勤、辛向阳、易定宏等:《中国城市基本公共服务力评价(2010—2011)》,社会科学文献出版社2011年版,第175页。
③ 徐增阳:《农民工的公共服务获得机制与"同城待遇"——对中山市"积分制"的调查与思考》,《经济社会体制比较》2011年第5期。
④ 参见苏莉亚·尼亚孜《农民工市民化进程中的基本公共服务问题研究》,《新疆财经大学学报》2018年第3期。
⑤ 农民工城市贫困项目课题组:《农民工生活状况、工资水平及公共服务:对北京、广州、南京、兰州的调查》,《改革》2008年第7期。

其次，不同职业人群之间的基本公共服务供给非均等。受传统制度惯性、制度分割、基本公共服务供给体制改革滞后等因素的影响，我国不同职业群体之间的基本公共服务供给存在巨大差距。这种差距主要表现在以下方面：一是公务员与企业员工、个体劳动者之间的巨大差异。新中国成立伊始，我国就实行了国家工作人员、工人、农民等群体之间相互区隔的基本公共服务供给制度。随着我国社会转型的深入，计划经济体制下的一些基本公共服务供给制度逐渐势微，各种基本公共服务供给制度逐渐进行了以一体化为导向的改革。如改革开放以来，我国在城市内部逐渐建立统一的医疗保险、失业保险和养老保险等基本社会保障制度。但公务员作为一个特殊群体，却一直实行独立的公费医疗制度，长期享受超国民待遇。中国科学院的一项研究显示，长期以来，850万名党政干部群体花费了中国医疗卫生事业财政经费的80%左右[1]，少数党政干部耗费了大量的医疗资源。在养老保险方面，公务员群体和企业职工之间也存在着巨大差距。一段时期内，我国政府机关员工和事业单位员工的人均离休、退休、退职费用长期高于企业员工（如表4—10所示）。2003年政府机关员工与企业员工的差距达到了6661元，两者悬殊十分巨大。二是不同所有制企业管理人员和一般体力劳动者之间以及同类群体内部之间的显著差异。根据中国人民大学2003年全国综合社会调查的数据，无论是体力劳动者还是管理人员与技术人员，不同所有制企业之间的社会保障覆盖率存在巨大的差距。而在相同的所有制企业内部，体力劳动者和管理人员之间也存在明显的差异（如表4—11所示）。另据北京大学国家发展研究院的调查，2013年，我国"新型农村社会养老保险的养老金中位数为每年720元，城镇（及其他）居民养老金的中位数为每年1200元，政府或事业单位养老金的中位数为每年24000元，企业养老保险金的中位数为每年18000元"[2]。

---

[1] 吴建华：《公务员医改成本50亿 仍享超国民待遇》，2012年2月6日，中国经济网（http://finance.ce.cn/rolling/201202/06/t20120206_16821407.shtml）。

[2] 李松涛：《调查称政府事业单位养老金中位数是新农合33倍》，《中国青年报》2013年6月30日。转引自胡志平《经济高质量发展的公共服务动力》，《社会科学研究》2018年第6期。

表4—10　　　　1990—2003年我国不同职业人均离休、
　　　　　　　　退休、退职费用差距　　　　　　　　　单位：元

统计年份	1990	1995	1999	2000	2001	2002	2003
全国平均值	1713	4194.75	6455.29	7000.00	7579.89	8591.04	9092.45
企业员工	1664	5163.24	5841.47	6200.81	6472.14	7411.54	8221.09
事业单位员工	1890	3869.82	8587.42	9614.08	11020.78	12379.37	13499.51
政府机关员工	2006	5612.40	8532.80	10035.90	11928.02	13494.15	14882.84

资料来源：王爱君：《均等化语境下不同群体社会保障制度的对接问题研究》，《当代世界与社会主义》2011年第5期。

表4—11　　体力劳动者、管理人员与技术人员享受社会保障的差异　　单位：%

社会保障项目	体力劳动者 国有	集体	私有	管理人员与技术人员 国有	集体	私有
1. 公费医疗/基本医疗保险	73.4	40.2	27.6	78.5	73.9	55.7
2. 补充医疗保险	24.1	11.6	5.2	27.3	33.3	16.5
3. 基本养老保险	82.4	59.0	30.7	79.1	82.6	67.4
4. 补充养老保险	23.3	13.3	4.7	20.7	50.0	18.2
5. 失业保险	47.8	25.3	18.1	50.5	50.0	46.3
6. 住房或住房补贴	52.7	21.5	14.7	61.8	45.8	36.8

资料来源：李路路、边燕杰：《制度转型与社会分层：基于2003年全国综合社会调查》，中国人民大学出版社2008年版，第50页。

综上所述，中国基本公共服务在城乡之间、东中西部地区之间，以及不同群体之间均存在显著的非均等供给特征。基本公共服务的非均等供给在特定的历史条件具有一定的合理性和必要性，但随着我国社会的全面快速转型，其弊端将逐渐凸显。只有不断推进基本公共服务均等化，不断增进不同国土空间上的民众的基本社会权利均衡，才能更好地促进国家发展的空间正义，不断满足生活于不同国土空间的人民日益增长的美好生活需要，从而为社会合意性转型提供有力的支撑。

第二节 基本公共服务非均等供给对社会
合意性转型的不利影响

进入 21 世纪以来，伴随着我国社会的全面快速转型，人民群众对美好生活的需要日益增长，民众的民生诉求不断转型升级，由此导致民众对基本公共服务供给的需求日益增加。在这一背景下，基本公共服务在城乡、东中西部地区和不同群体之间的长期非均等供给的负面效应经过一段时间的积累并集中显现出来，成为我国发展不平衡不充分的主要表现形式之一，不利于更好地满足人民群众日益增长的美好生活需要，不利于经济社会的均衡协调发展，严重阻碍我国社会的合意性转型。

一 背离社会主义公平正义原则，导致社会转型缺乏价值理念支撑

根据意识考古的发现，公平正义观念是人类社会较早形成的观念之一。自原始社会开始，人类就萌发了关于公平正义的意识。[1] 自原始社会以来，人类先贤就对公平正义思想进行了长期不懈地探索，产生了相互辉映、不断演进的公平正义思想体系。[2] 一般而言，公平正义是指价值评判主体根据一定价值标准而做出的自我与"他者"之间无差别的价值判断。[3] 人们对公平正义的追求，既表达了人们对基于公平正义的美好生活的向往，也成为人类社会发展的重要动力。在当今社会，正义已经成为"社会制度的首要价值，正像真理是思想体系的首要价值一样"[4]。对任何社会制度来说，正义都是其生命力的基石。缺乏正义的制度将因难以获得民众的认同和接受而缺乏必要的合法性基础。对国家、政府和政党来

---

[1] 黄文进、罗媛松、李春萌：《论社会主义社会公平正义》，《社会科学论坛》2007 年第 8 期。

[2] 如就西方而言，正义思想经历了从古希腊时期的德性正义，到近代的权利正义、功利主义正义、伦理实体正义，再到当代基于平等的正义观念的演变。参见高信奇《中国特色社会主义正义思想再认识》，《科学社会主义》2011 年第 6 期。

[3] 参见项中新《均等化：基础、理念与制度安排》，中国经济出版社 2000 年版，第 1—10 页。

[4] [美] 约翰·罗尔斯：《正义论》，何怀宏等译，中国社会科学出版社 1988 年版，第 3 页。

说，如果不能在公共权力运行过程中实现和维护社会的公平正义，也同样难以获得民众的认同，从而难以实现政治稳定与社会繁荣。

马克思主义认为，公平正义是法权最抽象的表现，是社会主体对现实分配关系的主观评价。[1] 这种主观评价"不是先验的、决定经济关系的东西，恰恰相反，它是由经济关系决定的，人们关于公平的标准是随着经济关系的变化而变化的"[2]。因此，"关于永恒公平的观念不仅因时因地而变，甚至也因人而异"[3]。离开了具体历史条件，抽象地探讨公平正义理念，无疑是幼稚的和荒诞的。根据历史唯物主义的观点，公平正义并不是自然而然就能实现的，而是基于一定物质条件、社会观念和制度环境基础之上，并有一个螺旋式上升的过程。公平正义是"社会主义国家制度的首要价值"[4]。在马克思看来，社会主义制度的发展过程就是社会主义公平正义程度不断提升的过程。当前，我国的社会转型，其重要的目标就在于通过政治、经济、社会与文化等体制机制的改革，不断使我国的社会结构更加有助于实现公平正义，"并在此基础上改进效率、提高公共福利"[5]，从而实现社会主义公平与效率的有机统一。[6]

基本公共服务供给有利于保障公民的基本生存与发展权利，是提高一国公平正义水平和质量的基础性制度平台。基本公共服务的均等化供给与否，在根本上关乎一国经济社会发展的公平正义质量。我国基本公共服务的长期非均等化供给，有违社会主义公平正义的基本原则，这对当前我国社会的合意性转型产生了多方面的不利影响，主要表现在以下两个方面：

一是影响广大民众的政治社会心理，弱化社会转型的精神动力。民众对社会转型当下和未来的公平正义程度的认知和感受，直接影响其对

---

[1] 《马克思恩格斯全集》第18卷，人民出版社1964年版，第309—310页。
[2] 同上书，第310页。
[3] 《马克思恩格斯选集》第3卷，人民出版社1995年版，第212页。
[4] 温家宝在2008年3月两会结束后答记者问中提出了这一观点。
[5] 邓宏图、李亚：《社会转型、意识形态、政治正义与制度变迁》，《天津社会科学》2007年第2期。
[6] 刘燕、万欣荣、李典娜：《社会转型的"制度陷阱"与中国选择》，《上海财经大学学报》2011年第4期。

社会转型的态度。广大民众觉得社会转型具有公平正义性时，便可将这种认知转化为对社会转型的支持力量；反之，则会阻碍社会转型的深入。基本公共服务的非均等供给是一定历史条件下的产物，具有其历史的合理性。但随着我国经济社会发展水平的逐步提高，如果不能适应民众日益增长的美好生活需要，加快改变基本公共服务非均等供给这一不合理的制度体系，特别是在社会差距不断扩大的背景下，则必然使广大民众产生强烈的社会不公的政治社会心理，从而弱化全面深化改革的社会共识，进而弱化社会转型的动力。

二是直接影响部分民众的基本政治社会权利，导致部分弱势群体难以摆脱现有生存境遇。基本公共服务的均等化供给，有利于保障社会弱势群体和临时困难群众的基本生存和发展权利，从而有利于维护社会个体的起点公平与机会平等等政治社会权利。而基本公共服务非均等供给局面的长期存在，导致广大民众长期难以高质量共享改革开放的成果，其中首当其冲的便是社会弱势群体，造成部分弱势群体难以有效摆脱现有的生活与生存境遇，使其成为社会的边缘群体，并容易导致弱势群体的代际传承和阶层固化，从而诱发各种社会矛盾和冲突，增加整个社会陷入"转型陷阱"的风险。

总之，基本公共服务的非均等供给，违背了社会主义公平正义的基本原则，容易使广大民众质疑社会转型的合理性与正当性，从而导致社会合意性转型缺乏必要的价值理念支撑和精神动力。

二　民生问题突出，导致社会合意性转型的主体基础不牢

民生即为人民的生计。孙中山先生指出："民生就是人民的生活——社会的生存，国民的生计，群众的生命便是。"[①] 随着我国社会从温饱型向发展型的转变，从"富起来"向"强起来"的转变，民生这一概念的内涵和外延已经逐渐扩大，概括起来主要包括两个层面的内容：一是求生存，二是谋发展。而民生问题则是指广大民众在维持基本生计、培育基本发展能力、获取基本发展机会过程中的一系列突出矛盾和问题。[②] 这

[①]《孙中山文集》，中华书局1981年版，第802页。

[②] 参见吴忠民《走向公正的中国社会》，山东人民出版社2008年版，第312页。

些问题又可以具体分解为就业问题、教育问题、医疗服务问题、基本社会保障问题和住房保障问题等。

一般而言，任何社会都存在一定的民生问题，只是在不同发展水平的国家和社会，其表现形式、严重程度和产生原因等才具有较大差异，由此导致民生问题解决的方式与途径也具有明显差异。近代以来，对任何一个国家和政府而言，持续有效保障和改善民生都是其必须承担的重大责任。从根本上说，民生问题的解决取决于经济发展水平的提高，但经济的发展并非必然带来民生的改善。如果缺乏与时俱进的发展理念、公平公正的公共政策和畅通有效的利益协调机制，经济的发展则可能带来更大的分配差距和利益鸿沟，从而使民生问题更加凸显。从公共政策视野来看，一国的基本公共服务供给规模和绩效在很大程度上更为直接和具体地影响一国的民生问题。切实保障和改善民生内在地要求加快推进基本公共服务均等化。欧美国家在其社会转型中的经验也证明了基本公共服务供给制度的完善在改善民生问题中的基础性地位。自俾斯麦建立社会保障制度以来，欧美发达资本主义国家通过基本公共服务项目的扩展和供给绩效的改善，有效改善了包括广大工人在内的普通社会公众的生活境遇，在一定程度上提高了社会公平程度，缓解了社会矛盾，在有效避免工人对抗性运动的同时，促进了资本主义经济社会的发展。第二次世界大战以后，英国、德国等主要资本主义国家社会福利制度的建立和完善，更是欧洲国家复原战争创伤、实现经济社会稳定繁荣发展的重要制度保障。

就民生与社会转型的关系而言，民生是广大民众最直接最现实的利益问题，只有切实保障和改善民生，实现好和维护好广大民众的切身利益，才能为社会转型的合意性推进奠定坚实的主体基础。改革开放40余年来，我国经济长期持续高速发展为我国民生问题的改善提供了良好经济基础，使人民生活水平得到了显著提升。但由于与民生直接相关的教育、公共医疗卫生、社会保障、保障性住房等基本公共服务长期存在供给总量不足、供给结构不合理以及非均等供给等突出问题，我国民生改善程度长期滞后于经济发展水平，使民生问题逐渐成为制约经济持续健康发展与社会和谐稳定的重要瓶颈。基本公共服务供给是重要的社会再分配机制。只有有效改善基本公共服务供给绩效，不断推动基本公共服务均等化，才能制度化地保障广大民众共享改革发展红利，才能改善广大民众特别是社会弱势群体的生存和发展条件，提升其发展能力，并以此为基础，增强广大民众的向心力、凝聚力与认同力，不断凝聚全面深化改革的共识，强化党和政府的合法性基础，从而为社会合意性转型提供坚实的主体基础。

而当前我国基本公共服务供给在总体上是城市优于农村，经济发达地区优于经济落后地区，强势群体优于弱势群体，基本公共服务资源的逆向配置特征十分明显，从而造成基本公共服务供给不仅未能有效缩小社会差距，而且在很大程度上进一步拉大了社会差距，在很大程度上损害了普通民众的合法权益。在这一状态下，广大农村人口、经济欠发达地区人口以及社会弱势群体因难以享受均等的教育、公共医疗卫生、社会保障等基本公共服务而"上不起学、看不起病、住不起房"的问题逐渐凸显并将在较长时期内持续存在。因子女上学致贫、因病致贫、因老致贫、因意外事故致贫的现象十分普遍，导致部分普通群众长期难以改变其生存发展境遇，造成其弱势地位长期固化，并在事实上形成了一种制度化的社会排斥。这种制度化的社会排斥，直接损害了部分民众的合法权益，容易扩大城乡之间、地区之间、不同阶层民众之间的利益差距，诱发各种矛盾冲突。当这种利益差距和矛盾冲突发展到难以协调和弥合之时，就容易造成社会的断裂式发展，从而难以形成推动社会合意性转型的共识和合力，导致社会转型缺乏坚实的主体基础。

三 制约经济包容性发展，阻碍经济发展方式的调整优化

在当前我国社会全面快速转型的关键时期，加快推动经济发展方式的调整优化、努力实现经济政策与社会政策的有机协调、实现经济的包容性发展，既是我国社会合意性转型的重要目标，又是实现这一目标的基本前提。改革开放以来，随着社会主义市场经济体制的建立和完善，我国经济建设取得了举世瞩目的成就，但必须清晰地看到当前我国经济增长的方式仍在很大程度上是传统的、低级的和欠科学的[1]，且"经济增

---

[1] 参见郑杭生《改革开放三十年：社会发展理论和社会转型理论》，《中国社会科学》2009年第2期。

长并没有带来相应程度的社会进步"①，经济非包容性增长的缺陷十分明显。为改变这一现状，有必要按照发展型社会政策的理念，更加重视将基本公共服务政策与经济发展政策有机协调起来，充分发挥基本公共服务供给在转变经济发展方式、促进经济包容性发展中的重要作用。

一般而言，基本公共服务供给改善经济发展方式的内在机制有二：一是基本公共服务供给作为一种社会性投资，有利于提高社会个体的身体健康水平、知识技能和抵御社会风险的能力，从而普遍改善一国的人力资源禀赋和结构，进而改变生产投入的要素结构、促进产业升级换代；二是基本公共服务供给对社会储蓄具有明显的"挤出效应"，良好的基本公共服务供给，有利于有效减少广大民众在教育、公共医疗卫生、社会保障和住房领域的支出，改变社会个体的消费预期，从而扩大内需，减少一国经济发展的对外依赖性，增强一国抵御经济发展外部风险的能力。经济的发展又可以为基本公共服务供给提供强有力的财政支撑，二者具有相互促进、相得益彰的作用。在我国传统经济发展理念和模式下，基本公共服务非均等供给问题的长期存在，对经济发展方式的转变产生了极大的阻碍作用，主要表现在以下方面：

第一，基本公共服务非均等供给抑制国内消费，导致我国经济发展方式难以向"内需型"转变。基本公共服务供给在提升中低收入者的消费能力和消费意愿方面具有显著作用。改革开放以来，我国消费率一度持续走低（如图4—5所示），虽然近年来有所上升，但与高收入和中高收入国家的平均水平相比，仍然总体偏低（如图4—6所示）。最终消费支出对国内生产总值增长的贡献率和拉动一直在低水平徘徊（如图4—7所示），使我国经济增长更多地依赖于投资和出口，经济增长的动力结构严重失衡。导致这一问题的原因是多方面的，但长期存在的基本公共服务非均等供给无疑是其最为重要的原因之一。基本公共服务非均等供给主要抑制的是包括农民、普通工薪阶层等人群在内的广大中低收入群体的消费，而这一部分人群在我国人口总量中占有最大的比例，其消费能力和消费意愿的不足，必然导致国内市场的消费不振。据估算，2005年

---

① [美]詹姆斯·米利奇：《社会发展：社会福利视角下的发展观》，苗正民译，格致出版社、上海人民出版社2009年版，第4页。

我国城乡居民在教育、医疗等基本公共服务领域的额外支出，对非公共服务领域的消费的挤出效应达到 5810 多亿元，压制了 3.3% 的国内消费。① 由此可以看出基本公共服务非均等供给对国内消费的严重抑制作用，而这种抑制作用的长期存在，必然影响我国经济发展向"内需型"方式的转变。

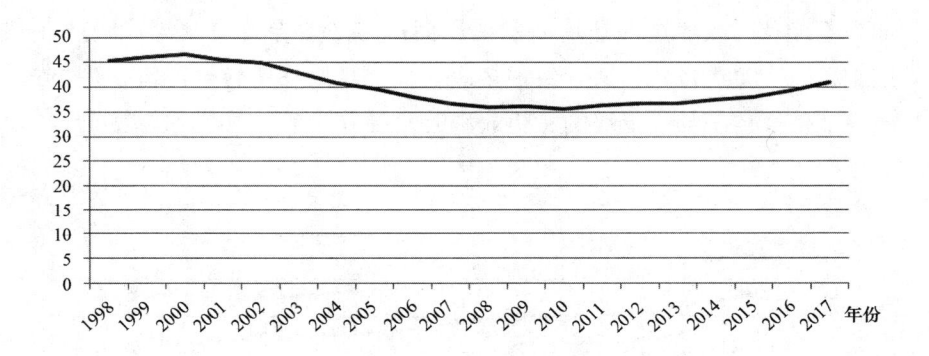

图 4—5　1998—2017 年中国居民消费率变化情况

资料来源：林霜：《新城镇化进程对我国居民消费率的影响：基于 1978—2017 年数据的实证》，《商业经济研究》2018 年第 24 期。

第二，基本公共服务非均等供给导致地区经济发展条件的非均衡，导致地区间、产业间经济发展方式转变的步伐严重失衡。经济发展方式的调整优化是资本、劳动、技术、制度、资源禀赋等生产要素结构不断优化的过程。② 随着知识经济时代的到来，人力资本在经济发展方式调整优化过程中的作用日益显现。一国人力资本的积累，必然要求教育、公共医疗卫生、社会保障等基本公共服务的有效和均等供给。基本公共服务的长期非均等化供给，必然导致城乡之间、地区之间人力资本的巨大差异。同时，在开放社会条件下，根据"用脚投票"理论③，人力资本总

---

① 中国（海南）改革发展研究院课题组：《基本公共服务体制变迁与制度创新》，《财贸经济》2009 年第 2 期。
② 参见项中新《均等化：基础、理念与制度安排》，中国经济出版社 2000 年版，第 13 页。
③ Charles Tiebout., A Pure Thoery of Local Expenditures. *Journal of Political Economy*, 1956, Vol. 64, No. 5.

是从乡村流向城市、从落后地区流向发达地区，从低效益产业流向高效益产业。从公共服务供给角度来看，这种流动的基本规律可概括为：人力资本倾向于从基本公共服务供给较差的地区流向基本公共服务供给良好的地区。这种状况的长期存在，必然导致人力资本在城乡之间、欠发达地区与发达地区之间、农业和工业之间分布失衡，从而使区域间、产业间经济方式转变的步伐严重失衡，并成为我国发展不平衡的重要表征。如果不能及时改变这一非均衡发展局面，则必然导致农业等传统产业长期难以转变生产方式，又导致很多地区长期难以切实转变经济发展方式，而只能依靠传统的、低级的、粗放型的发展方式来实现经济的增长。

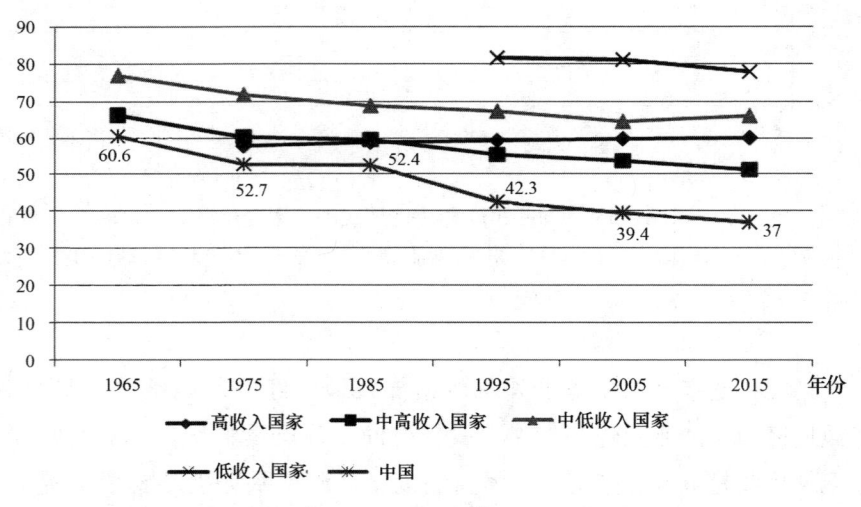

图 4—6 不同收入水平国家的平均居民消费率

资料来源：邹蕴含：《我国居民消费率发展趋势分析》，《宏观经济管理》2017 年第 9 期。

第三，基本公共服务的非均等供给，导致经济的非包容性增长。经济增长的重要价值在于广大民众能够公平合理地共享改革发展成果和红利，这也是我国社会转型的重要目标。基本公共服务作为广大民众共享发展红利的制度化平台，是连接经济发展与社会发展、促进经济包容性增长的重要制度纽带。长期存在的基本公共服务非均等化供给，既使一部分社会民众特别是社会弱势群体长期难以合理分享改革发展的成果，难以改变其弱势地位，并诱发一系列社会问题；也容易导致地区间发展差距日益扩大，使其因经济的落后，导致社会发展的落后，从而使经济社会发展陷入恶性循环，长期难以改变其落后局面，导致国家发展进程中空间正义的缺失，增加国家整合的难度，甚至可能诱发国家分裂的风险。

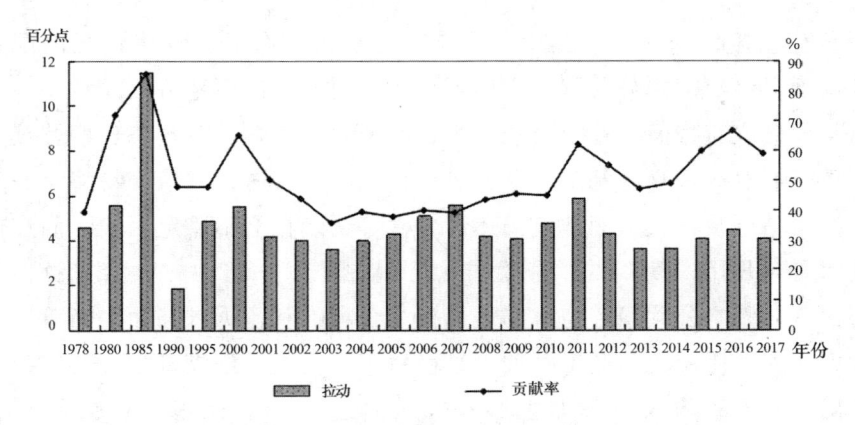

图4—7 1978—2017年中国最终消费支出对国内生产总值
增长的贡献率和拉动情况

资料来源：根据历年《中国统计年鉴》的相关数据整理。

四 社会稳定问题凸显，导致社会合意性转型缺乏稳定的社会环境

社会合意性转型的推进，必须依赖于稳定的社会环境。基本公共服务作为社会运行的"安全网"，在维护社会稳定、促进社会合意性转型过程中具有重要价值。[①] 长期以来，我国基本公共服务的非均等化供给，对我国社会稳定问题产生了诸多负面影响：

第一，基本公共服务非均等供给容易削弱执政党和政府的合法性，从而诱发社会稳定问题。基本公共服务供给是现代市场经济体制下政府的重要职能。基本公共服务均等化供给是执政党关注民生需求、保障和改善民生的重要制度载体，是执政党和政府合法性的基本来源之一。基本公共服务的非均等化供给，背离了社会主义公平正义原则，也违背了

[①] 参见黄金辉、丁忠庚、丁忠毅《促进社会长期稳定的新思路——论优化基本公共服务供给》，《理论视野》2011年第4期。另参见拙文《托底与共享：国家治理的社会政策路径》，《社会科学战线》2017年第1期。

执政党"以人民为中心"的执政理念,容易导致部分民众的"相对被剥削感"、引发其对执政党和政府合法性的质疑,从而诱发政治不稳定,导致政治有效性难以持续供给,进而诱发诸多社会不稳定因素。

第二,基本公共服务非均等供给容易导致基层社会稳定的根基脆弱化。基本公共服务供给直接关乎广大民众的民生,在保障和改善民生方面具有"托底"作用。在我国政府既有事权又有财政支出责任的配置格局下,多数基本公共服务供给责任主要由县级以下地方政府承担。由于县乡政府直接面对社会公众,当基本公共服务非均等状态长期持续并严重影响普通民众的基本生存与发展权利的改善时,民众极易将矛头直接指向基层政权,从而诱发群体性事件等诸多社会不稳定因素。而在传统"稳定压倒一切"的"刚性维稳"体制下,一些地方政府官员不是将民众对基本公共服务需求的表达视为合理的利益诉求,而是简单以强制方式加以压制,由此不断加大维稳费用的支出而压缩基本公共服务的支出,并容易陷入一种恶性循环,从而进一步弱化基层社会稳定的基础。

第三,基本公共服务非均等供给的长期存在,容易诱发阶层、区域和族群之间的对抗和冲突。基本公共服务是"一国全体公民不论其种族、收入和地位差异如何,都应公平、普遍享有的服务"[①]。从我国的现实情况来看,由于生活在农村、民族地区和边疆地区,广大农民、一些少数民族群体长期难以享受均等化的基本公共服务供给,其本质上是对这些群体的合法权益的剥夺,是一种政治与社会权利的不公。这种局面长期存在,将使部分群体在基本权利上难以享受国民待遇,从而容易加剧群体间、阶层间和族群间的差距和分化,甚至导致对抗和冲突,使社会缺乏基本的向心力、凝聚力和认同力,造成社会不稳定因素增多。

第四,基本公共服务非均等供给的长期存在,容易导致少数弱势群体铤而走险,从而威胁社会的和谐稳定。在社会转型过程中,受个人能力、发展机遇、公共政策等多种因素的影响,我国仍然存在数量巨大的

[①] 陈昌盛、蔡跃洲:《中国政府公共服务:体制变迁与地区综合评估》,中国社会科学出版社2007年版,第2页。

社会弱势群体。基本公共服务供给是保障广大弱势群体的基本生存和发展权利、维护社会和谐稳定的重要屏障。基本公共服务非均等供给的长期存在，导致广大弱势群体长期难以得到必要的扶持和保护。普通民众对基本生存和发展权利的合理诉求，如果长期不能得到合理的回应和满足，便容易产生对社会的不满甚至仇恨。在我国民主政治尚需完善，正常利益表达渠道尚需畅通的情况下，少数个体容易铤而走险，以极端化的方式来引起政府和社会的关注，从而对公共秩序和社会稳定造成极大的冲击，危害经济社会的正常发展。

总之，基本公共服务非均等供给所诱发的社会不稳定因素是多方面的。如果这些不稳定因素不能得到有效的防控，社会转型就容易因缺乏稳定的社会环境而困难重重，甚至长期停滞不前。

第三节 中国基本公共服务均等化战略的推进

进入 21 世纪以来，针对我国社会转型过程中的突出矛盾和问题，以胡锦涛同志为总书记的党中央提出了科学发展观和构建社会主义和谐社会的伟大战略构想。科学发展观和和谐社会理念的提出，标志着我国经济社会发展战略的重大转型，科学发展、和谐发展成为新时期我国经济社会发展最为显著的特征。在科学发展观与和谐社会发展理念的指导下，针对我国基本公共服务长期供给不足、供给不均所引发的一系列社会矛盾和发展瓶颈，执政党和中央政府提出了基本公共服务均等化战略[①]，日益将基本公共服务均等化作为破解我国民生难题、促进经济社会协调发展、保障社会公平公正、促进社会和谐稳定的基础性制度平台。而改革开放以来，我国经济持续快速发展，政府财政收入不断增长，到2018年，全国财政收入总量突破了18万亿元大关，从而为我国实施基本公共服务均等化战略提供了坚实的经济基础。2003年以来，我国日益重视基本公共服务供给，并通过对改革开放以来我国基本公共服务事业发展的反思，

---

① 2006年党的十六届六中全会，执政党和中央政府正式明确提出基本公共服务均等化战略，而在实践中，在21世纪初，我国已经进行了一系列公共服务均等化改革。参见刘尚希《实现消费正义和基本公共服务均等化》，《中国机构改革与管理》2011年第2期。

重新明确了政府在基本公共服务供给中的主要责任和主导作用，使我国各项公共服务事业建设得到了前所未有的发展。

一 2003年以来中国基本公共服务均等化的进展情况

2003年以来，在科学发展观和和谐社会理念的指导下，我国对改革开放以来基本公共服务过度市场化与社会化的改革进行了重新审视。2005年国务院发展研究中心课题组发表《对中国医疗卫生体制改革的评价与建议》，指出改革开放以来中国医疗卫生体制改革在总体上"是不成功的"①。这一评价"一石激起千层浪"，广泛引发了社会各界对基本公共服务市场化、政府"甩包袱"式改革的反思。通过社会的广泛讨论与反思，我国重新确立了政府在基本公共服务中的主要责任，公平正义成为基本公共服务事业建设的首要原则，"共建共享"、均等化成为我国基本公共服务体制建设的基本方针和目标。近十年来，我国各项基本公共服务事业均取得了明显进展。在此主要考察教育、医疗卫生和社会保障等基本公共服务项目均等化的进展。

第一，义务教育均等化的发展。2006年6月，修订后的《中华人民共和国义务教育法》明确规定义务教育实行免费教育。同年6月，农村义务教育还进行了保障经费机制改革，并于2007年在农村率先实行免费义务教育。2008年8月，国务院下达《关于做好免除城市义务教育阶段学生学杂费工作的通知》，决定从2008年秋季学期开始，免除城乡1.6亿名学生义务教育阶段的学杂费，标志着我国免费义务教育的全面实行。②2010年制定的《国家中长期教育改革和发展规划纲要（2010—2020）》（简称《纲要》）明确指出："教育公平是社会公平的重要基础。"教育公平的关键是机会公平，基本要求是保障公民依法享有受教育的权利，重点是促进义务教育均衡发展和扶持困难群体，根本措施是合理配置教育资源，向农村地区、边远贫困地区和民族地区倾斜，加快缩小教育差距，

---

① 国务院发展研究中心课题组：《对中国医疗卫生体制改革的评价与建议》，《中国发展评论》（中文版）第7卷第S1期。

② 参见郑功成《中国社会保障30年》，人民出版社2008年版，第288—290页。

并指出"均衡发展是义务教育的战略性任务"①。《纲要》的实施为进一步促进义务教育均等化提供了重要的制度保障。2012年9月，国务院印发的《国务院关于深入推进义务教育均衡发展的意见》指出，我国"区域之间、城乡之间、学校之间办学水平和教育质量还存在明显差距，人民群众不断增长的高质量教育需求与供给不足的矛盾依然突出"，并提出在2020年全国义务教育实现基本均衡的县（市、区）的比例要达到95%。② 2017年发布的《国家教育事业发展"十三五"规划》指出，截至2015年，我国九年义务教育在校生巩固率达到了93%，新增劳动力平均受教育年限达到13.3年。③ 2019年2月，中共中央、国务院印发《中国教育现代化2035》，明确提出到2035年要"实现基本公共教育服务均等化"④。

第二，公共医疗卫生均等化的推进。2003年以来，我国对城乡医疗卫生体制进行了深刻改革，使城乡医疗卫生事业取得了较大发展。从城市来看，2003年我国先后颁布了《关于进一步做好扩大城镇职工基本医疗保险覆盖范围工作的通知》和《关于城镇灵活就业人员参加基本医疗保险的指导意见》，使城镇医疗保险的覆盖面进一步扩大。2004年5月，劳动和社会保障部颁布《关于推进混合所有制企业和非公有制经济组织从业人员参加医疗保险的意见》。至此，我国"城镇职工统账结合的医疗保险制度基本建立"。⑤ 2007年7月，国务院出台《关于开展城镇居民基本医疗保险试点的指导意见》，提出了城镇居民医疗保险制度的具体方案。⑥ 2008年10月，国务院办公厅发布了《关于将大学生纳入城镇居民基本医疗保险试点范围的指导意见》。这一制度的实施，使城镇基本医疗

---

① 参见《国家中长期教育改革和发展规划纲要（2010—2020年）》。
② 《国务院关于深入推进义务教育均衡发展的意见》。
③ 《国家教育事业发展"十三五"规划》。
④ 新华社：《中共中央、国务院印发〈中国教育现代化2035〉》，参见网页http://www.gov.cn/zhengce/2019-02/23/content_5367987.htm。
⑤ 景天魁、毕天云、高和荣等：《当代中国社会福利思想与制度》，中国社会出版社2011年版，第44页。
⑥ 参见郑功成《中国社会保障30年》，人民出版社2008年版，第106页。

保险制度覆盖了全体非从业人员[①]，从而有效改变了长期忽略城镇非就业居民医疗保障问题的局面。从农村来看，2003年年初，国务院办公厅转发了卫生部等部门制定的《关于建立新型农村合作医疗制度的意见》，我国农村开始实行以大病统筹为主的互助合作医疗制度。2004年和2006年国务院又分别出台《关于进一步做好新型农村合作医疗试点工作的指导意见》和《关于加快推进新型农村合作医疗试点工作的通知》，使农村合作医疗制度的覆盖面进一步扩大，筹资标准进一步提高。到2017年年底，国家财政对新农合的人均补助标准已达到450元。2006年5月，中央政府发出《关于开展农民工参加医疗保险专项扩面行动的通知》，对解决农民工群体的医疗保险问题作出了专门部署。2009年，中共中央、国务院出台《关于深化医药卫生体制改革的意见》，全面启动新一轮的医药卫生体制改革。文件中提出了"逐步实现人人享有基本医疗卫生服务"的总目标，把基本医疗卫生作为公共产品向全民提供。2012年党的十八大报告明确指出完善国民健康政策，要提供更为安全有效方便廉价的公共卫生和基本医疗服务。2012年卫生部发布的《"健康中国2020"战略研究报告》，明确提出推进健康中国建设。2013年12月，财政部、民政部出台《城乡医疗救助基金管理办法》，明确了用于城乡贫困家庭医疗救助基金的管理和使用办法。2015年4月，民政部、财政部、人力资源和社会保障部、卫生计生委、保监会联合出台《关于进一步完善医疗救助制度全面开展重特大疾病医疗救助工作的意见》，要求在2015年年底将城市医疗救助制度和农村医疗救助制度合并，进一步推进了城乡医疗救助制度的一体化。2015年7月国务院办公厅引发《关于全面实施城乡居民大病保险的意见》，将大病保险覆盖所有城乡居民基本医保参保人群，并实现医疗救助制度的衔接，从而更好发挥医疗保险和医疗救助制度的托底保障功能。十八届五中全会明确提出推进健康中国建设，并纳入"十三五"规划，将健康中国提升到国家发展战略的重要地位。2016年8月，中央召开全国卫生与健康大会，习近平总书记强调"没有全民健康，就没有全面小康"。同年10月，中共中央、国务院发布了《"健康中国

[①] 景天魁、毕天云、高和荣等：《当代中国社会福利思想与制度》，中国社会出版社2011年版，第44页。

2030"规划纲要》,成为今后推进健康中国建设的行动纲领。在党的十九大报告中,习近平总书记再次强调:"实施健康中国战略,完善国民健康政策,为人民群众提供全方位全周期健康服务",并将健康中国战略作为国家发展的基本方略。① 2018年3月中共中央印发《深化党和国家机构改革方案》,提出组建国家卫生健康委员会。随后,在3月27日,国家卫生健康委员会正式挂牌。组建国家卫生健康委员会是党中央着眼于不断满足人民健康需求作出的重大决策,体现了从疾病治疗到以健康为中心理念的转变,是新时代为保障人民健康所作出的一步重要举措。

在医疗卫生事业各项改革逐步推进的过程中,国家在医疗卫生领域的责任也逐渐回归,其重要体现即为近年来政府卫生支出占卫生总费用比重的上升,而个人卫生支出则明显下降(如表4—12所示)。

表4—12　　　　2003—2017年中国卫生总费用结构变化情况

年份 项目	卫生总费用（亿元）	政府卫生支出占卫生总费用（%）	社会卫生支出占卫生总费用（%）	个人卫生支出占卫生总费用（%）	卫生总费用占GDP的比重（%）
2003	6584.10	17.0	27.2	55.9	4.8
2005	8659.91	17.9	29.9	52.2	4.7
2007	11573.97	22.3	33.6	44.1	4.3
2009	17541.92	27.5	35.1	37.5	5.1
2011	24345.91	30.7	34.6	34.8	5.0
2013	31668.95	30.1	36.0	33.9	5.4
2014	35312.40	30.0	38.1	32.0	5.6
2015	40974.64	30.5	40.3	29.3	6.1
2016	46344.88	30.0	41.2	28.8	6.2
2017	51598.8	30.1	41.1	28.8	6.2

资料来源:1.《中国卫生和计划生育统计年鉴(2017)》,中国协和医科大学出版社2017年版,第91页;2.《2017年我国卫生健康事业发展统计公报》。

---

① 习近平:《决胜全面建成小康社会　夺取新时代中国特色社会主义伟大胜利——在中国共产党第十九次全国代表大会上的报告》,《人民日报》2017年10月28日。

第三，基本社会保障均等化的进展。从城市来看，2005—2007 年，中央政府陆续出台《关于完善企业职工基本养老保险制度的决定》《关于推进企业职工基本养老保险省级统筹有关问题的通知》和《企业职工基本养老保险省级统筹标准》三个文件，逐步建立起养老保险省级统筹制度，使企业职工基本养老保险制度的改革基本完成。[1] 2008 年 2 月，国务院通过了《事业单位工作人员养老保险制度改革试点方案》，决定对事业单位工作人员实行"社会统筹与个人账户相结合的基本养老保险制度"[2]，这一改革的基本方向是"向企业职工养老保险模式靠拢"[3]，具有明显的均等化改革特征。从农村来看，2007 年国务院颁布《关于在全国建立农村最低生活保障制度的通知》，对农村最低生活保障标准和对象范围进行规定，有效解决和保障了农村贫困人口的生存和发展权利。2009 年 9 月，国务院发布《国务院关于开展新型农村社会养老保险试点的指导意见》，决定"政府对符合领取条件的参保人全额支付新农保基础养老金，其中中央财政对中西部地区按中央确定的基础养老金标准给予全额补助，对东部地区给予 50% 的补助"[4]。这一规定体现了中央政府促进东中西部地区农村养老保险均等化的作用。2010 年 10 月，《中华人民共和国社会保险法》颁布并于 2011 年 7 月正式实施。《社会保险法》的实施，为建立和完善覆盖城乡的社会保障体系，进一步保障和改善民生，确保广大民众共享改革发展成果提供了法律保障。2015 年 1 月，《国务院关于机关事业单位工作人员养老保险制度改革的决定》颁发，决定改革现行机关事业单位工作人员退休保障制度，参照城镇职工基本养老保险制度，在机关事业单位逐步建立社会统筹与个人账户相结合的基本养老保险制度，同时同步建立机关事业单位职业年金制度。[5] 2017 年 11 月国务院印发的

---

[1] 参见景天魁、毕天云、高和荣等《当代中国社会福利思想与制度》，中国社会出版社 2011 年版，第 42 页。

[2] 国务院：《关于印发事业单位工作人员养老保险制度改革试点方案的通知》，2008 年 3 月 14 日。

[3] 景天魁、毕天云、高和荣等：《当代中国社会福利思想与制度》，中国社会出版社 2011 年版，第 42 页。

[4] 《国务院关于开展新型农村社会养老保险试点的指导意见》，2009 年 9 月 1 日。

[5] 李志明：《中国社会保障制度改革新进展（2014—2015）》，社会科学文献出版社 2015 年版，第 96 页；另参见《国务院关于机关事业单位工作人员养老保险制度改革的决定》。

《划转部分国有资本充实社保基金实施方案》指出，为适应人口老龄化趋势和弥补基本养老保险基金缺口，决定划转部分国有资本到社保基金，以更好地体现代际公平和实现国有企业发展成果的全民共享。

除了全国范围内基本公共服务供给均等化的实践推进外，一些地方政府也加快了基本公共服务均等化的步伐，对推动辖区内基本公共服务的均等化具有较大的推动作用。如浙江省于2008年制订了《浙江省基本公共服务行动计划（2008—2012）》[1]，广东省在2009年出台了《广东省基本公共服务均等化规划纲要（2009—2020）》，对各级地方政府加快推进基本公共服务均等化战略具有重要的示范和带动作用。

二　对中国基本公共服务均等化推进情况的总体评价

2003年以来，我国开始将基本公共服务均等化战略作为保障和改善民生、化解社会利益矛盾和冲突、促进社会和谐稳定和实现科学发展的重要制度平台，使基本公共服务均等化战略取得了重要进展。从总体而言，我国已初步构建起覆盖城乡的基本公共服务制度体系。在全面深化改革进程中，党和国家将以基本公共服务为核心的社会政策提升到前所未有的高度，多次强调社会政策推进经济高质量发展和促进国家治理中的重要性。在这一背景下，我国关于基本公共服务的规章制度、政策措施密集出台，使我国逐步步入"社会政策时代"[2]，为我国基本公共服务均等化战略的实施提供了有力的制度保障。

首先，城乡基本公共服务一体化水平不断提高。我国逐渐改变传统重城市轻农村的做法，按照城乡一体化的原则，规划和推进农村基本公共服务供给，使农村基本公共服务供给得到前所未有的改善。先后施行义务教育免费政策、新型农村合作医疗和新型农村养老保险政策，有效化解了农村上学难、看病难、养老难等突出的民生问题。十八大以来，党和政府先后实施了精准扶贫和乡村振兴战略。各级政府在精准扶贫和乡村振兴战略的具体实施过程中，坚持将基本公共服务供给作为农村社会性基础设施建设的重要途径，在强化补齐农村基本公共服务供给短板

---

[1]　郑曙光：《促进基本公共服务均等化立法政策探析》，《浙江学刊》2011年第6期。
[2]　王思斌：《社会政策时代与政府社会政策能力建设》，《中国社会科学》2004年第6期。

的同时,为农村脱贫攻坚和乡村经济社会协调发展提供了重要抓手。

其次,城市内部的基本公共服务供给水平逐步提升。2003年以来的基本公共服务均等化改革使城市不同群体和不同职业间的基本公共服务供给模式、供给标准逐渐统一,使传统基本公共服务供给体制下少数群体享受超国民待遇的状况得到了改变。一方面,机关事业单位工作人员社会保障制度的改革,逐渐改变了长期运行的社会保障制度的"双轨制";另一方面,一些城市日益重视并创造条件为农民工享受更加均等的基本公共服务,不断深化改革,从而使长期居住在城市的农民工能够逐渐享受与城市居民同等的基本公共服务。

再次,促进区际基本公共服务均等化日益受到党和政府的重视。从东中西部不同区域基本公共服务均等化改革来说,中央政府开始根据不同地区政府财力的差异实行不同的财政补贴标准,为有效缩小地区间基本公共服务的差异提供了财力支撑。同时,中央政府更加注重从制度层面着力提升"基本公共服务保障能力","提高基本公共服务统筹层次"①,并将基本公共服务均等化作为促进区域协调发展的重要机制,从而为解决我国日益凸显的区域分化问题提供制度保障。

2003年以来,我国基本公共服务均等化取得重要进展,具有以下方面的重要原因:

第一,党和政府对基本公共服务均等化战略的高度重视。党的十七大报告指出:要"更加注重社会建设,着力保障和改善民生,推进社会体制改革,扩大公共服务,完善社会管理,促进社会公平正义,努力使全体人民学有所教、劳有所得、病有所医、老有所养、住有所居,推动建设和谐社会"②。十八大报告将"基本公共服务均等化总体实现"作为全面建成小康社会的重要目标,明确了"健全基本公共服务体系"的任务要求。③党的十九大报告明确提出要在2035年使"基本公共服务均等

---

① 《中共中央 国务院关于建立更加有效的区域协调发展新机制的意见》,2018年11月18日。

② 胡锦涛:《高举中国特色社会主义伟大旗帜 为夺取全面建设小康社会新胜利而奋斗》,人民出版社2007年版,第36页。

③ 参见胡锦涛《坚定不移沿着中国特色社会主义道路前进 为全面建成小康社会而奋斗》,人民出版社2012年版。

化基本实现"①。"十二五"规划指出,要"把基本公共服务制度作为公共产品向全民提供,完善公共财政制度,提高政府保障力度,建立健全符合国情、比较完整、覆盖城乡、可持续的基本公共服务体系,逐步缩小城乡区域间人民生活水平和公共服务差距"②。"十三五"规划也明确要求"围绕标准化、均等化、法制化,加快健全国家基本公共服务制度,完善基本公共服务体系。建立国家基本公共服务清单,动态调整服务项目和标准,促进城乡区域间服务项目和标准有机衔接。合理增加中央和省级政府基本公共服务事权和支出责任"③。此外,中央政府还先后颁布了《国家基本公共服务体系"十二五"规划》《"十三五"推进基本公共服务均等化规划》。历届党的全国代表大会主题报告的系列重要论述和基本公共服务均等化发展规划,都凸显了党和政府对推进基本公共服务均等化战略的高度重视,在国家战略层面和制度层面为基本公共服务均等化战略的实施提供了重要保障。

第二,坚持基本公共服务供给的公益性方向,发挥政府在基本公共服务均等化战略实施中的主导作用。2003年以来,基本公共服务战略的实施,是在对市场经济体制建立初期基本公共服务过度市场化的反思过程中不断深化的。因此从一开始就重新明确了政府在基本公共服务供给过程中的主导作用,使公共服务的公益性特征进一步凸显。政府无论是在基本公共服务战略的顶层设计和制度供给方面,还是在财政投入方面都发挥了主导作用。党的十八大以来,公共财政对基本公共服务项目的投资力度持续加大,以保障和改善民生为导向的基本公共服务均等化财政体制正在逐步形成。

第三,坚持将制度建设作为促进基本公共服务均等化的重要保障。2003年以来,围绕基本公共服务均等化的战略目标,基础教育、医疗卫生、社会保障等基本公共服务领域都出台了一系列规章制度,初步构建了中国基本公共服务供给的制度体系,为基本公共服务供给体制机制改

---

① 习近平:《决胜全面建设小康社会 夺取新时代中国特色社会主义伟大胜利——在中国共产党第十九次全国代表大会上的报告》,《人民日报》2018年10月28日。
② 参见《中华人民共和国国民经济和社会发展第十二个五年规划纲要》。
③ 同上。

革提供了强有力的制度规范和保障。

　　虽然 2003 年以来我国基本公共服务均等化战略取得了重要进展，但受传统制度运行惯性、基本公共服务非均等供给长达半个多世纪的累积效应，以及经济社会发展现实条件等诸多因素的影响，当前我国基本公共服务均等化战略还存在诸多突出问题。概括起来，这些问题主要表现在以下方面：

　　1. 基本公共服务均等化战略的实施受到传统发展理念和发展方式的束缚。进入 21 世纪以来，我国经济社会发展理念发生了深刻的转型，"创新、协调、绿色、开放、共享"的发展理念正逐渐取代传统发展理念成为我国经济社会发展的基本战略思想。但这些理念尚未完全有效转化为我国经济社会发展的制度框架，传统思维方式、发展理念、发展方式和经济社会政策仍然保持一定的运行惯性，对"五大发展理念"的贯彻落实与经济社会发展产生了明显的阻碍作用。具体到基本公共服务领域而言，传统发展理念的束缚作用主要体现在以下方面：一是受西方自由主义对高福利制度的批判思潮影响，一些研究者认为基本公共服务均等化需要大量的财政支出，而这种支出仅仅只是一种消费，不具备生产性质[1]，深入推进基本公共服务均等化可能使我国染上"福利病"。但一些研究者指出，虽然我国一些社会保障项目实现了制度性全面覆盖，但目前的公平程度离"底线公平所要求的目标值"相差甚远，多数指标"可能还需要二三十年甚至更长时间"[2]。二是一些研究者仅看到基本公共服务均等化对弱势群体的扶持作用，而未能全面认识基本公共服务均等化在加快我国人力资本积累、促进经济包容性发展、维护社会稳定等方面的基础性作用，因而对基本公共服务均等化战略的重要性还认识不足。以上传统理念和发展方式的束缚，阻碍了我国基本公共服务均等化战略的深入。

　　2. 协同推进经济、政治建设与基本公共服务均等化战略的力度不够。

---

[1] 参见徐月宾、张秀兰《中国政府在社会福利中的角色重建》，《中国社会科学》2005 年第 5 期。

[2] 景天魁：《底线公平概念和指标体系——关于社会保障基础理论的探讨》，《哈尔滨工业大学学报》（社会科学版）2013 年第 1 期。

在我国社会全面快速转型时期，基本公共服务均等化战略的推进，关乎权力与权利关系、既有利益格局的调整和优化，又涉及政治、经济、社会建设的方方面面，既是国家治理能力的重要体现，也是推进国家治理体系与治理能力现代化的内在要求。而当前基本公共服务均等化改革更多放在社会建设和社会治理视野下推进，既对基本公共服务均等化对推进经济高质量发展和社会主义民主政治发展的重要性认识不足，又对政治、经济体制机制对基本公共服务均等化战略的深层规约作用认识不足，从而导致站在经济、政治和社会建设全局高度对基本公共服务均等化战略进行顶层设计和通盘考虑不足，制约了基本公共服务均等化与经济、政治等领域全面深化改革的协同效应的发挥，从而既不利于经济的高质量发展、社会主义民主政治的有序推进，也在根本上制约了基本公共服务均等化战略的持续深入推进。

3. 基本公共服务供给中多元主体的"协作治理优势"[①] 尚未有效发挥。当前，在推进国家治理体系与治理能力现代化背景下，政府、市场、社会组织和公民个人共同参与基本公共服务供给已经成为我国基本公共服务供给改革的基本方向。政府购买公共服务、公私伙伴关系（PPP）模式在各地基本公共服务供给改革中被广泛采用，多元主体参与公共服务供给的协作治理格局正在逐步形成。多元主体参与基本公共服务供给的协作治理格局的形成，并不意味着协作治理优势已经得以有效发挥。首先，政府"单中心"供给结构并未从根本上改变。我国虽然重新明确了政府在基本公共服务均等化中的主导作用，但受政府职能转变不到位、市场参与基本公共服务供给的机制不完善、社会发育不成熟等诸多因素的影响，基本公共服务供给主体仍然存在过于单一的突出问题。这种"单中心"供给结构既不利于有效克服政府官僚化、低效率的内在缺陷，也使市场、社会组织和公民个体难以在基本公共服务供给过程中发挥其内在优势，从而不利于逐渐形成多元主体优势互补、互动共进的多元化供给格局，也不利于构建基本公共服务均等化"共建共享"的长效机制。其次，政府购买基本公共服务的风险防控机制建设滞后。政府购买基本

---

① Carey Doberstein, "Designing Collaborative Governance Decision-Making in Search of a 'Collaborative Advantage'", *Public Management Review*, Vol. 18, Issue6, 2016, pp. 819–841.

公共服务虽然有利于提升基本公共服务供给效率，但也潜藏着购买合同履约不完全、服务质量难以保障、腐败寻租等诸多风险。一些地方在基本公共服务购买过程中，由于风险防控机制建设滞后而带来的各种问题日渐凸显出来。如果不能有效防控各种风险，不仅不能增益基本公共服务供给的效率，而且可能严重损害公共利益，制约基本民生的保障和改善。再次，多元供给主体之间的沟通协调机制建设滞后。不同主体参与基本公共服务供给的基本动机、行动逻辑、行动方式、利益诉求具有较大差异，建立完善有效的协调机制是协调多元供给主体行动、增强不同供给主体在基本公共服务供给中的协调性、联动性的内在要求。从实践来看，基本公共服务多元供给主体间的协调机制建设尚未受到应有的重视。

4. 部分地区面临基本公共服务资源短缺瓶颈，促进基本公共服务均等化的资源配置体制机制尚需完善。部分地区基本公共服务资源短缺是新时代我国发展不平衡不充分的重要体现。破解基本公共服务供给资源短缺瓶颈是促进基本公共服务均等化的题中之意。在众多财政学研究者看来，基本公共服务均等化在本质上是一个财政学命题，其核心是财政的均等化。虽然这一观点有其内在局限，但突出了财政均等化在公共服务均等化中的重要性。从实践来看，当前我国基本公共服务的资源配置机制仍存在诸多需要完善之处：一是中央政府、地方政府的基本公共服务事权和支出责任尚需进一步明确，虽然中央政府在多个基本公共服务领域明确了促进基本公共服务均等化的支出责任，但如何划分省级政府与市、县级政府之间的支出责任、着力化解县域间基本公共服务供给资源不平衡的问题、强化乡镇政府公共服务能力等方面尚需进一步破题。二是中央财政转移支付对基本公共服务均等化的促进作用尚需进一步提升。三是基本公共服务供给筹资渠道单一。目前主要依赖公共财政投入，企业、社会组织和个人投资基本公共服务事业的机制尚不完善[1]，特别是在西部落后地区和农村地区，基本公共服务供给的市场化融资存在诸多障碍，在很大程度上造成基本公共服务供给的资源瓶颈，从而影响了基

---

[1] 黄金辉、丁忠毅：《成就与问题：成都农村公共服务事业建设审视》，《财经科学》2010年第1期。

本公共服务均等化的持续深入推进。

5. 基本公共服务供给的民众参与机制、政府的回应机制和激励机制尚不健全。受我国民主政治发展滞后和传统决策模式的影响，长期以来，我国基本公共服务供给的决策主要采用"自上而下"、相对封闭的决策模式。尽管互联网平台和大数据治理在一定程度上有利于改变"自上而下"和封闭式决策模式的局限，但仍然存在一些较突出的问题：一方面，政府对民众基本公共服务诉求尚未建立有效的回应机制，多数决策仍主要根据政府的自身偏好作出，导致政府基本公共服务供给结构与优先序难以满足民众的需求；另一方面，普通民众特别是社会弱势群体缺乏必要的参与渠道以表达其需求偏好，并对政府基本公共服务供给实行有效监督，容易导致供需失衡，造成基本公共服务资源的浪费，甚至诱发腐败行为。从激励机制来看，当前我国基本公共服务供给的一些制度安排，对服务需求者和消费者的激励机制建设重视不足；科学有效的基本公共服务绩效评估机制尚不健全，且对考核结果的管理和运用力度不够，基本公共服务绩效所占的权重是政府绩效评估、干部选任提拔的重要依据，在一定程度上不利于加强对服务供给者的监管和约束。

在我国基本公共服务长期非均等供给累积效应、当前基本公共服务均等化战略存在诸多突出问题等诸多因素的影响下，我国基本公共服务均等化的实现必然是一个长期的过程。由此造成的对我国社会合意性转型的负面影响也难以在短期内完全消除。在新时代，必须正视我国社会主要矛盾的变化，站在促进我国社会合意性转型、推动中国特色社会主义制度自我发展与完善，以及加快中国大国成长的速度，根据我国社会转型的现实特点与总体发展趋势，进一步加快我国基本公共服务均等化步伐，努力促进基本公共服务均等化与社会转型的良性互动。

第 五 章

推进基本公共服务均等化与社会转型良性互动的路径思考

社会转型是一国现代性不断成长的过程，其基本要求是通过对人的基本政治社会权利的有效保障和维护来实现经济社会发展的跃升，从而不断满足人民群众日益增长的美好生活的需要，并最终促进人的全面发展。基本公共服务职能是现代市场经济条件下政府的基本职能，是实现和维护人的基本政治社会权利、改善社会发展质量的基本途径，对促进社会合意性转型具有重要价值。基本公共服务均等化既是社会转型的重要组成部分和内在要求，又是促进社会合意性转型的重要制度支撑。当前中国正处于社会全面快速转型的关键时期，经济社会发展的深层问题和矛盾正日益凸显，由基本公共服务长期非均等供给所累积的社会问题更是诱发了诸多社会风险，对社会转型造成了诸多负面影响，阻碍了社会转型的合意性推进。在我国从"富起来"向"强起来"迈进的新时代，须站在促进中国特色社会主义制度自我完善与发展、推动社会合意性转型、促进中国大国成长与中华民族伟大复兴的高度，加快构建与我国社会转型现实情况和总体发展趋势相适应的基本公共服务均等化体制机制，不断提高基本公共服务均等化水平。在社会全面快速转型过程中，随着人民的美好生活需要的日益增长，只有根据我国社会转型对基本公共服务的内在需要，逐步建立完善与我国社会转型的现实情况和宏观趋势相适应的基本公共服务供给体制机制，努力促进基本公共服务均等化与社会转型的良性互动，才能持续有效推进基本公共服务均等化，不断提升基本公共服务均等化水平和质量，从而为促进社会合意性转型提供重要支撑。

促进基本公共服务均等化与社会转型良性互动，其基本要求是在把握基本公共服务供给与社会转型的一般规律下，有效克服二者之间的张力和掣肘因素，实现二者的有机协调和互动，充分发挥二者相互促进、相得益彰的耦合与联动作用；其基本目标是通过构建一整套持续促进基本公共服务均等化的体制机制，充分发挥基本公共服务均等化对社会转型的正向功能，以有效防控社会转型的风险，降低社会转型的阻力和成本，不断提高经济社会运行质量，努力实现科学发展目标，从而促进社会的合意性转型。促进基本公共服务均等化与社会转型的良性互动，需要首先从社会转型的现实情况和总体发展趋势出发，探讨新时期社会合意性转型对基本公共服务供给的要求，并在此基础上通过一系列宏观和微观层面的综合配套改革，逐步构建起能够及时有效适应社会转型需要的基本公共服务均等化体制机制。

第一节 当前我国社会合意性转型对基本公共服务均等化的新要求

进入21世纪以来，中国虽仍然处于社会主义初级阶段，但随着改革开放的深入，我国社会发生了深刻的转型，在总体上已经跨入了中等收入与新兴工业化国家的行列。[①] 从经济发展来看，我国市场经济体制逐渐完善，GDP总量已于2010年超过日本，成为世界第二大经济体，2018年人均GDP已达9800美元左右，标志着中国已经开始进入"偏上中等收入"经济体行列[②]；2018年，国家财政收入也超过18万亿元，中国经济实力进一步增强。从城乡关系来看，根据国家统计局发布的数据，

---

① 郑功成：《中国社会福利改革与发展战略：从照顾弱者到普惠全民》，《中国人民大学学报》2011年第2期。

② 世界银行将世界各经济体年人均国民总收入分为低、中、高3个群体。根据最新标准，低收入经济体为人均国民总收入995美元及以下，中等收入为996—12195美元，高收入为12196美元及以上。在中等收入标准中，又分为"偏下中等收入"，其标准为996—3945美元；"偏上中等收入"，其标准为3946—12195美元。参见郑秉文《"中等收入陷阱"与中国发展道路——基于国际经验教训的视角》，《中国人口科学》2011年第1期。

2018年中国城市化率达到59.58%，城市化进程进一步加快。在我国社会转型取得重大成就的同时，我国也面临着经济发展方式转变滞后、社会利益过于分化与悬殊、地区发展失衡、人口老龄化加快与社会不稳定因素增多等一系列阻碍社会合意性转型的突出问题和矛盾。这些矛盾和问题决定了我国已经到了必须加快构建基本公共服务均等化体制，从而助力优化经济发展方式、保障和改善民生、促进经济社会协调发展的时候。而在社会全面快速转型的背景下，只有实现基本公共服务均等化体制机制构建与社会转型的良性互动，才能有效实现基本公共服务均等化，才能促进经济包容性发展，使全体人民共享改革开放的成果，保障广大民众的基本政治社会权利与尊严，从而促进经济社会持续健康发展，实现社会合意性转型。而从社会转型的现实情况和宏观趋势出发，准确分析和判断社会合意性转型对基本公共服务均等化体制机制构建的要求，则是实现基本公共服务均等化与社会转型良性互动的基本前提。

根据前文对社会转型的条件、我国社会转型的宏观趋势等问题的分析，当前及未来一段时期内，我国社会转型对基本公共服务体制建构的基本要求主要体现在以下方面：

一 维护社会公平正义，进一步强化执政党和政府的合法性基础

公平正义是社会主义制度的首要价值。社会转型的过程就是通过经济社会发展和制度创新更好地实现和维护社会公平公正的过程。任何背离公平正义这一现代社会基本价值理念的经济社会发展模式都难以持久，背离公平正义的社会转型也将因缺乏基本的合法性而难以获得广大民众的支持，从而注定走向失败。改革开放以来，受"效率优先、兼顾公平"发展理念、城市工业优先发展战略（城乡二元结构）、东中西部非均衡发展战略以及其他公共制度与政策安排等诸多因素的影响，社会不公广泛存在于城乡之间、区域之间和不同社会阶层之间，以及收入分配、教育、医疗、社会保障、行政、司法等诸多领域，成为我国社会全面快速转型期的突出社会问题。城乡收入分配不公现象的凸显，对民众的政治社会心理产生了诸多负面影响。据调查，当前高达三分之二的民众认为我国社会"不太公平"和"不公平"，广大民众不仅对社会公平现状的评价状

况表示不容乐观,还对社会公平公正的发展趋势表现出消极态度。[①] 社会不公平现象的长期存在,容易导致广大民众产生"相对剥夺感""受挫""仇富""对抗执政党和政府"等多重政治社会心理,甚至产生过激行为[②],从而诱发一系列社会问题。相关研究发现,特定群体的公平感与其社会冲突感紧密相关,"低度公平感往往带来社会怨恨的集聚和冲突意识的增强"[③]。对一个政治(社会)共同体来说,公平正义价值理念的缺失,必然削弱共同体的合法性,弱化其认同力、向心力和凝聚力,因而必然从根本上影响政治和社会稳定,影响社会转型的合意性推进。因此,在当前我国社会全面快速转型的关键时期,作为社会转型的领导者和核心力量,以及推进国家治理体系和治理能力现代化的领导力量和重要主体,执政党和政府必须站在顶层设计的高度,加快构建更加有利于实现和维护社会公平正义的体制机制。

基本公共服务供给关乎广大民众的基本生存和发展权利,是现代政府制度化地解决基本民生问题的重要平台。基本公共服务的均等化供给有利于广大民众共享改革发展成果,其重点是通过对起点公平与机会公平的保障从而为实现结果公平创造基本条件,是保障社会底线公平正义的基本途径。基本公共服务供给是影响民众收入差距的重要因素。一些学者通过 OECD 国家的研究发现,公共服务的价值分别占最穷和最富群体税后收入的 76% 和 14%,"由公共服务提供的'虚拟收入'平均意义上可以减少收入不平等的 20% 左右"[④]。根据中国(海南)改革发展研究院课题组的测算,基本公共服务因素在城乡收入差距中的影响为 30%—40%。课题组的研究指出,2002 年以来,我国城乡居民人均收入的比值一直高位运行,最高比值达到了 3.33∶1。如果加上城乡基本公共服务供

[①] 郑功成:《中国社会公平状况分析——价值判断、权益失衡与制度保障》,《中国人民大学学报》2009 年第 2 期。

[②] 付珏、姚本先:《社会不公与心理失衡研究述评》,《当代社科视野》2011 年第 4 期。

[③] 范艳萍、王毅杰:《农民工的公平感及社会心理后果》,《西北农林科技大学学报》(社会科学版)2017 年第 5 期。

[④] 丁开杰:《经济不平等对社会阶层流动的影响——基于对美国公共服务供给经验的分析》,《学海》2018 年第 6 期。

给差距等因素，城乡人居收入差距将扩大为 4.5∶1 左右。① 一些研究利用省级面板数据实证研究发现，"基本公共服务供给导致了城乡收入差距扩大"。② 公共服务供给水平与民众的社会公平感有显著的正相关关系。"地方政府的基本供给越高，则个体的社会公平感越高。"③ 政府可通过提高基本公共服务均等化水平，普惠性增加民众的社会福祉来改善民众的社会公平感。在新时代，需加快基本公共服务均等化体制机制构建，以回应社会转型进程中民众对社会基本公平正义的日益增长的需要，更好调适民众对公平正义的合理诉求，减少社会成员对社会不公正的悲观预期，从而为社会转型提供良好的社会心理基础和精神动力。

在基本公共服务均等化体制机制构建过程中，如何更好地增进和维护社会公平正义又成为一个至关重要的问题。首先，必须坚持保基本的原则。根据我国当前经济社会发展的现实条件，合理确定基本公共服务供给的范围，进一步细化基本公共服务供给清单，制定具有底线性质的国家标准。在此基础上合理确定各级政府的事权和财政支出责任，使中央政府和地方政府共同承担保基本的职责，使广大民众不分城乡、地区、种族、社会地位和职业都能享受大致均等的标准化的基本公共服务。其次，坚持适当倾斜原则。由于城乡、区域间基本公共服务长期非均等供给的累积效应，广大农村和边远落后地区的基本公共服务供给远远低于全国平均水平，且其经济社会发展也远远落后于全国平均水平，这就要求中央政府和省级政府，特别是中央政府对广大农村、集中连片贫困集中区和边疆地区的基本公共服务供给实施倾斜式的扶持政策，以保障上述地区持续享受全国统一标准的基本公共服务。再次，坚持差别原则。必须认识到均等化不是平均化，也不是一蹴而就的过程，需要在尊重现有经济社会发展条件差异的情况下，允许有条件的地方提供高于国家统

---

① 中国（海南）改革发展研究院课题组：《基本公共服务体制变迁与制度创新——惠及13亿人的基本公共服务》，《财贸经济》2009 年第 2 期。
② 姜晓萍、肖育才：《基本公共服务供给对城乡收入差距的影响机理与测度》，《中国行政管理》2017 年第 8 期。
③ 李秀玫、桂勇、黄荣贵：《政府基本公共服务供给与社会公平感》，《社会科学》2018 年第 7 期。

一标准的基本公共服务。

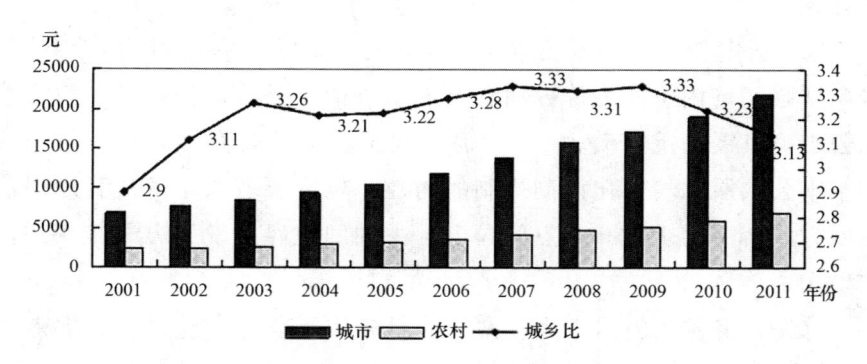

图 5—1 2001—2011 年中国城乡居民人均收入差距

资料来源：根据《中国统计年鉴》历年数据和国家统计局历年统计公报的相关数据整理计算得出。

二 推动经济发展方式转变，不断提高经济发展的内生能力

实现经济发展方式从传统、非科学向现代化和科学化的转变，提升经济发展质量和可持续性，既是社会合意性转型的重要任务，又是社会转型的基本目标。随着我国社会转型的推进，加快转变经济发展方式已成为落实五大发展理念，实现内涵式、高质量发展的主线和必由之路。加快经济发展方式转变，是我国实现经济长期持续健康发展，有效跨越"中等收入陷阱"和"转型陷阱"，成功实现由"富起来"向"强起来"转变这一历史性发展目标的关键。当前我国经济发展转变的重点和难点在于适应民众日益转型升级的消费需求，着力通过供给侧结构性改革，逐步改变过分依赖投资和出口实现经济增长的驱动结构，协调消费、投资和出口在拉动经济增长中的作用，优化经济增长的动力结构，增强经济发展的内生动力；改变过分依赖劳动力、资源能源和资金投入的粗放型经济增长方式，逐步提高科技进步和人力资本水平提升在经济发展中的贡献率，优化促进经济发展的要素投入结构；改变经济发展与社会发展相分割的传统增长模式，逐步从顶层设计的高度实现经济政策和社会政策的有机协调，坚持将保障和改善民生作为经济发展的出发点和落脚点，同时通过以基本公共服务政策为核心的社会政策的实施，为经济的

长期持续发展提供坚实的社会基础和支撑，努力实现经济的包容性发展。①

基本公共服务供给在推动经济发展方式转变、促进社会包容性发展、增强经济内生能力等方面具有多重价值，是推动创新型、内需型和公平型发展的重要动力。② 为促进我国社会的合意性转型，当前我国基本公共服务均等化体制机制的构建，也需要着眼于解决我国经济发展方式转变的重点和难点问题上，主动回应经济发展方式转变的内在要求。

首先，将扩大内需作为基本公共服务均等化体制建设的重要着力点。基本公共服务供给总量不足、结构失衡，不仅直接增加民众对基本公共服务项目的支出而减少其对普通商品的消费，还影响其消费预期，强化其储蓄动机，扩大其储蓄规模，从而对居民消费具有明显的"挤出"效应。因此，在基本公共服务均等化进程中，须从供给总量和供给结构两个方面着手：一方面，建立基本公共服务均等化标准与经济发展水平，特别是与经济总量增长相协调的联动机制，逐步提高基本公共服务均等化的标准，从而不断提高基本公共服务供给总量；另一方面，深入推进基本公共服务供给侧改革，不断优化基本公共服务供给结构，不断满足人民日益增长的公共服务需要，并减少结构失衡对居民消费的挤出效应。而基本公共服务供给结构又主要包括两方面的内容：一是供给客体，即基本公共服务受益者的结构；二是供给内容的结构。从供给客体来看，受经济社会发展水平落后和基本公共服务长期非均等供给影响最为严重的人群的消费能力严重不足，但又具有较刚性的消费需求。对这一部分群体进行适当的倾斜既是维护社会公平的需要，也能产生更大的消费边际效应。因此，要着力构建对这一部分人群适当倾斜的基本公共服务扶助体制。从供给内容结构而言，应优先供给与基本民生问题紧密相关的服务项目，而不是所谓的"政绩工程"和"形象工程"。

---

① 参见拙文《国家治理能力建设的社会政策之维：依据、路径及提升》，《四川大学学报》（哲学社会科学版）2016年第6期。
② 胡志平：《经济高质量发展的公共服务动力》，《社会科学研究》2018年第6期。

其次，优先供给人力资本积累型基本公共服务，提升我国经济的内生发展能力。① 所谓人力资本积累型基本公共服务，是指教育、公共医疗卫生、社会保障等有助于提升人的基本素质与综合能力、健康水平的基本公共服务项目。在知识更新和科学技术进步日新月异的条件下，人力资本在经济社会发展中日益发挥更加至关重要的作用。阿玛蒂亚·森指出，中国、印度在启动经济改革后，中国经济绩效优于印度的重要表现在于中国基础教育普及程度和水平更高而积累的人力资本优势。② 在当前我国经济发展方式转变过程中，产业结构的升级换代、新兴产业的发展、经济效益和发展质量的提高、国际经济竞争力的改善，都有赖于我国从劳动力资源大国向人力资源强国的转变。简言之，经济的转型升级必须以强有力的人力资本为支撑。人力资本具有较强的正外部性特征，其结构的优化和积累水平的普遍提高，必然依赖政府的统筹协调和财力保障。一般而言，世界各国政府在人力资本投资中都发挥了主导作用。受我国经济社会发展水平、国家经济社会发展重心和公共服务领域的市场化改革等因素的影响，我国政府在人力资本投资力度不仅长期不及发达国家，甚至弱于很多发展中国家。以公共教育投入为例，发达国家公共教育经费早就超过 GDP 的 5%（如图 5—2 所示），而我国长期未能达到 4% 的目标，从而制约了教育事业的健康发展，限制了人力资本的快速积累，进而延缓了经济发展方式转型和经济质量提升的步伐。因此，在我国经济发展方式转变的过程中，需要优先供给基础教育、公共医疗卫生等人力资源积累型基本公共服务，并将其作为创新型国家建设与人才强国战略的基础性平台，不断优化中国人力资源结构，提高人力资源积累水平，以充分"发挥科技第一生产力和人才第一资源作用"，不断推动我国经济由依靠投资和劳动力密集型方式向创新驱动和人力资本驱动型转变，并以此为基础，不断增强我国经济发展的内生能力，有效实现我国经济的持续健康发展。

---

① 黄金辉、丁忠毅：《成就与问题：成都农村公共服务事业建设审视——以城乡统筹为视角》，《财经科学》2010 年第 1 期。
② [印] 阿玛蒂亚·森：《以自由看待发展》，任赜、于真译，中国人民大学出版社 2002 年版，第 34—35 页。

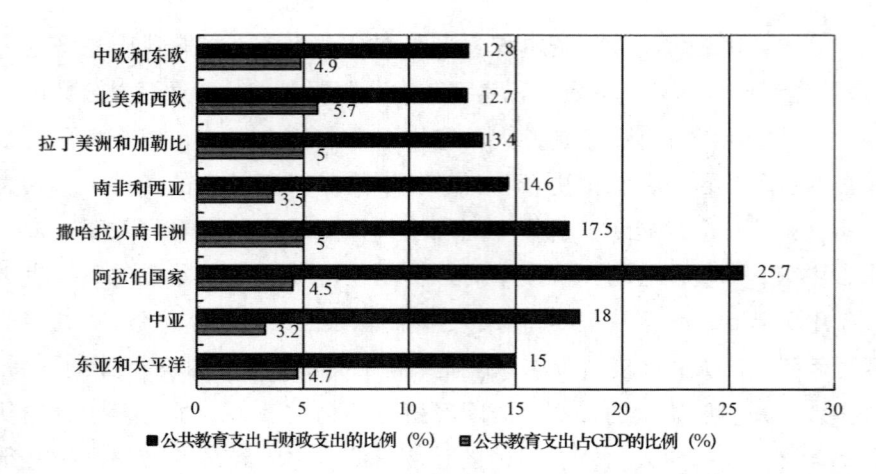

图5—2　2005年世界各地政府教育财政投入占国民生产总值和财政支出的比例

地区	公共教育支出占财政支出的比例（%）	公共教育支出占GDP的比例（%）
中欧和东欧	12.8	4.9
北美和西欧	12.7	5.7
拉丁美洲和加勒比	13.4	5
南非和西亚	14.6	3.5
撒哈拉以南非洲	17.5	5
阿拉伯国家	25.7	4.5
中亚	18	3.2
东亚和太平洋	15	4.7

资料来源：联合国教科文组织：《全国教育全球监测报告》（2008），2007年11月29日。

再次，着力构建改善社会弱势群体参与经济社会建设能力的基本公共服务供给机制。在基本公共服务供给过程中，如果仅仅着眼于对社会群体的救助，而不注重改善其参与经济建设的能力，不仅会使政府背上沉重的财政负担，也不利于社会弱势群体弱势地位的改变，还容易导致弱势地位的代际传递，造成代际不公。因此，针对弱势群体而言，在给予各种物质救助的同时，还应着力实现从"输血式"向"造血式"扶持方式的转变，重点开发有利于弱势群体参与经济社会建设能力提升的公共服务项目。如就业技能培训、社区教育、扶贫开发等，构建有利于弱势群体参与经济社会建设的制度平台，以有效改变社会弱势群体"能力贫困"的困境，进一步增强经济发展的包容性。同时，对那些具有劳动能力的贫困群体，尤其需要加强其就业、创业技能培训，而不是直接进行物质资助，可能是更好的政策选项。即使在短期内有必要给予其物质资助，也可以通过设置必须坚持对子女的教育投资、定期参与社会服务等条件，以激励其可行能力的开发。[1]

---

[1] 杨帆、张晓懿：《可行能力方法视阈下的精准扶贫：国际实践及对本土政策的启示》，《上海交通大学学报》（哲学社会科学版）2016年第6期。

三 优化城乡、区域间发展要素结构，促进城乡、区域协调发展

适度的城乡和区域差异是一国经济社会发展活力的重要来源。过大的城乡、区域发展差距则容易导致国家发展的空间正义的缺失，诱发城乡、区域的矛盾和冲突，甚至导致国家分裂。当前，我国城乡、区域间发展的不平衡不充分已经成为我国发展不平衡不充分的重要表征。如果不能有效改变这种发展格局，将严重影响国家的可持续发展和社会稳定。因此，需要站在增进国家发展的空间正义、促进不同国土空间优势互补和强化国家整合的高度，着力推进城乡、区域的协调发展。在这一背景下，旨在促进城乡、区域间协调发展的乡村振兴和区域协调发展战略成为新时代国家发展的重要战略。在新时代，我国社会转型的重要目标就是在新的发展理念的指导下，统筹城乡、区域发展，促进城乡、区域发展优势互补、良性互动，实现城乡、区域间协调发展。

城乡、区域的巨大差距，其表征是区域GDP、财政收入、人均可支配收入、基尼系数等可量化的指标的差异，而其深层原因则在于我国城乡、区域间发展要素结构和公共政策与制度安排的显著差异。如，城乡之间的发展要素形成了鲜明的对比：城市发展依靠的是现代发展与管理理念、现代生产组织方式、现代科学技术手段、现代化的金融投资方式、现代化的交流沟通方式，以及具有较高素质的劳动力。简言之，城市发展要素具有市场化、集约化、金融化、信息化、知识与科技密集化等多重特征。而农村经济社会发展的理念、手段和途径在很大程度上仍然处于现代化初期的水平，其发展要素结构远远滞后于城市发展要素结构，由此导致城乡之间发展的巨大差异。因此，实现城乡、区域间协调发展的重要条件在于促进发展要素结构的升级和优化。而发展要素结构具有显著的自我强化或弱化特性，会动态产生明显的"马太效应"，并形成路径锁定。城乡、区域间发展要素结构的差异，既有自然和历史的原因，也有制度安排的人为原因。在现代社会，公共政策选择和制度安排在很大程度上可以有效弥合城乡、区域间的发展要素结构差异，实现城乡、区域间发展要素的均衡和结构的优化，从而促进城乡、区域之间的协调发展。因而须从促进城乡、区域间发展要素结构优化的角度，思考统筹城乡、区域发展的可能路径和制度创新。

基本公共服务供给在改善经济社会发展条件、促进人力资本培育和转变经济方式等方面的基础性作用，决定了其在改善经济社会发展要素结构方面的重要作用。长期以来，我国城乡、区域间基本公共服务非均等供给所造成的农村、边远地区基础社会建设落后、人力资本积累不足等突出问题，再加之因此导致的人力资本与物质资本的转移与流失问题，是城乡、区域经济社会发展落后的重要原因。而经济社会发展落后，又将反过来影响基本公共服务供给水平，容易使公共服务供给与经济社会发展之间陷入"恶性循环"的路径锁定状态。在新时代，我国基本公共服务体制机制的构建与完善，需要按照五大发展理念的基本要求，有效发挥基本公共服务在优化城乡、区域间发展要素结构方面的杠杆作用，从而为促进城乡、区域间协调发展提供重要支撑。

第一，加快构建城乡一体的基本公共服务管理机构和制度体系。根据统筹城乡发展的需要，按照城乡"一盘棋"原则，对传统管理部门进行综合改革，成立由教育、医疗、社会保障等部门工作人员组成的基本公共服务统筹协调工作领导小组，专司城乡基本公共服务的规划、管理和政策落实，为城乡基本公共服务均等化提供有力的组织保障。另外，逐步构建完善城乡一体的财政保障机制、资源配置机制，为基本公共服务均等化提供有力的财政和资源供给保障。

第二，逐步整合城乡分割的基本公共服务制度，着力缩小城乡基本公共服务筹资水平的差距。国家基本公共服务均等化战略的实施，有效缩小了城乡基本公共服务差距，但城乡基本公共服务制度的碎片化和分割现象仍然十分突出。如城市居民和农村居民之间的养老保险、医疗保险制度仍然具有显著差异，筹资水平差距更是显著。随着我国城市化水平的不断提高，以及城市农民工的大量存在，我国城市居民和农村居民的界限将越来越模糊，户籍区隔的成本也将越来越大，意义越来越小。这就内在地要求城乡基本公共服务制度的统一和整合，并促进筹资标准的均等化，同时应着力解决好人口规模庞大的农民工群体的基本公共服务问题。

第三，建立完善利用城市与发达地区资源对口支援农村和落后地区基本公共服务事业发展的体制机制。对口支援是一项具有中国特色的国家治理政策，现已广泛运用于边疆民族地区治理、精准扶贫、重大自然灾害恢复重建、基本公共服务均等化等国家治理的诸多具体领域。[①] 当前省际对口支援边疆民族地区已长期运行，四川等省市已开始实施城市支援农村基本公共服务供给等政策。在新时代，应充分发挥对口支援政策的"集中力量办大事"优势，助力城乡、区域基本公共服务均等化。一是促进城市对口支援农村公共服务均等化政策的扩散。新中国成立以来，我国通过城乡价格"剪刀差"和城乡基本公共服务均等供给等途径为城市经济社会发展积累了大量资本和资源。现阶段，我国已经进入了"城市支持农村"的发展阶段。在城乡统筹发展过程中，应逐步完善户籍制度，促进城市对口支援农村政策的扩散，并通过相关体制机制创新，引导城市资本、公共服务资源投向农村基本公共服务事业建设，逐步加大城市对农村公共服务供给的支援力度，促进城乡基本公共服务资源的均衡配置。二是在省际对口支援和东西部扶贫协作政策运作过程中，着力引导支援方将更多人力、物力资源用于受援方的基本公共服务均等化。在省际对口支援和东西部扶贫协作政策长期运行的背景下，省际对口和东西部扶贫协作应坚持"重心下沉"原则，将促进受援地基本公共服务均等化作为重要任务，切实加强受援地社会性基础设施建设，切实保障和改善受援地的民生。

四 防控民生风险，促进社会和谐稳定

社会和谐稳定是社会合意性转型的基本条件。而社会转型期又恰恰是一国社会风险丛生、社会矛盾凸显和社会不稳定因素增多的时期。在现代社会人们社会互动日益频繁和便捷的条件下，自然、经济、政治和社会风险相互交错交织。如果某一具体风险未能得到有效防控，便可能产生一系列连锁反应，形成更大的风险，严重威胁社会稳定。当前，我国社会转型面临"波谲云诡的国际形势、复杂敏感的周边环境、艰巨繁重的改革发展稳定任务"以及"全球动荡源和风险点增多"[②] 的复杂环

---

① 参见拙文《国家治理视域下省际对口支援边疆政策的运行机制研究》，《思想战线》2018年第3期。

② 张洋：《提高防控能力着力防范重大风险　保持经济持续健康发展社会大局稳定》，《人民日报》2019年1月22日第1版。

境，各种社会风险已经渗透到人们的日常生产生活之中，成为生产生活的重要组成部分。① 因此，在当前我国社会转型的关键时期，只有高度重视对各种风险的防控，才能有效维护和促进社会稳定，为社会合意性转型提供必要的社会条件。

改革开放以来，我国经济建设所取得的举世瞩目的成就，为保障和改善民生问题提供了坚实的物质基础。但经济的增长并不自动带来民生的改善。随着我国社会转型的推进，我国民众的民生需求也不断升级，加之受"以经济建设为中心"发展战略的影响，我国民生领域积累的问题和矛盾日益凸显。近年来，民生难题日益成为我国社会转型的重要风险，加之民生问题的特殊性和影响的广泛性，更加容易诱发其他社会风险，严重阻碍了我国经济社会的稳定发展和社会转型的合意性推进。民生诉求的升级换代和民生难题的凸显，使执政党和政府更加重视民生问题的解决。"紧抓民生之本、解决民生之急、排除民生之忧"②，"全面做好就业、教育、社会保障、医药卫生、食品安全、安全生产、社会治安、住房市场调控等各方面工作，不断增加人民群众获得感、幸福感、安全感"③，进一步保障和改善民生，已成为贯彻落实五大发展理念的中心工作以及经济发展方式转变的根本出发点和落脚点。基本公共服务供给直接关乎广大民众的基本生存和发展权利，是保障和改善民生的基础性制度化平台。但长期以来，我国基本公共服务长期施行制度化的非均等供给，严重制约了其保障和改善民生功能的充分发挥，在很大程度上不利于民生问题的解决。在我国社会全面快速转型的关键时期，有效保障和改善民生，防控民生风险及其诱发的其他政治社会风险，内在地要求进一步完善基本公共服务均等化体制机制。

第一，凸显公共就业服务在基本公共服务体系中的地位。就业是最大的民生，保障和扩大就业是首要的民生工程。20世纪90年代初，为了解决国有企业改革过程中大量下岗失业人员的再就业问题，公共就业服

---

① 参见童星《社会转型与社会保障》，中国劳动社会保障出版社2007年版，第40页。
② 习近平：《群众工作是社会管理基础性经常性根本性工作》，《人民日报》2011年2月24日第2版。
③ 张洋：《提高防控能力着力防范重大风险　保持经济持续健康发展社会大局稳定》，《人民日报》2019年1月22日第1版。

务日益成为我国基本公共服务的重要内容,在促进我国民众就业方面发挥了积极作用。① 作为世界第一人口大国,我国拥有规模庞大的就业人员存量和增量,面临巨大的就业压力。在社会转型过程中,随着我国产业结构的升级、国际劳动密集型产业的转移,我国经济社会发展所需的劳动力结构已发生并将持续发生显著变化,对从业人员素质和能力的要求也将发生巨大变化。由此造成我国将在很长一段时间内面临严峻的就业压力。如果不能有效解决广大民众的就业问题,以及失业保障问题,将对社会和谐稳定产生巨大的负面影响。因此,在基本公共服务均等化体制机制构建过程中,必须将公共就业服务放在更加重要的位置,进一步完善公共就业服务体系、改善服务方式,努力提高服务绩效,以更好地应对我国社会转型过程中的就业压力与挑战。

第二,建立完善民生诉求回应与互动机制。在服务型政府、责任政府和回应型政府建设过程中,强化政府对民生诉求的回应,建立完善政府和民众良性沟通协调互动机制。对基本公共服务供给内容和优先序的确定,不应采取"自上而下"和封闭式的决策方式,而应采取"自下而上"、开放透明的决策方式。充分利用互联网、大数据等现代治理技术,将民众的网络政治参与作为改善治理质量的重要机制②,进一步拓宽民众基本公共服务需求表达平台,畅通表达渠道,建立以需求为导向的基本公共服务供给机制,着力推进基本公共服务的供给侧改革,及时调整基本公共服务供给项目和优先序,不断提高基本公共服务供给的针对性和有效性,普遍提高基本公共服务供给绩效,有效回应公众关心的民生热点问题,着力满足民众日益增长的美好生活需要。

第三,更加重视基本公共服务供给对社会弱势群体的扶助,有效防止其铤而走险所诱发的社会不稳定因素。在普遍提高基本公共服务供给水平的同时,应加快构建社会弱势群体公共服务需求偏好表达的制度化平台,增强其在基本公共服务供给决策中的话语权,着力建设促进社会

---

① 毕京福、王玉泉:《顺应时代发展 强化就业服务》,《中国人力资源社会保障》2011年第12期。

② Jiang Junyan, Meng Tianguang, Zhang Qing. From Internet to social safety net: The policy consequences of online participation in China. Governance. 2019;1 - 16. https://doi.org/10.1111/gove.12391.

弱势群体改善生活和提升能力的基本公共服务体系。以此实现"人人享有基本生活保障"和均等享有基本发展权利的目标,更好地保障社会弱势群体的基本生活与发展权利,减少其参与经济社会发展的障碍,发挥基本公共服务的托底功能,更好地维护社会的底线公平[1],有效避免弱势群体铤而走险对社会和谐稳定所造成的威胁。[2]

五 增强前瞻性,减少基本公共服务均等化体制机制转型的成本

随着社会转型的推进,基本公共服务均等化体制机制自身也必须转型,才能适应社会转型的新需要,不断为社会合意性转型提供新的动能和支撑。与社会转型一样,基本公共服务均等化体制机制转型也在根本上涉及利益格局的调整和优化,因而需要大量的政治、经济与社会成本。从我国基本公共服务供给与社会转型的互动共进历史来看,基本公共服务体制长期附属于经济体制,使基本公共服务制度与政策往往成为经济战略与政策的附属物。同时,基本公共服务体制机制改革与变迁主要是应对当时社会存在的突出问题,而不是基于自身发展规律和长远战略的考虑[3],基本公共服务体制难以被作为独立的问题域而从战略高度角度加以整体构建。由此导致基本公共服务体制转型往往难以跟上社会转型的节奏,导致基本公共服务的功能发挥具有明显的"事后救火"而不是"事先防范"的特征,从而一方面导致基本公共服务对促进经济社会发展的重要价值难以及时有效发挥,另一方面也导致基本公共服务体制机制转型的滞后和转型成本的增加。在我国社会全面快速转型的背景下,我国基本公共服务体制机制的构建与完善,应充分总结新中国成立以来我国基本公共服务供给与社会转型互动的历史经验和教训,同时积极借鉴和汲取原发现代化国家的经验教训,通过对基本公共服务供给规律的把握,以及对社会转型总体发展趋势的预判,增强基本公共服务供给的前瞻性。虽然这样并不能一劳永逸地解决我国基本公共服务未来的发展问

---

[1] 参见拙文《托底与共享:国家治理的社会政策路径》,《社会科学战线》2017年第1期。
[2] 黄金辉、丁忠庚、丁忠毅:《促进社会长期稳定的新思路——论优化基本公共服务供给》,《理论视野》2011年第4期。
[3] 张秀兰、徐月宾、方黎明:《改革开放30年:在应急中建立的中国社会保障制度》,《北京师范大学学报》(社会科学版)2009年第2期。

题，但它至少可以减轻其转型的阵痛和成本。

第一，加强对我国基本公共服务供给与社会转型互动经验教训的总结和社会转型宏观趋势的判断。对历史经验教训的总结和反思是为了当下和未来更好地发展。虽然本书对我国基本公共服务供给与社会转型的互动进行了历史回顾和反思，但这种反思仍然只是初步甚至是粗浅的。在我国基本公共服务均等化进程中，有必要进一步强化对新中国成立70年来我国社会转型进程中的基本公共服务体制机制变迁史进行深入研究，进一步总结其经验教训，提炼其规律，以更好地发挥历史的"垂鉴作用"。同时，需加强对我国社会转型宏观趋势的研判，探讨社会转型的持续深化对我国基本公共服务均等化体制机制建设的新要求，探讨其当下和未来一段时期的发展之道，以增强基本公共服务均等化体制建设的前瞻性，减少其制度转型成本。例如，当前我国基本公共服务均等化体制机制的构建，应进一步思考城市化、全球化、信息化，以及人口老龄化对基本公共服务供给的内容、规模、重点、方式等方面的新要求，并作出前瞻性的制度设计和应对方案。

第二，积极借鉴和汲取国际经验教训。中国作为后发现代化国家，在制度和技术学习方面具有明显的"后发优势"。在基本公共服务体制机制构建方面，原发现代化国家也给我们提供了大量的经验和教训。就经验来说，原发现代化国家在保障基本公共服务供给的公平性、提高公共服务供给的效率，以及均等化的技术标准、政策措施方面提供了大量的经验，很多经验都值得深入研究和借鉴吸收。就教训而言，也是多方面的，如福利水平（均等化标准）过高所导致的一系列的社会问题，都是我国在基本公共服务均等化体制机制构建过程中所必须加以避免的。如何积极借鉴原发现代化国家的有益经验，深刻汲取其教训，避免重蹈覆辙，是我国社会转型进程中基本公共服务均等化需要重点关注的问题。

第三，在全球视野中谋划中国基本公共服务供给的改革与发展。以基本公共服务为核心的社会政策传统是在一个国家内部进行的，但在全球化时代已具有超国家与跨国家性质。[①] 一国的基本公共服务供给不仅影

---

① 鲍勃·肯迪、米歇尔·赫尔斯、保罗·斯塔布斯：《全球社会政策——国际组织与未来》，商务印书馆2013年版，第1页。

响本国民众福祉，还关乎本国国际竞争力，且越来越受到国际社会的影响。当前，推进基本公共服务供给体系和供给能力现代化，亟须树立全球化的思维，在全球化视野中推进中国基本公共服务事业的改革与发展。一是在维护民众合法社会权利和保持中国产品的国际竞争力中寻求平衡点，同时还需为应对日益激烈的国际竞争提供社会政策支撑，尤需通过基本公共服务的改革与发展为中国储备有效应对国际竞争的人力资源和科学技术支撑。二是既注重加强同联合国、世界卫生组织、世界银行等国际性组织的合作，又避免这些组织将不适合中国国情的政策主张运用于中国实践。

总之，基本公共服务体制建设与社会转型都具有其内在的规律性。无论是我国还是原发现代化国家的经验都告诉我们，基本公共服务体制机制的选择对社会转型具有深刻影响。[1] 在我国社会转型过程中，需要重视分析我国社会转型宏观趋势对基本公共服务均等化体制建设的要求，以增强基本公共服务体制机制建设的前瞻性，从而减少其转型的成本，更好地发挥基本公共服务供给对社会合意性转型的正向功能。

第二节　培育中国基本公共服务均等化的宏观制度环境

基本公共服务均等化，其本质是通过对经济社会发展理念与制度的调整优化，以促进对广大民众基本生存和发展权利的制度化保障的过程。在我国社会全面快速转型过程中，进一步加快推进基本公共服务均等化，必须站在我国经济社会发展全局的高度，以促进社会合意性转型、中国特色社会主义的自我发展与完善为目标和旨归，以顶层设计为基本思路和途径，着力从根本上、总体上和宏观上突破制约我国基本公共服务均等化的瓶颈约束，从而为基本公共服务均等化体制的微观构建提供更加

---

[1] 参见郑秉文《社会和谐·社会政策·社会保障——欧美的启示》，载［加拿大］R. 米什拉《社会政策与福利政策——全球化的视角》，中国劳动社会保障出版社2007年版，第180—211页。

有利的制度环境和社会条件。基本公共服务均等化体制机制是一国政治、行政管理、法律、社会建设与管理等基础性、根本性制度的衍生性制度体系，是一国国家治理体系现代化建设的重要领域，"有效地提供基本公共服务是国家治理体系和治理能力现代化的重要组成部分"[①]。从宏观视角来看，基本公共服务均等化体制机制的建立和完善，都依赖于政治、行政管理、社会建设与管理体制机制的调整和优化。在我国社会转型过程中，只有努力推动基本公共服务均等化与政治、经济与社会建设的良性互动，才能更好地实现基本公共服务均等化体制机制的持续有效运转，从而发挥其对社会合意性转型的正向功能。

一 促进基本公共服务均等化与民主政治建设的有机互动

政治既关乎公共利益的权威性分配，又决定经济、社会等制度的产生及运行方式。[②] 在全球化、信息化和民主化浪潮下，民主政治已经成为广大民众表达利益诉求、协调利益冲突、实现利益均衡与权利均等的基本制度安排，在保障民众合法权益、维护社会公平方面具有基础性作用。政治民主越来越成为政治合法性的主要来源。有序推进社会主义民主政治建设，确保人民当家作主，不断提高我国政治文明水平，是新时代中国社会转型的重要向度和目标。

基本公共服务供给关系广大民众的基本生存与发展权利，是一国经济社会利益再分配的重要机制。基本公共服务均等化，是一国公民无论其性别、年龄、种族和职业都有享受大致均等的基本公共服务这一合法政治社会权利的动态过程，其实质是经济社会利益的再分配，其前提是公民政治社会权利的均衡。基本公共服务均等化的过程，在本质上是公民政治社会权利均衡的过程。推进基本公共服务均等化，内在地要求加强民主政治建设。而基本公共服务均等化在我国社会建设中的重要地位和作用，又决定了基本公共服务均等化在创造民主政治建设所需的良好

---

① 董克用、魏娜：《迈向2030：中国公共服务现代化》，中国人民大学出版社2018年版，第2页。

② ［美］蒂莫西·耶格尔：《制度、转型与经济发展》，陈宇峰、曲亮译，华夏出版社2010年版，第14页。

社会环境、培育社会资本、改善民主质量等方面的重要价值。因此，在我国社会全面快速转型的关键时期，需要站在促进社会合意性转型的高度，有效把握基本公共服务均等化与社会主义民主政治建设的互动关系，努力形成基本公共服务均等化与社会主义民主政治建设相互促进、协调推进的良好格局。

第一，加强社会主义民主政治建设，通过赋权和均权保障民众基本公共服务权利的均等化。长期以来，我国基本公共服务供给在城乡、区域和群体之间具有明显的非均等特征。但民众在享有基本公共服务方面的差异，不过是其基本政治社会权利不平等的重要表征。亦即，政治社会权利的差异是民众获取基本公共服务等经济社会利益不公的深层原因①，经济社会利益的失衡，其重要原因在于权利以及由此所导致的能力失衡。② 而涉及权力和利益配置等根本问题，则必须以权力与权利关系的调整和优化为前提和保障，通过政治体制改革，实现政治权利的均等，进而实现利益分配的均等。基本公共服务均等化内在地要求打破传统城乡、区域和群体之间基本权利和利益配置格局的失衡状态。这就必然要求对现有利益格局进行必要的调整。③ "权力关系是发展的核心问题"④，只有通过民主政治建设，赋予每一个公民追求其合法利益的民主政治权利，才能有效打破基本公共服务传统供给体制下的非均衡利益配置格局，也才能更好地协调基本公共服务均等化过程中的利益矛盾和冲突。在当前基本公共服务均等化过程中，一些地方政府通过治理创新，有效提升了基本公共服务供给的民主性、有效性和效率。如成都在村级公共服务供给过程中，创造了"户代表制""民主决议""民主评议"等基层民主机制，重造了公共服务供给流程，"形成了民主与民生互促共赢良好局

---

① 黄金辉、丁忠毅：《社会转型与党内民主建设着力点的选择》，《当代世界社会主义问题》2011 年第 4 期。

② 参见 [印] 阿玛蒂亚·森《资源、价值与发展》，杨茂林译，吉林人民出版社 2008 年版，第 280—299 页。

③ 参见王玮《我国公共服务均等化的困境及其化解——基于现实约束条件的分析》，《经济学家》2010 年第 5 期。

④ 联合国社会发展研究院：《反对贫困与不平等——结构变迁、社会政策与政治》，《清华大学学报》（哲学社会科学版）2011 年第 4 期。

面"①。珠三角地区的珠海、东莞、佛山等地在公共服务供给过程中增加了公众评议环节,通过协商民主的方式,提升了公众参与的积极性,改善了公共服务绩效。②

然而,基本公共服务均等化并不是一蹴而就的过程,而是利益的动态协调和螺旋式的平衡过程。因此,并不是赋予每个公民以平等的民主政治权利,就能立即实现基本公共服务的均等化,而是需要在基本公共服务供给过程中,通过民主体制机制的建立和完善,建立有效的利益协调机制,逐渐实现不同社会群体基本权利的均衡,通过民众权利的均衡来保障基本公共服务的均等化。

首先,通过民主政治建设增强政府对民众基本公共服务诉求的回应性。从世界各国基本公共服务均等化的历史进程来看,基本公共服务作为公民普享的政治社会权利,不过是近百年来的历程,其重要的原因就是民主制度的发展。民主政治的发展是西方原发现代化国家普遍推进基本公共服务均等化甚至建设福利国家的重要动因。从我国现实情况来看,全心全意为人民服务是中国共产党的根本宗旨,执政党和政府具有持续改善基本公共服务供给质量的内在动力。但受传统发展理念、发展战略、发展路径偏向及其所造成的利益格局日趋固化等诸多因素的影响,基本公共服务均等化供给很难自动实现。只有通过民主政治建设的推进,才能有效发挥民主所具有的多元参与协商、监督规约权力、保护权利等功能,使广大民众更加有力地对政府基本公共服务供给"形成相应的压力"③ 和有效的规约,从而改变政府自身的行政理念、职能重心、行为惯性、行为偏好,乃至利益偏好④,有效克服"政府本位"倾向,避免

---

① 赵鹏程、李雪艳:《村级公共服务改革中民主与民生互促共赢研究——以成都市郫都区为例》,《山东理工大学学报》(社会科学版) 2018 年第 2 期。

② 岳经纶、刘璐:《协商民主与治理创新:珠三角公共服务政策的公众评议研究》,《华中师范大学学报》(人文社会科学版) 2016 年第 6 期。

③ 参见王玮《我国公共服务均等化的困境及其化解——基于现实约束条件的分析》,《经济学家》2010 年第 5 期。

④ 政府在经济社会发展过程中,扮演的并非全是利益中立的角色,而是具有其自身的利益。如美国历史学家和汉学家杜赞奇在《文化、权力与国家》一书中,就较深刻地分析了中国传统政权中"盈利型经济体制"现象。参见[美]杜赞奇《文化、权力与国家:1900—1942 年的华北农村》,杨茂林译,江苏人民出版社 1984 年版,第 66 页。

"政府本位导致的政府失灵"[1],从而更好地发挥政府在基本公共服务供给中的主导作用。

其次,通过民主政治建设,完善基本公共服务均等化的民众参与机制。基本公共服务供给关系到民众的切身利益,根据利益相关者原则,广大民众应参与基本公共服务供给的决策、管理和监督等全过程并发挥主导作用。但在当前我国民主政治建设水平相对滞后的情况下,广大民众缺乏制度化表达基本公共服务偏好、参与基本公共服务供给决策和管理的渠道,从而容易导致基本公共服务供给结构、规模、优先序与公共需求的脱节,严重影响公共服务供给绩效和社会效应。更为重要的是,由于民主机制的缺乏,社会不同群体,特别是社会弱势群体难以通过制度化的平台表达其利益诉求并有组织地进行合法利益博弈,从而使强势群体在基本公共服务供给过程中拥有更多的话语权和主导权。长此以往,不同社会群体的合法话语权和利益博弈能力将日趋悬殊,从而在长远上必然加剧基本公共服务供给的非均等化。因此,在基本公共服务均等化体制建设过程中,需要更加重视民众参与基本公共服务供给决策、管理、监督的民主机制建设,通过不同社会群体在宪法和法律范围内进行制度化的公开公平利益博弈,从而推动基本公共服务均等化的持续深入。更为重要的是,民主政治建设,有利于改变国家(政府)单向度推进基本公共服务均等化的格局,逐渐形成国家与社会、民众合作推进基本公共服务均等化的良好局面,从而为推动国家治理体系与治理能力现代化提供重要支撑。

第二,将推进基本公共服务均等化作为提升社会主义民主政治质量的重要制度平台。民主政治建设是基本公共服务均等化的重要制度保障,基本公共服务均等化水平的提升有赖于民主政治建设质量的改善。但在我国社会全面快速转型过程中,民主政治建设必然面临诸多社会风险[2],如果不能有效防控民主政治的社会风险,便容易对政治稳定乃至整个经

---

[1] 杨弘、胡永保:《实现基本公共服务均等化的民主维度——以政府角色和地位为视角》,《吉林大学社会科学学报》2012年第4期。

[2] 丁忠毅、刘华、石本惠:《新时期中国共产党党内民主建设的边界刍议》,《社会科学研究》2011年第6期。

第五章　推进基本公共服务均等化与社会转型良性互动的路径思考　/　241

济社会的发展构成极大的威胁。只有有序推进社会主义民主政治建设，切实提升民主发展质量，才能真正为社会合意性转型提供有力的政治保障。在新时代，有必要站在促进社会合意性转型的高度，着力从基本公共服务均等化体制建构的角度发挥基本公共服务供给对民主政治建设的正向功能。

首先，以基本公共服务均等化持续推进创造民主政治有序成长所必需的社会环境。在我国社会全面快速转型的关键时期，人民的民生诉求日益转型升级，人民对美好生活的需要日益增长，基本公共服务长期非均等供给所诱发的民生矛盾日益累积，导致民生问题日益突出，并成为影响我国社会和谐稳定的重要因素。民生问题直接关乎广大民众的基本生存和发展权利，其影响的人口规模巨大，因而其潜在的社会风险也就十分重大。在全球风险社会时代[1]，民生问题引发的社会风险，又容易诱发其他一系列社会风险，从而严重危害社会稳定，使民主政治发展缺乏必要的社会环境。为更好地维护社会和谐稳定，应将传统的维稳体制改革与基本公共服务均等化相结合，以优化民主政治发展的社会环境。一方面，在基本公共服务均等化过程中，更加注重对维护基本民生的公共服务项目建设，以有效减少民生问题引发的社会矛盾，从而减轻政府维稳压力；另一方面，应根据社会转型的现实需要和发展趋势，将优化基本公共服务供给作为维护社会稳定的有效途径，而不是将民众正常的基本公共服务诉求视为社会不稳定因素，对其进行强行压制而诱发新的社会不稳定因素。同时，应有效避免政府维稳支出对基本公共服务预算所产生的"挤出效应"，导致基本公共服务投资不足，从而影响基本公共服务的持续健康发展。[2]

其次，以基本公共服务均等化塑造民主政治发展所需的社会共识。长期以来，我国基本公共服务在城乡、区域和不同群体之间的非均等供给，在一定程度上加剧了居民收入差距，违背了社会公平正义原则，使

---

[1]　［德］乌尔里希·贝克：《世界风险社会》，吴英姿、孙淑敏译，南京大学出版社 2004 年版，第 1—22 页。

[2]　黄金辉、丁忠庚、丁忠毅：《促进社会长期稳定的新思路——论优化基本公共服务供给》，《理论视野》2011 年第 4 期。

城乡、区域间的断裂式发展趋势逐渐凸显。社会不公的凸显和社会的断裂式发展，必然导致社会群体及其价值理念的巨大分化，从而使社会缺乏必要的向心力、凝聚力和认同力，造成民主政治发展缺乏必要的社会共识。因为，民主政治建设是不同利益主体和价值观念公开博弈和交锋的过程，如果缺乏必要的社会共识，不同利益主体在利益博弈过程中就容易引发更大的价值与利益冲突，从而使社会陷入仇视甚至分裂状态，对经济社会发展造成巨大威胁。因此，在基本公共服务均等化过程中，一方面，有必要以科学发展、共享共建、公平正义为基本原则，以民主的方式唤醒民众的权利意识、协商意识、规则意识和议事能力，形成全民参与、民主协商、共建共享的治理格局；另一方面，在普遍改善基本公共服务供给水平的同时，着力构建强化农村和中西部落后地区的基本公共服务事业建设的体制机制，加快缩小城乡、区域和不同社会群体间基本公共服务的差距，促进广大民众共享改革发展成果，有效缩小收入分配差距，维护社会公平正义，不断增强社会的凝聚力和认同力，逐渐形成社会不同群体的价值和利益共识，有效奠定民主政治发展所需的社会共识基础。

再次，以基本公共服务均等化创造民主发展的民生绩效。从政治有效性的角度看，民主政治发展不仅是建构权力与权利互动关系的合法性基础，还需要持续供给政治有效性，以提升民主质量、促进民主巩固。重视基本公共服务均等化与民主政治建设的衔接互动，有利于通过基本公共服务均等化来不断保障和改善民生，其本质是促进民生建设与民主建设的良性互动。通过这种结合，有利于将对民主政治所构建的政治合法性的追求与"民主创造经济发展与民生幸福的有效性"结合起来[1]，从而实现在政治合法性建设过程中涵育政治有效性，在政治有效性中积累政治合法性的双向良性互动。基本公共服务均等化是现代国家保障和改善民生的基础性制度。坚持"以人民为中心"，不断提高基本公共服务均等化水平，不断回应人民日益增长的美好生活需要，切实保障和改善民生，是提升社会主义民主政治质量的基础条件和内在要求。

---

[1] 林尚立：《民主与民生：人民民主的中国逻辑》，《北京大学学报》（哲学社会科学版）2012年第1期。

二 进一步强化政府基本公共服务职能

政府是公共政策的主要设计者和实施者，政府关于经济社会建设的基本理念、职能重心、行为方式及其基本能力对经济社会的发展具有至关重要的作用，在很大程度上决定了经济社会发展能否"帕累托式"推进[1]，决定了能否促进社会合意性转型。但政府并非一个具有完全自主能力的行动者，而是一个与外部社会生态环境存在相互型塑关系的行为体。在这种彼此型塑的互动关系中，政府机构系统内部必须根据包括政治、经济、文化在内的外部环境的变化，及时转变其基本理念、职能中心和行为方式，不断增强其适应性，提高其基本能力，从而发挥其对经济社会发展的正向功能，持续供给政治有效性。自其诞生之日起，政府与其外部环境就经历了彼此型塑、动态平衡的互动历程，并形成了"社会结构变迁与政府职能的互动演进过程"[2]。社会转型内在地要求政府职能与之相适应，而政府职能的优态转变，将在提升政府能力的同时，推动政府成为社会合意性转型的重要动力。

当前，我国已进入以经济转型为中心向经济、政治和社会全面转型，从生存型社会向发展型社会转型的关键时期，人民的美好生活需要日益增长，需求结构不断升级。经济社会发展重心的转换和人民美好生活需要的日益增长，使我国政府基本行政理念、职能体系和行政方式发生了重要的变化：从政府行政理念来看，"以人民为中心""协调""共享"等基本理念逐渐成为政府行为的基本指导思想；从政府职能体系来看，执政党和政府已明确将"服务型政府"作为我国政府改革的目标方向，并将"创造良好发展环境、提供优质公共服务、维护社会公平正义"作为社会主义市场经济条件下我国政府职能转变的具体目标。建设服务型政府，既适应现代政府改革发展趋势的内在要求，更有效解决我国社会全面快速转型进程中改革遗留问题在公共服务领域逐渐累积所导致的负

---

[1] 唐朱昌、杨特：《试论政府在经济转型和改革过程中的作用——中、俄、印三国之比较分析》，《世界经济研究》2007年第3期。

[2] 汪波：《社会结构变迁中的政府职能转变与"职能悖论"》，《中国特色社会主义研究》2006年第6期。

面问题和矛盾①，适应人民日益增长的美好生活需要的内在要求。受政府行政理念、党政合一为核心的政治整合方式与权力配置模式②、制度机制、行为模式惯性的影响，我国服务型政府建设必然是一个长期而复杂的过程，因而需要根据我国社会转型的阶段性特点，设计和规划我国服务型政府建设的阶段性目标，并通过政府行政理念、职能重心和体制机制的相应调整为阶段性目标的实现提供有力的保障。

为了更好地适应社会转型进程中我国社会公共需求升级的新要求，特别是有效解决我国基本公共服务长期非均等供给所诱发的民生问题等一系列突出的社会问题和矛盾，进入21世纪以来，我国政府开始实施基本公共服务均等化战略。逐步构建与我国社会转型相适应的基本公共服务均等化体制，不断推进我国基本公共服务均等化，是当前我国服务型政府建设的重要阶段性目标。"服务型政府意味着公共服务目标的高度实现，公共服务均等化成为政府的基本职能。"③ "政府的职责不但在于做出基本公共服务的'蛋糕'，更重要的是如何实现'蛋糕'的均等分配。"④ 虽然基本公共服务均等化战略本身就是政府强化其基本公共服务职能的重要体现，但基本公共服务均等化目标的实现，需要以政府基本公共服务职能的进一步强化为前提和保障。因此，需从政府职能转变的总体高度，坚持通过政府职能的转变为推进基本公共服务均等化提供重要支撑。

第一，凸显政府公共服务职能在政府职能体系中的地位，优化政府职能结构体系。当前，我国政府已经明确将"提供更优质的公共服务"作为市场经济条件下政府的基本职能之一，且日益强调社会治理和公共服务职能的重要性。但受政府传统职能重心、政绩考核方式、组织行为方式等诸多因素的影响，我国政府在实际运行过程中，仍然难以在短期内摆脱其传统行为偏好，在经济领域仍然存在参与过多、管得过细等"越位"行为，而在社会治理和公共服务领域，又存在严重的"缺位"现

---

① 吕炜、王伟同：《发展失衡、公共服务与政府责任》，《中国社会科学》2008年第4期。
② 吕同舟：《新中国成立以来政府职能的历史变迁与路径依赖》，《学术界》2017年第12期。
③ 孙涛、张怡梦：《从转变政府职能到绩效导向的服务型政府——基于改革开放以来机构改革文本的分析》，《南开大学学报》2018年第6期。
④ 张贤明等：《基本公共服务均等化研究》，经济科学出版社2017年版，第9页。

象，造成经济社会"一条腿长一条腿短"、发展失衡。在我国政府职能转变过程中，需要在强化政府宏观调控和创造良好发展环境职能的同时，进一步凸显社会治理和公共服务职能的地位，坚持从政府职能配置高度彰显加快基本公共服务均等化的紧迫性和重要性，并从政府职能转变、政府体制机制改革创新和政府机构改革等方面进行综合配套改革，为基本公共服务均等化提供协同性和系统性支撑。

第二，凸显基本公共服务职能在政府公共服务职能体系中的地位。基本公共服务所涵盖的范围远远小于公共服务所涵盖的范围。在政府公共服务职能体系中，基本公共服务职能的履行情况，关乎广大民众的基本生存与发展权利，因而是政府公共服务职能的基础性职能，进而是整个政府职能的基础性职能。我国服务型政府建设的推进内在地要求强化政府的公共服务职能。但在我国经济社会发展阶段的现实约束条件下，服务型政府建设应该是梯次推进的过程。政府基本公共服务职能的有效履行对政府自身合法性以及经济社会发展的极端重要性，决定了我国必须凸显和确立基本公共服务职能在政府履行其公共服务职能体系中的优先性，更加凸显基本公共服务职能在其公共服务职能体系中的地位，从而为加快构建基本公共服务均等化体制提供制度支撑和人力物力资源保障。

再次，促进不同层级政府之间事权和支出责任的调整和优化。从基本公共服务供给角度来讲，县（区）乡基层政府直接面对广大民众，在基本公共服务供给过程中信息成本、协调成本相对较低，针对性、灵活性和适应性更强。基层政府在公共服务供给中的诸多优势，决定了其理应更多地承担基本公共服务供给、管理和监督等方面的责任。但在我国现有财政体制下，基层政府由于其财力不足而难以承担基本公共服务的经费支出责任，由此导致基层政府公共服务能力的弱化，并最终影响其政府整体能力的强化。为此，需按照事权与支出责任相匹配的原则，加快构建有利于促进基本公共服务均等化的公共财政体制，重点强化基层政府基本公共服务财力保障机制建设，从而实现不同层级政府之间事权与支出责任的匹配。为进一步强化其基本公共服务职能，在提高基层政府基本公共服务财力的同时，应及时改革创新基层政府绩效考核评价指标体系，逐渐加大基本公共服务指标在整个指标体系中的权重，而对乡镇和社区治理绩效的考评，则应在条件成熟的时候，取消对招商引资等指标的考核，重点考核其基本公共服务供给与社会治理职能的履行效果。

三 促进基本公共服务均等化与社会建设的协调互动

在新中国成立以来的社会转型进程中，我国社会领域一直未能受到应有的重视，社会大体上处于政治和经济的夹缝之中，甚至为二者所淹没，"强政府、弱社会"，"强市场、弱社会"问题十分突出[1]，社会发育的严重滞后，使社会结构滞后于经济结构发展水平长达15年左右[2]，严重影响了经济社会的协调健康发展。2003年，党的十六届四中全会关于构建社会主义和谐社会战略目标的提出，标志着我国进入了"经济、政治、文化、社会"四位一体的社会主义现代化建设的新时期。加快社会建设、促进社会和谐既是执政党和政府在对中国特色社会主义现代化建设规律认识深化基础上的实践自觉，也是有效解决我国经济社会发展不平衡不充分、社会利益分化加剧、社会断裂化发展，以及社会认同弱化、社会凝聚力下降等突出社会问题和矛盾的内在要求。

社会建设的重要目标在于"优化人口品质、完善保障机制、推进自由平等、理顺社会流动"[3]，其对社会主义民主政治建设、经济发展和社会稳定的重要作用，决定了社会建设将成为中国未来10—20年社会转型的基础性战略选择。党的十八大以来，党和政府日益重视社会政策在我国经济社会建设中的重要作用，提出了诸多社会建设的新理念、新思路，实施了诸多新的举措，取得了许多重大成就。[4] 但受我国社会建设长期滞后和当前我国社会建设的复杂性、艰巨性等诸多因素的影响，我国社会

---

[1] 参见孙立平《社会建设的目标是促进社会进步》，《北京工业大学学报》（社会科学版）2009年第2期。

[2] 陆学艺：《当前中国经济社会形势与社会建设》，《新视野》2011年第5期。

[3] 谢立中：《"社会建设"的含义与内容辨析》，《北京大学学报》（哲学社会科学版）2015年第2期。

[4] 参见杨宜勇、黄燕芬《十八大以来中国社会建设的新思路、新成就》，《社会学研究》2017年第6期。

建设必然是一个长期的、梯次推进的过程。在当前和未来一段时期内，我国社会建设的内容主要包括以民生为重点的社会事业建设、社会治理与社会安全建设、社会秩序建构与社会结构优化等诸多内容，其目标是实现社会进步，并最终实现社会现代化。[①]

在当前我国社会转型的关键时期，加强社会建设内在地要求加快基本公共服务均等化，但基本公共服务均等化体制机制的持续有效运转，又必须以社会的发育和成熟为保障。在当前我国基本公共服务供给过程中，需从推进社会合意性转型的高度，努力促进基本公共服务均等化与社会建设的协调互动。

第一，以基本公共服务均等化破解当前我国社会建设与社会治理的突出难题。当前，我国社会建设的重点和难点在于加快以民生为重点的社会事业建设。只有更好地保障和改善民生，不断满足人民日益增长的美好生活需要，有效化解我国社会转型期日益突出的社会矛盾和冲突，有效促进社会的和谐稳定，才能为我国社会的合意性转型提供稳定的社会环境。基本公共服务均等化供给是当前我国解决民生问题、保障广大民众的基本生存与发展权利的重要战略选择，因而是我国社会建设的重要内容。基本公共服务均等化体制建构，需要在我国社会建设的总体框架下进行顶层设计和推进，及时回应我国经济社会发展的现实需求，有机链接经济政策和社会政策，有效发挥基本公共服务均等化的综合社会效应，从而促进经济社会的协调发展。同时，应进一步把握基本公共服务均等化与构建普惠型福利社会之间的关系，并通过基本公共服务均等化为我国普惠型福利社会建设提供必要的制度基础和社会基础。

第二，以社会建设保障基本公共服务均等化体制的持续运行。在国家治理视野下，基本公共服务均等化是执政党、政府、市场、社会和公民等多元治理主体的共同责任，且不同治理主体在基本公共服务供给中具有独特的优势和内在的不足。只有充分发挥不同治理主体的积极性，实现其优势互补，才能促进基本公共服务均等化体制机制的持续运转。就社会主体而言，社会主体在发达国家的基本公共服务供给中发挥着日

[①] 参见陆学艺《社会建设就是建设社会现代化》，《社会学研究》2011年第4期。

益重要的作用，特别是社会组织在化解市场和政府失灵难题、降低公共服务供给成本、强化公民责任、培育社会资本、促进社会善治等方面具有显著的优势。加强政府与市场、社会主体的协作伙伴关系，是基本公共服务供给体制发展的重要趋势。[①] 受新中国成立以来我国社会建设长期滞后的影响，当前我国社会发展严重滞后，致力于社会公益事业的社会组织、城市居民社区、村民委员会等社会力量难以在公共服务供给过程中发挥重要作用，限制了基本公共服务均等化的持续运行。为改变这种局面，需要通过社会建设促进社会组织的发育和成长，充分发挥其在基本公共服务体制建设中的积极作用，从而为改善公共服务供给质量、促进基本公共服务均等化体制机制的可持续运行提供强有力的社会基础。

四 健全基本公共服务均等化的法律制度体系

近代以来，普遍享有基本公共服务的权利日益成为公民的基本政治社会权利，而不传统社会条件下政治共同体对其臣民的选择性恩惠。基本公共服务供给职能不仅是政府的道义责任，更是政府的法律责任。"法与公共服务的结合，是一种关于权利与正义的法权安排，是国家公权力营造人民良善生活氛围的职责体现"[②]。20世纪中叶以来，普遍享有基础教育、公共医疗卫生等基本公共服务，已经作为基本人权的内容载入了《世界人权宣言》《经济、社会和文化权利国际公约》等重要国际法律规范，成为缔约国应当努力履行的国际义务。从原发现代化国家基本公共服务均等化实践来看，在完善国家治理体系过程中以法治建设明晰政府公共服务供给责任、不同层级政府公共服务职能配置等事项，从而保障公民均等享有基本公共服务权利，是其成功推进基本公共服务均等化的重要举措和成功经验。如实行均等化较早的加拿大就在宪法条款中明确规定了行政、立法和司法系统促进人民福祉机会平等的责任和义务，并

[①] ［美］安瓦·沙：《公共服务提供》，孟华译，清华大学出版社2009年版，第148—180页。

[②] 李德国、陈振明：《公共服务的法治构建：渊源、框架与路径》，《厦门大学学报》（哲学社会科学版）2015年第4期。

明确了政府在均等化保障体制中的责任。① 德国也是"以宪政化的方式"来保障基本公共服务均等化目标的实现,并在《基本法》《财政预算法》和《财政平衡法》等法律法规中确立了财政平衡原则,明确了联邦和州政府在均等化中的权责关系。② 澳大利亚、丹麦等国也分别通过制定《公共服务法》和《联邦财政均衡法》为本国基本公共服务均等化提供了法制保障。原发现代化国家基本公共服务均等化的经验告诉我们,只有从法律的角度使"基本公共服务均等化从政府的行政纲领演进为立法政策"③,对基本公共服务均等化进行权威性的规范和强制性的实施,才能使基本公共服务均等化战略成为具有普遍约束力的战略举措,也才能从法律上保障公民均等享有基本公共服务。

当前,我国法治化水平总体不高,关于基本公共服务均等化的法律体系更是不健全。我国现行宪法中虽然对公民权利作了明确规定,但没有关于公民均等化享有基本公共服务的具体条款。④ 从具体领域来看,目前我国出台了《义务教育法》和《社会保险法》等法律制度,而在大多数基本公共服务领域,仍是通过"规划""实施办法"和"实施意见"等政策性文件对基本公共服务供给进行管理和调控,且大多数政策性制度规范仅对"怎么做""做到什么程度"进行了规定,而对未能实现相关规定的政府部门、个人作出明确的惩戒措施。制度的不完整性使制度的权威性、约束力和执行力大打折扣,同时也造成难以对政府基本公共服务的"缺位"行为进行法律问责,影响了基本公共服务均等化的进度和水平。一些学者甚至指出,"我国公共服务领域的发展滞后,核心问题是

---

① 加拿大1982年宪法关于均等化的规定主要有:"第一,促进加拿大人民福祉机会平等(promoting equal opportunities for the well-being of Canadians);第二,通过经济发展减少机会差别(furthering economic development to reduce disparity in opportunities);第三,为所有加拿大居民提供品质适度的基本社会保障(providing essential public services of reasonable quality to all Canadians)。……加拿大议会和联邦政府承诺:在可比较的、相等赋税前提下,确保各省财政均等化,使之有足够的财政收入来提供质量适度的基本社会保障。"参见丁元竹《理解均等化》,《读书》2009年第11期。

② 参见王玮《我国公共服务均等化的困境及其化解——基于现实约束条件的分析》,《经济学家》2010年第5期。

③ 郑曙光:《促进基本公共服务均等化立法政策探析》,《浙江学刊》2011年第6期。

④ 参见范健《试论实现"基本公共服务均等化"的法制基础》,《甘肃理论学刊》2008年第3期。

公共服务法律制度建设的滞后"①。

为进一步提高基本公共服务均等化的法治水平，应按照全面依法治国的要求，高度重视我国基本公共服务均等化的法律制度体系建设，培育有利于促进基本公共服务均等化的法治环境。为此，应主要着力于以下三个方面：

第一，从顶层设计的高度制定基本公共服务均等化法治建设的中长期规划。一是进一步树立基本公共服务均等化法治理念，坚持从法律上保障广大民众均等享有基本公共服务这一权利。二是在条件成熟的时候，应在宪法这一根本大法中以明确的条款保障公民这一基本政治社会权利。三是树立整体性思维，着力克服基本公共服务领域法律法规的碎片化困境。一方面，完善基本公共服务具体领域的法律法规，进一步明晰公民享有基本公共服务权利的宪法权利，逐步形成体系完备的法律体系。另一方面，应"完善法律之间的衔接，制定具体细节和操作流程"②，增强各项法律的系统性和协调性，从而强化法律法规的可操作性。

第二，从法律上消除对公民普遍享有基本公共服务的制度障碍，减少甚至消除制度性排斥。当前我国存在不少制度性排斥公民享有基本公共服务的现象，其中最引人关注的就是户籍制度所造成的城乡基本公共服务二元分割问题。2012年2月，国务院办公厅发布了《关于积极稳妥推进户籍制度改革的通知》，对城乡户籍制度改革进行了新的规划，并赋予其"推进城乡公共资源均衡配置""逐步实现基本公共服务均等化"的重任。如何落实新的户籍管理制度，清理类似具有排斥性的制度藩篱，是我国基本公共服务均等化法治化建设的重要任务。

第三，制定和出台新的法律制度，进一步完善我国基本公共服务均等化的法制体系。在我国社会转型进程中，应根据我国社会转型对基本公共服务均等化的新要求，以及"依法治国"方略实施的总体要求，进一步加快公共服务均等化立法进程。具体而言，可以按照"块状立法模

---

① 李德国、陈振明：《公共服务的法治构建：渊源、框架与路径》，《厦门大学学报》（哲学社会科学版）2015年第4期。

② 林雪贞：《中国社会保障演进的历史维度和世界视野》，法律出版社2019年版，第173页。

式"和"条状立法模式"① 相结合的原则,可制定相对宏观的《基本公共服务均等化法》和公共医疗卫生等若干关于重要基本公共服务项目的具体法规,明确各级政府及其他基本公共服务供给主体在均等化战略中的主要事权和支出责任;设计基本公共服务均等化的标准及实现机制;明晰违法责任追究;建立完善公民基本公共服务权利受侵的法律援助和救济制度。②此外,还需特别重视对政府购买公共服务的法治建设③,以法治建设规避政府购买公共服务的风险。

总之,基本公共服务均等化体制的构建是一项长期的、梯次推进的系统工程。只有培育良好的宏观制度环境,才能更好地在中观和微观层面构建起适应我国社会合意性转型内在需要的基本公共服务均等化体制。

第三节 中国基本公共服务均等化的运行机制建设构想

在中国社会全面快速转型的关键时期,促进基本公共服务均等化与社会转型良性互动的基本落脚点在于,通过一系列宏观与微观体制机制的改革和创新,逐步构建起一整套适应社会转型现实情况和总体发展趋势与发展要求的基本公共服务均等化运行机制,从而使基本公共服务均等化战略有效运转起来。如何有效构建完善促进基本公共服务均等化有效运转的体制机制?本章第一、二节内容,主要从宏观视野对这一问题进行了初步探索,而本节内容则着重从中观与微观视野,对当前和未来一段时期内中国基本公共服务均等化的运行机制建设进行初步构想,以期更好地发挥基本公共服务供给在推动社会合意性转型中的正向功能。

---

① 所谓"块状立法模式",是指按照基本公共服务的范畴,对教育、公共医疗卫生、社会保障等领域分别立法;而"条状立法模式",即按照基本公共服务的流程进行立法。参见范健《试论实现"基本公共服务均等化"的法制基础》,《甘肃理论学刊》2008 年第 3 期。

② 参见王玮《我国公共服务均等化的困境及其化解——基于现实约束条件的分析》,《经济学家》2010 年第 5 期。

③ 张有亮、贾晟锟、贾军:《政府购买公共服务的法治化问题》,《兰州大学学报》(社会科学版) 2016 年第 3 期。

一 强化政府在基本公共服务均等化中的主导作用

对后发现代化国家而言，政府是其社会转型目标、发展战略与具体政策措施的主要制定者，是社会转型的主要推动者，政府职能的准确定位及其有效发挥，是其避免"后发劣势"，发挥"后发优势"，促进社会合意性转型的关键。基本公共服务是现代政府的基本职能之一，基本公共服务均等化的实现，也需要以政府作用的有效发挥为前提和保障。改革开放以来，政府基本公共服务供给职能履行的不足甚至异化，是我国基本公共服务长期非均等供给的重要原因之一。当前，有效化解我国基本公共服务长期非均等供给所累积的社会问题和矛盾对社会合意性转型造成的负面影响的紧迫性，决定了需要更加重视发挥政府在基本公共服务均等化中的主导作用，从而进一步加快基本公共服务均等化进程，不断提高均等化水平。

第一，强化政府基本公共服务均等化制度供给职能，建立完善基本公共服务均等化的制度框架。从制度经济学的角度来看，基本公共服务均等化的实现过程，就是基本公共服务制度变革创新和有效实施的过程。政府发挥其在基本公共服务均等化中的主导作用的基本途径，就在于有效供给基本公共服务均等化的法律制度规范。根据其他国家基本公共服务均等化的主要经验，以及当前我国基本公共服务均等化战略实施的现实情况，各级政府特别是中央政府应着力构建以下制度体系：

一是完善我国基本公共服务均等化战略的中长期战略规划。党的十九大报告明确提出到 2035 年要基本实现基本公共服务均等化。[①] 目前，国家已分别在"十二五""十三五"期间颁布了《国家基本公共服务体系"十二五"规划》《"十三五"推进基本公共服务均等化规划》。这是我国基本公共服务均等化战略的两份重要中期规划，为我国基本公共服务均等化战略的实施明确了阶段性目标、核心任务和约束性指标。从基本公共服务均等化战略可持续推进的角度来看，我国尚缺乏有关基本公共服务均等化战略的更长时段的规划。目前，一些科研机构和学者已经

---

① 习近平：《决胜全面建成小康社会 夺取新时代中国特色社会主义伟大胜利——在中国共产党第十九次全国代表大会上的报告》，《人民日报》2018 年 10 月 28 日。

开始思考基本公共服务均等化长期规划的设计问题，如董克用、魏娜等学者组织团队力量编写了《迈向2030：中国公共服务现代化》一书，勾勒出未来10余年中国公共服务现代化的蓝图和实施路径，为我国基本公共服务均等化长期规划的制定进行了前瞻性探索。当前，中共中央、国务院分别于2016年和2019年颁布《"健康中国"2030规划纲要》和《中国教育现代化2035》，公共医疗卫生和公共教育领域的中长期规划已经绘就。但其他基本公共服务领域的中长期规划尚未颁布。从公共政策制定角度来看，围绕2035年基本实现基本公共服务均等化的战略目标，在国家层面制定有关基本公共服务均等化战略的长期规划，是推动基本公共服务均等化持续深入、有效保障和改善民生的现实要求。

二是完善基本公共服务均等化的标准体系。标准化作为一种"技术支撑和管理手段"[1]，是"提升公共服务水平的重要技术支撑，在国家治理能力和治理体系中发挥着越来越重要的作用"[2]。2018年12月，国家颁布了《关于建立健全基本公共服务标准体系的指导意见》，制定了公共教育、社会保险、医疗卫生等9个领域的国家基本公共服务标准体系，明确了中央与地方支出责任划分，以及中央与地方共同财政事权基本公共服务保障国家基础标准，为我国基本公共服务标准体系建设提供了宏观指导。为推动这一指导意见的落地，各级地方政府应根据本省（市、自治区）的实际情况，制定当地的具体实施标准。同时，各级地方政府应围绕完善基本公共服务标准体系这一任务，发挥地方政府创新的优势，在基本公共服务质量标准、基本公共服务基础设施建设标准等领域"先行先试"，为基本公共服务国家标准的动态调整优化提供地方经验，从而推动"顶层设计"和"基层创新"的良性互动。

三是加强引导市场、社会组织和公民个人协同参与基本公共服务供给的制度保障体系建设。市场组织、社会组织和公民个人等多元治理主体参与基本公共服务供给，是推进国家治理体系和治理能力现代化的内在要求。然而，市场组织、社会组织和公民个人参与基本公共服务供给，

---

[1] 邢建全：《山西省基本公共服务标准体系框架的研究》，《大众标准化》2018年第5期。
[2] 《国家标准委印发〈社会管理和公共服务标准化发展规划（2017—2020）〉》，《中国标准化》2018年第3期（上）。

并不必然带来基本公共服务供给效率和质量的提高，甚至可能带来意想不到的风险。因此，为提高基本公共服务供给效率和质量，政府在引导市场组织、社会组织和公民个人参与公共服务供给，构建多元治理主体协作伙伴关系的同时，必须加强制度建设，以规避和防范各种风险。首先，需进一步完善市场组织、社会组织进入基本公共服务供给领域的准入标准，完善市场组织、社会组织的资质条件认定标准。其次，需明确基本公共服务具体领域的质量标准，并以此作为市场组织、社会组织基本公共服务供给质量的评价标准。再次，需要完善政府购买市场组织、社会组织提供的基本公共服务的招投标制度、过程管理制度和质量监管制度体系，有效避免政府购买基本公共服务过程中的潜在廉政风险。

四是健全基本公共服务均等化战略实施的监督考评和责任追究制度体系。基本公共服务均等化战略的实施，既要强化过程管理，重点考核各级政府在基本公共服务领域的资源投入状况和资源配置合理程度，又要坚持结果导向，对基本公共服务的供给绩效、民众的满意度和获得感进行考评，着力形成各级政府基本公共服务供给的内生动力和外在压力。为此，一方面，需要进一步完善基本公共服务均等化战略实施的监督考评体系，不断提高考评的精准度、针对性；另一方面，需要强化结果管理，进一步完善责任追究制度体系，对推进基本公共服务均等化战略不力、失责等情况进行责任追究。

此外，在当前我国基本公共服务均等化制度体系构建过程中，需要着眼于我国经济社会发展的全局和社会转型的宏观趋势，高度重视打破传统城乡、区域和不同社会群体间基本公共服务差别化供给格局，逐渐改变长期以来我国基本公共服务制度的分割化和碎片化状态，加快推进城乡基本公共服务具体领域的制度体系的衔接和一体化，坚持以制度化的方式化解基本公共服务均等化过程中的利益冲突和矛盾，以制度建设促进基本公共服务为广大民众所共享，不断提高人民群众的获得感。

第二，强化政府基本公共服务投资力度，加强基本公共服务均等化财政保障机制建设。治国即理财。在治理体系和治理能力既定的条件下，基本公共服务均等化在很大程度上取决于财政资源的均等化。基本公共服务均等化问题在很大程度上是一个财政学命题。从原发现代化国家基本公共服务均等化的经验来看，政府在基础教育、公共医疗卫生、社会保障方面承担主要投资责任,加强政府间财力均等化机制建设,是实现基本公共服务均等化的重要手段和基本途径。如英、法、德等国政府公共卫生投入经费均达到国家卫生总经费的80%以上①,德国、加拿大、澳大利亚等国都建立了动态的、科学的财力均等化机制来确保州级政府之间基本公共服务财力的均等化,从而促进公民基本公共服务权利的均等化。当前,在我国基本公共服务均等化战略实施过程中,须将政府财政投入机制建设作为政府发挥主导作用的重要途径,从而为基本公共服务均等化提供有力的经费保障。为此,应着重建立完善以下方面的机制:

一是建立完善基本公共服务投入增长与财政收入增长联动机制,以加大政府对基本公共服务的投资力度,推动政府将新增财政收入更多地用于基本公共服务投资,不断提高政府公共服务供给的财政能力。

二是进一步明确中央和地方政府的支出责任,以制度化方式规范中央政府在促进全国性基本公共服务均等化方面的财政投入责任。一方面,加大中央政府对民族地区、边疆地区和集中连片贫困区基本公共服务均等化的支持;另一方面,强化中央政府在外部的公共教育、医疗卫生等基本公共服务领域的投入力度,以改变地方政府在上述基本公共服务领域投资动力不足所带来的供给总量不足、供给不均等问题。

三是逐步推进税收返还制度改革,中央政府减少适当对发达地区税收返还的比例,并将其作为"先富带动后富"的机制,由中央政府转移支付给经济落后地区,用以支持落后地区的基本公共服务事业发展,以逐步缩小地区间基本公共服务供给的财力差距。或借鉴德国促进基本公共服务均等化的有益经验,建立省际横向转移支付制度,以法治化的方式推动经济发达省份支持经济欠发达地区的基本公共服务均等化。

四是调整税收返还、一般性转移支付和专项转移支付结构,增加一般性转移支付占转移支付总量的比例。② 在政府转移支付种类中,一般性转移支付具有显著的均等化功能,而税收返还和专项转移支付均属于

---

① 世界银行东亚及太平洋地区扶贫与经济管理局:《中国第十一个五年规划——中期进展情况评估》,2008年,第92页。

② 金人庆:《完善促进基本公共服务均等化的公共财政制度》,《党建研究》2006年第12期。

"非均等化的转移支付"①。1994年分税制改革以来，我国逐年加大了政府转移支付规模，转移支付结构渐趋稳定，较好地发挥了中央财政的宏观调控作用。对基本公共服务均等化而言，相关研究指出：中央财政转移支付"缩小了中西部地区的差异水平"，但税收返还和专项转移支付加剧了地区间的非均等供给状态。当前我国财政转移支付结构中，专项转移支付的占比相对过高，而均衡性转移支付②的比例相对较低。据统计，1994—2015年，我国"专项性财政转移支付规模平均占到全部财政转移支付规模的46.9%，一般性财政转移支付规模只占到53.1%"③。一般性财政转移支付规模的偏小，限制了中央财政转移支付的均等化效果。自2009年来，我国中央财政转移支付结构不断优化（如表5—1所示），但财政专项转移支付和税收返还比例依然较大，从而不利于基本公共服务均等化的实现。为更好地发挥财政转移支付的均等化功能，应逐年增加一般性特别是均衡性财政转移支付在整个转移支付结构中的占比，逐渐减少专项财政转移支付的规模，并取消实践中的地方财政配套制度。④

五是加强县乡政府财政管理体制改革，增强基层政府基本公共服务供给的财政能力。县乡基层政府承担了基本公共服务供给的大量事权，但在分税制改革后，县乡基层政府的支出责任与其事权之间严重失衡。农村税费改革之后，县级政府的财政负担进一步加重，"直接导致公共产品供给的下降"⑤。在一些经济欠发达地区尤其是边疆地区、民族地区，部分地方的县乡财政甚至难以维持政府自身的有效运行，被形象地称为

---

① 胡志平：《中国农村公共服务非均等供给的政治经济学分析》，博士学位论文，复旦大学，2010年，第198页。

② 1994年我国进行了分税制改革。1995年起，中央对地方实施了过渡期转移支付，2002年更名为一般性转移支付，2009年，原财力性转移支付更名为一般性转移支付，而原一般性转移支付则更名为均衡性转移支付。

③ 李燕凌、彭园媛：《城乡基本公共服务均等化的财政政策研究》，《社会科学文摘》2016年第7期。

④ 调研发现，一些财政专项转移支付的重要前提是地方政府配套一定比例的资金。这一政策实践加剧了专项财政转移支付的基本公共服务非均等化效应，因为在现实中，有资金配套能力的政府部门更容易获得某些财政专项转移支付。相反，财力不足的政府部门却难以获得某些财政专项转移支付。

⑤ 周黎安、陈祎：《县级财政负担与地方公共服务：农村税费改革的影响》，《经济学（季刊）》2015年第1期。

"吃饭财政",导致难以有效履行基本公共服务职能。加快推进基本公共服务均等化战略,一方面,需尽快提高基本公共服务的财政统筹层次,"强化省级政府统筹职能"①,使省级政府在推进省域内基本公共服务均等化领域承担更大支出责任,着力改变主要依靠县级政府供给公共教育、医疗卫生等基本公共服务现状;另一方面,可在加大中央财政对落后地区财政转移支付力度的同时,加快县乡财政管理体制改革,如探索实行"省直管县"和"乡财县管"制度,通过分权为民生性公共服务支出、提升基层政府公共服务能力提供有力的财政保障和制度支撑。②

表 5—1　　1995—2017 年中央政府财政转移支付规模和结构

年份	总量（亿元）	一般性转移支付 规模（亿元）	一般性转移支付 比例（%）	专项转移支付 规模（亿元）	专项转移支付 比例（%）	税收返还 规模（亿元）	税收返还 比例（%）
1995	2533	291	11.5	375	14.8	1867	73.7
1996	2672	235	8.8	489	18.3	1949	72.9
1997	2801	273	9.7	516	18.4	2012	71.8
1998	3285	313	9.5	889	27.1	2083	63.4
1999	3992	511	12.8	1360	34.1	2121	53.1
2000	4748	893	18.8	1648	34.7	2207	46.5
2001	6117	1605	26.2	2204	36	2309	37.7
2002	7353	1944	26.4	2402	32.7	3007	40.9
2003	8058	2241	27.8	2392	29.7	3425	42.5
2004	10379	3352	32.3	3423	33	3609	34.7
2005	11474	4177	36.4	3529	30.8	3758	32.8
2006	13491	5160	38.3	4412	32.7	3930	29.1
2007	18112	7093	39.2	6892	38.1	4096	22.6

---

① 《中共中央 国务院关于建立更加有效的区域协调发展新机制的意见》(2018 年 11 月 18 日)。

② 李荣华、王文剑:《地方政府分权改革对民生性公共服务的影响——基于河南省"省直管县"分权改革的分析》,《社会主义研究》2018 年第 2 期。

续表

年份	总量（亿元）	一般性转移支付 规模（亿元）	一般性转移支付 比例（%）	专项转移支付 规模（亿元）	专项转移支付 比例（%）	税收返还 规模（亿元）	税收返还 比例（%）
2008	22946	8696	37.9	9967	43.4	4282	18.7
2009	28621	12359	43.18	11320	39.55	4942	17.27
2010	30611	12296	40.17	13311	43.48	5004	16.35
2011	39900	18300	45.87	16522	41.41	5078	12.72
2012	45101	22526	49.94	17386	38.55	5189	11.51
2013	48037	24371	56.7	18610	38.74	5056	10.53
2014	51604	27567	53.42	18941	36.7	5096	9.88
2015	55181	28475	51.6	21624	39.19	5082	9.21
2016	58030	32018	55.17	20923	36.06	5089	8.77
2017	65218	35168	53.92	21887	33.56	8164	12.52

资料来源：1. 1995—2008 年的数据来源于田发、周琛影《促进公共服务均等化的财政体制国际比较》，《经济问题探索》2010 年第 3 期；2. 2009—2017 年的数据分别来自当年预算执行情况与下一年度预算草案审查结果报告。部分年度因决算报告缺乏分项明细报告而采用预算数据。3. 由于采取四舍五入法统计各分项支出数据，部分年度存在分项数据总和超过总量的情况。

二 建立完善基本公共服务均等化的协调机制

基本公共服务均等化战略的实施，既是对国家治理体系与治理能力现代化水平的检验，也有赖于国家治理体系与治理能力现代化水平的持续提升。政府是基本公共服务均等化的主导者。基本公共服务均等化战略的实施，从纵向上看，涉及从乡镇政府到中央政府所有层级政府行政理念的革新、职能结构的调整优化；从横向上看，牵涉同级政府的教育、医疗卫生、社会保障、民政等诸多部门之间的协调配合与协同治理。如果缺乏强有力的运行协调机制，对各级政府和同级政府的不同职能部门不能进行有效的统筹协调，将容易导致条块分割、政出多门、责权不清等诸多问题，由此加大了基本公共服务供给的内耗与"碎片化"，影响基本公共服务均等化的持续发展。为改变这一状况，应从"顶层设计"的高度，树立"整体性治理"思维，加快建立完善从中央政府到地方政府的立体化、整体性、差异化基本公共服务均等化运行协调机制，不断降

第五章　推进基市公共服务均等化与社会转型良性互动的路径思考　/　259

低基本公共服务供给的协调成本。①

　　首先，择机建立全国基本公共服务均等化战略统筹促进机构。从国家治理角度看，促进基本公共服务均等化是一项全国性、长期性的战略任务，只有在中央政府的统一组织、协调保障下才能顺利推进。因此，可先建立基本公共服务均等化部际联席会制度，以有效克服基本公共服务供给中的"部门本位"思维和"部门行政"局面，"改变部委利益割据的局面，打破原有行政管理布局，超越部门限制，统筹各部门资源和力量"②，以保障基本公共服务均等化的深入推进。同时，有必要在时机成熟之时，在中央政府层面组建基本公共服务均等化领导小组和促进工作委员会。根据我国经济社会发展和基本公共服务均等化的现实情况，可考虑赋予全国基本服务均等化领导小组和统筹促进工作委员会以下职能：

　　一是依托国家发展和改革委员会、财政部、民政部和具体领域基本公共服务的政府部门，制定全国基本公共服务均等化中长期战略规划和年度规划，明晰现阶段基本公共服务的范围和供给优先序。

　　二是协调具体领域基本公共服务的政府部门，制定具体领域全国性基本公共服务均等化的国家标准。

　　三是根据省际财政状况、物价水平、人力物力基础等因素，开发设计全国性基本公共服务均等化的技术保障体系，特别是提出促进各省基本公共服务均等化供给财力均等化的中央政府财政转移支付建议方案。

　　四是加强基本公共服务供给资源的整合，促进不同职能部门之间相近职能的整合和机构的调整，减少制度与政策分割甚至"打架"现象，有效避免制度与政策碎片化和机构的零散化，增强制度和机构合力，促进基本公共服务制度与政策的一体化。

　　五是督促全国基本公共服务均等化战略的实施，协同国家审计部门，加强对基本公共服务资金资源使用情况进行定期审计，对不同省区和具

---

① Juliet A. Musso, Matthew M. Young & Michael Thom, Volunteerism as co-production in public service management: application to public safety in California, Public Management Review, 2019, Vol. 21, No. 4, 473－494, DOI: 10.1080/14719037.2018.1487574.

② 张志红、字强：《"部际联席会议制度"探析》，《延边党校学报》2015 年第 4 期。

体领域基本公共服务均等化水平进行动态评估,并及时提出相关政策建议。

六是加快推进医疗保险、社会保险等社会保险基金跨区域转移接续工作,加快区域乃至全国就医异地结算制度建设,增加民众异地就医结算的便捷度,减少民众异地就医报销成本。

七是对全国基本公共服务均等化战略的实施提供业务指导、人员培训等服务,引导基本公共服务的人力物力资源流向基层,特别是边远农村地区,对地方政府的基本公共服务均等化战略实施进行督导,并提供有力保障。

其次,就地方政府而言,应逐渐将基本公共服务供给的统筹协调功能提升到省级政府层次,县乡政府则主要落实省级的统筹方案,更多地承接和履行基本公共服务供给职能。在这一思路下,参照国家基本公共服务均等化领导小组和统筹促进工作委员会的运行模式和机制,建立地方政府基本公共服务均等化领导小组和统筹促进机构,并赋予其以下主要职责:根据国家基本公共服务均等化中长期规划和年度规划,参照基本公共服务国家标准,制定辖区内基本公共服务均等化的具体实施方案和保障措施,并履行其他相应职能。而县乡政府则应更多地将其精力放在规范基本公共服务供给流程、整合公共服务供给渠道、规范公共服务供给行为等方面,力争在大致相同的财力下促进基本公共服务供给绩效的均衡化和水平的均等化。

三 构建政府主导的基本公共服务多元合作治理机制

从现代政府职能理论和各国基本公共服务供给的实践来看,政府理应在基本公共服务均等化过程中发挥主导作用。但对政府主导作用的强调,并不意味着政府全面直接参与基本公共服务的生产、供给等环节的全过程。由于政府自身存在的等级化、官僚化、有限理性、行动迟缓和效率低下等内在局限性,20世纪70年代以来,西方发达国家理论界和决策界先后掀起以"新公共管理"和"新公共服务"为核心的政府改革浪潮,在公共服务供给过程中形成了政府、市场、社会组织和公民个人多元互动、合作治理的机制,从而有效发挥了市场、社会组织和公民个人在公共服务供给中的优势,在有效提高公共服务供给绩效的同时,赋予了公民权利,培育了市场组织和公民个体的参与意识和责任意识,促进了社会的"善治"。

多元合作治理机制之所以能够有效提高基本公共服务供给的效率，其内在机理在于不同主体的比较优势和主体之间的竞争。从不同主体的比较优势来看，政府在统筹协调、制度设计与实施、资金投入、监管等方面具有明显的优势；市场组织具有"顾客"意识、"企业家精神"、"成本"意识和高效率等显著优势；社会组织特别是非营利性组织是非剩余索取组织，是提供服务质量难以监督的基本公共服务的理想合作者[①]；公民个人也是基本公共服务供给的重要参与者，公民个人的有效参与可以有效降低公共服务供给的信息收集和劳动力成本。当然，市场、社会组织和公民个人在基本公共服务供给过程中也有其内在局限性，这些内在不足也容易导致"市场失灵"和"志愿者失灵"等问题，从而损害基本公共服务供给效益。从竞争的角度来看，打破政府在基本公共服务供给中的垄断地位，有利于不同主体在基本公共服务标准、供给成本等方面展开多维度的竞争，不断提高基本公共服务资源配置效率，满足民众对基本公共服务多样性的需求，并推动服务标准的动态提高，从而有利于在总体上改善基本公共服务供给绩效。

改革开放以来，中国对基本公共服务供给进行了以市场化和社会化为导向的改革，但由于对政府承担基本公共服务供给职能与基本公共服务供给方式多元化等基本问题的认知偏差，以及社会组织发育滞后等多方面的原因，我国基本公共服务的市场化和社会化改革不是提高了均等化水平，而是加大了非均等化供给差距，使人民群众日益增长和转型升级的基本公共服务需求与政府基本公共服务供给不足不均之间的矛盾，日益成为我国主要社会矛盾的重要表征之一，由此限制了人民日益增长的美好生活需要的满足，并引发了诸多社会问题。在当前我国社会转型过程中，加快构建政府主导的基本公共服务多元合作治理机制，既是调动社会各方面积极性，加快促进我国基本公共服务均等化进程的需要，也是培育公民责任意识和参与意识，推动社会发育和成长，推进国家治理体系与治理能力现代化、逐步实现"善治"的内在要求。

---

① 王永钦、许海波：《社会异质性、公司互动与公共品提供的最优所有权安排》，《世界经济》2010年第4期。

基本公共服务均等化供给理应顺应推进国家治理体系与治理能力现代化的时代要求，应逐步构建多元合作治理机制。

第一，建立完善市场组织参与基本公共服务投资和供给的制度化平台，有效防控政府向市场组织购买公共服务的风险。传统以政府为单一主体的基本公共服务供给，既难以满足我国基本公共服务均等化战略所需的大量资金，也使基本公共服务供给缺乏必要的竞争机制，从而影响基本公共服务均等化战略的持续推进。市场组织参与基本公共服务投资，是当前各国化解基本公共服务供给资金瓶颈的重要途径。如印度政府在其致力于改善农村公共服务水平的全国性公共服务中心（Common Service Centre，CSC）的建设过程中，通过积极引入市场组织的投资，使其承担了约三分之二的资金投入。[①] 随着我国社会主义市场经济体制的日益完善，积极引导市场组织参与基本公共服务投资和供给具有必要性和现实性。特别是在社会流动资本过剩背景下，将部分社会资本引入基本公共服务领域，既可以解决基本公共服务事业发展的资金瓶颈，又有利于为过剩资本找到合理出口，从而有利于经济社会的健康协调发展。而引导市场组织参与基本公共服务投资的过程，又同时是引入市场竞争机制的过程。政府在有效履行自身职能的同时，应根据不同领域基本公共服务供给的特征，积极采用以托管、政府采购、合同外包、特许经营权制等为主要形式的公私伙伴关系（Public Private Partnership）供给模式，以发挥市场组织在公共服务供给中的比较优势，逐步提高公共服务供给绩效。然而，政府向市场组织购买公共服务并不能"一买了之"，需要清晰地认识到，市场组织也会失灵。政府向市场组织购买公共服务必然存在诸多风险。这些风险主要包括购买服务的质量风险、服务提供方履行合同责任的风险、购买方式的风险，以及廉政风险等。为有效防控政府向市场组织购买公共服务的各类风险，首先，应界定政府向市场组织购买基本公共服务的边界。[②] 其次，采用补需方策略，让基本公共服务受益者拥有

[①] 参见网页：CSC Investment Details. http://www.mit.gov.in/default.asp?id=825。

[②] 参见财政部科研所课题组《政府购买公共服务的理论与边界分析》，《财政研究》2014年第3期；魏娜、刘昌乾《政府购买公共服务的边界及实现机制研究》，《中国行政管理》2015年第1期；张偲、温来成《论我国政府购买公共服务的边界》，《地方财政研究》2018年第4期。

更多自主选择权，以此增加对基本公共服务直接供给者改善服务态度和服务质量的内在动力。再次，构建全过程管理理念，加强对购买公共服务的过程管理和绩效评估，着力提高政府向市场组织购买公共服务的风险评估和防控能力。①

第二，加快社会组织参与基本公共服务供给机制建设。社会组织在基本公共服务供给过程中具有无剩余索取动机、信息收集成本低等优势，是政府基本公共服务供给职能的重要承接者。随着改革开放的推进，我国公共服务供给模式的重要转型便体现在"从政府直接提供服务到向社会组织购买服务的转型"②。针对当前我国社会组织参与基本公共服务供给的现实情况，应着力于以下方面的机制建设：一是完善村民委员会和城市社区组织对区域内具有俱乐部性质的基本公共服务供给机制。村民委员会和社区应将基层民主政治建设与基本公共服务供给机制建设相结合，有效保障民众在基本公共服务供给决策、管理和监督等环节的民主权利和主体地位，使基本公共服务供给更好地满足民众的需求，从而提高服务的针对性和有效性。二是培育社会组织发展，构建社会组织参与基本公共服务供给的平台。近年来，虽然我国社会组织取得长足发展，但从总体上看，社会组织的结构仍不合理，社会组织的社会行动能力仍相对较低。受此影响，社会组织参与基本公共服务供给的规模和能力仍然十分低下。因此，现阶段我国应逐步培育社会组织发展，深入分析不同社会组织参与政府公共服务购买的行动逻辑③，并善于运用法律、制度和政策对其进行监管，使更多社会组织参与到基本公共服务均等化供给过程中，从而有效弥补政府和市场在基本公共服务供给中的不足，进而在总体上提升我国基本公共服务均等化供给水平。

---

① 兰旭凌：《政府购买公共服务的风险评价：一个实证模型》，《江淮论坛》2018年第3期。

② 田凯：《我国公共服务领域政府与社会组织合作关系的发展》，《国家行政学院学报》2018年第5期。

③ 社会组织参与政府购买公共服务的行为遵循"生存理性""专业理性"和"价值理性"等不同逻辑。参见王川兰《行动者、系统与结构：社会组织参与公共服务购买的行动逻辑——基于上海S机构的实证研究》，《社会科学》2018年第3期。

第三,构建不同主体之间的协调机制。政府、市场、社会组织和公民个人作为现代市场经济条件下基本公共服务供给的主体,其相互之间往往具有不同的价值目标和利益取向,在其合作过程中难免产生价值和利益冲突。因此,在基本公共服务均等化体制构建过程中,政府应逐步厘清政府、市场和社会的边界,明确不同主体在公共服务供给中的活动范围和边界,构建有利于不同主体间的对话协商机制,加强对不同主体的公共责任意识的培育,有效减少不同供给主体间的协调成本,着力推动基本公共服务供给体系与供给能力的现代化。

四 加强基本公共服务基础设施均衡覆盖机制建设

基本公共服务基础设施是基本公共服务供给的基础性条件、重要载体,是服务资源转化为具体服务的中介[1],其空间布局状况直接反映一国基本公共服务资源配置的公平与效率水平,直接影响民众基本公共服务获取的成本和质量。[2] 基本公共服务基础设施的均衡覆盖,既是保障广大民众及时便捷、低成本获取基本公共服务的需要,也是引导基本公共服务资源均衡配置、不断提高基本公共服务资源利用效率、降低基本公共服务供给成本、有效提升基本公共服务水平的重要途径,更是实现城乡、区域均衡发展的重要突破口和切入点。由基本公共服务的性质所决定,基本公共服务设施必须按照公平正义原则的要求,实现城乡、区域和群体之间的大致均衡。关于基本公共服务基础设施均衡覆盖的指标很多,不同研究者之间也尚未达成必要的共识。但从总体而言,可从具体领域公共服务领域人均指标、质量、空间距离和人群(阶层)可达性等四个方面加以简单评估。就人均指标来说,理想的均衡状态应为不同地域之间的人均指标应大体相同,如千人拥有病床数、职业医师数、医疗仪器数应大体相同。质量,理应包括基础设施的硬件和软件两个方面的质量,

---

[1] 参见韦江绿《正义视角下的城乡基本公共服务设施均等化》,《城市规划》2011年第1期;罗震东、韦江绿、张京祥《城乡基本公共服务设施均等化发展的界定、特征与途径》,《现代城市研究》2011年第7期。

[2] 参见宋正娜、陈雯、张桂香等《公共服务设施空间可达性及其度量方法》,《地理科学进展》2010年第10期。

它是人均指标大致相同基础上的更高要求。空间距离，主要指不同居民获得某项服务的空间距离应大致相等，其背后隐含的是居民获取基本公共服务的时间和交通成本问题，反映的是获取基本公共服务的便捷性、及时性问题。群体（阶层）可达性，反映的是民众进入门槛问题，普通民众不会因为经济收入问题和社会地位等因素而被拒之门外。"可达性影响居民经济活动、政治生活、社会生活的参与，能够用于揭示居民的生活质量、社会融入状况等。"[①] 如在某一小区建立了高收费的医院，而缺乏社区医院配套，由此将导致部分人群难以承受高额医疗费用而不得不选择更远的医院就医。这在本质上也是基本公共服务基础设施非均衡配置的表现。

新中国成立以来，特别是改革开放以来，受我国工业化与城市化优先发展战略、基本公共服务过度市场化等诸多因素的影响，我国城乡之间基本公共服务基础设施投资和建设呈现出明显的非均衡特征。从总体来看，城乡义务教育、公共医疗卫生、文化娱乐等基本公共服务设施覆盖情况具有巨大差异，城市基本公共服务设施不仅在规模上而且在质量上远远超过农村。而在城市内部，基本公共服务的优质资源和基础设施又主要集聚在发达的中心城市，造成广大民众在基本公共服务获取的成本和质量方面存在显著的差异。这是导致城乡、区域间基本公共服务长期非均等化的重要原因。当前，在我国基本公共服务均等化体制建设过程中，需将基本公共服务基础设施的均衡覆盖作为重要任务加以推进。

第一，促进城市内部基本公共服务基础设施配置的均衡化。在城市内部，受历史积累效应和城市规模扩大等因素的影响，基本公共服务基础设施的配置也存在突出的非均衡化现象。如既有设施分布难以适应新形势下的民众基本公共服务需求，基本公共服务基础设施规划与实际落实情况的巨大差异，基本公共服务基础设施投资集中于少数优势学校、医院等。一些研究者运用最近邻指数、累计机会法等分析方法，通过对北京市公共服务设施空间点要素等数据分析发现，北京市的"公共服务

---

① 刘正兵、张超、戴特奇：《北京多种公共服务设施可达性评价》，《经济地理》2018 年第 6 期。

设施分布存在明显的中心边缘结构特征"[1]，各类设施可达性具有"向城区中心集聚，并由中心向外围递减"的"单中心结构"特征。[2] 事实上，中国大多数城市的公共服务设施分布都具有类似结构特征。在当前城市化加快发展的背景下，提高城市化质量的重要突破口在于推进城市基本公共服务基础设施的均衡化配置。一是加强统一规划的力度。应按照"全域城市"的理念，加强对城市基本公共服务基础设施的统一规划，特别应加强对新建城市社区和旧城改造中的公共服务基础设施建设规划，在规划过程中应综合考虑基础设施规模、质量、空间距离和群体（阶层）可达性等因素，根据不同领域、不同类别"公共服务设施的空间集聚强度和空间特征尺度"，逐步"构建多中心多层级的公共服务设施体系"[3]。同时还应结合城市化趋势，增强规划的前瞻性，从而在总体上提高规划质量。二是加强规划落实的保障机制建设。如财政投入保障机制、实施监督机制建设，以及均衡化的技术支撑体系建设。三是充分运用大数据在反映、分析和研判基本公共服务可达性方面的优势，为公共服务设施建设规划提供更精准的决策支撑。四是实行具体领域基本公共服务基础设施整体规划和分类建设相结合，既进行必要的资源整合，发挥规模效应，又分门别类，体现针对性和时效性。

第二，促进城乡之间基本公共服务基础设施的均衡覆盖。城市集聚了大规模的人口和资源，城乡基础设施建设的巨大差异具有其合理性。但基本公共服务的普惠性特征决定了城乡基本公共服务基础设施建设应实现总体均衡。在当前我国社会全面快速转型进程中，特别是在城市化加快推进过程中，应站在统筹城乡发展的高度，充分抓住精准扶贫和乡村振兴战略实施的重大机遇，按照城乡一体化的原则和思路，统筹规划城乡基本公共服务基础设施建设。在进一步促进城市内部基本公共服务基础设施均衡覆盖的基础上，逐步建立城市支援农村基本公共服务基

---

[1] 湛东升、张文忠、党云晓等：《北京市公共服务设施空间集聚特征分析》，《经济地理》2018年第12期。

[2] 刘正兵、张超、戴特奇：《北京多种公共服务设施可达性评价》，《经济地理》2018年第6期。

[3] 湛东升、张文忠、党云晓等：《北京市公共服务设施空间集聚特征分析》，《经济地理》2018年第12期。

设施建设的长效机制，逐步将基本公共服务基础设施建设的重点放在农村，尤其是一些边远落后地区的农村，努力推动基本公共服务基础设施在城乡之间的均衡覆盖，并将其作为乡村振兴的重要抓手，从而为城乡基本公共服务均等化提供重要保障。

第三，优化农村内部基本公共服务基础设施布局。当前，在精准扶贫战略和乡村振兴战略深入推进背景下，国家将大量资金投入农村，农村基本公共服务设施建设迎来了前所未有的机遇。如何用好国家投入到农村的资源，建设既具有良好可达性，又低成本高效率运行的农村基本公共服务基础设施，是当前农村基本公共服务设施建设必须重点思考和回答的理论与实践问题。

首先，综合考虑城市化进程中人口转移加快、人口分散、基本公共服务内容的特殊性等诸多因素，不断优化农村内部基本公共服务基础设施建设。基于农村人口居住分散的现实特点，可逐步将分散化的基本公共服务整合到位置相对集中或者统一的场所之中，努力推动基本公共服务供给的"一站式"服务模式。如成都在农村基本公共服务均等化过程中，就将不同领域的基本公共服务整合到村（社区）公共服务站，使广大民众"进一道门，办多件事"，有效整合了基本公共服务资源、减少了基本公共服务供给所需的人力投入，提高了民众获取基本公共服务的便捷性，改善了供给效率和质量。

其次，优化基本公共服务基础设施的空间布局。当前，我国部分农村地区在乡镇、村（社区）建立了"小而全"的公共服务中心（站），并配置了相应的服务人员，这虽然有利于增加民众获取基本公共服务的便捷性，降低其获取成本，但这一做法增加了政府的管理难度和人力物力投入，且随着我国城市化进程的加快，农村大量人口开始向城镇转移，村（社区）公共服务中心（站）所服务的人口将逐步减少，其规模效应难以有效发挥。因此，这在一定程度上是对基本公共服务资源的浪费，使其难以持续运转。为了减少基础设施建设投入和精减人员，降低政府管理成本和难度，更好地发挥基本公共服务中心的规模效应，有必要进一步优化农村基本公共服务供给中心的布局。具体而言，可在中心乡镇设立规模较大的公共服务中心，而镇辖村可设立若干次级公共服务中心。其具体布局可借鉴印度在农村公共服务中心建设过程中的做法，按照

"蜂窝型"的布局结构方式（如图5—3所示），在数个邻近的村庄之间选取中心地带设立公共服务中心①，以保证广大民众到达公共服务中心的距离大致均等，提高其获取基本公共服务的便捷性和可达性，并同时节约基本公共服务基础设施建设的投入和运行成本，为基本公共服务中心的持续发展创造条件。

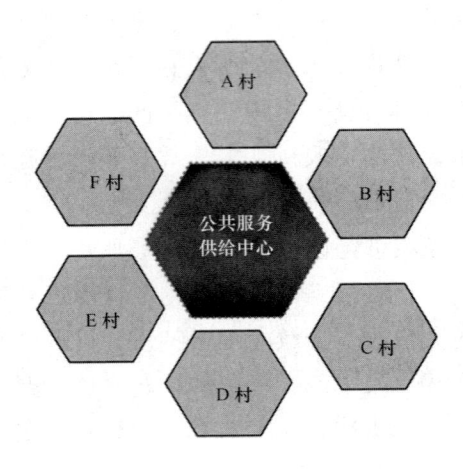

图5—3 农村基本公共服务中心"蜂窝型"布局示意图

五 完善基本公共服务均等化的激励机制

在国家治理过程中，"把激励搞对"，不断提升激励的兼容性，是推进国家治理体系和治理能力现代化的关键和难点。持续深入推进基本公共服务均等化，也必须"把激励搞对"。一般而言，激励机制包括正向激励和负向激励两个方面，前者对合意性的行为和结果进行肯定和激励，而后者则是对不作为、越轨行为和负面影响的否定和惩罚，从而对行为主体形成必要的约束，并引导其向常态和优态方向转变。灵活有效、具有兼容性的激励机制是提高管理效率、实现管理目标的重要保障机制。建立完善基本公共服务均等化的激励机制，既对基本公共服务供给进行有效规范和正向激励，又充分调动不同供给主体的积极性，对不同主体

---

① 参见黄金辉、丁忠毅《成就与问题：成都农村公共服务事业建设审视》，《财经科学》2010年第1期。

进行有效规范约束，从而逐步形成权责对等、权利义务均衡的基本公共服务运行模式，不断提高基本公共服务供给绩效。在我国基本公共服务供给过程中，长期存在的激励机制扭曲和不兼容、规范约束机制不足等诸多问题，严重影响了基本公共服务的供给绩效。在当前我国社会转型进程中，为了进一步提高基本公共服务均等化水平，应将完善激励机制作为基本公共服务均等化的重要抓手。

第一，增加基本公共服务均等化指标在干部政绩考核指标体系中的权重。在我国政治生态环境中，干部政绩是影响其任用提拔的重要因素。为了在任用提拔竞争中脱颖而出，最大限度地创造个人政绩便成为领导干部的理性选择。广大干部围绕晋升而展开了旷日持久的政绩"锦标赛"。[1] 由此，干部政绩考核指标体系和方式便成为干部执政行为的"风向标"和"指挥棒"。不同考核指标体系和方式对干部的执政理念、行为和目标追求具有重要的型塑作用。传统的以经济增长特别是以 GDP 增速为核心的干部政绩考核指标体系必然导致政府片面追求经济增长而忽视基本公共服务事业的发展，并使经济增长突出的干部得到更多的提拔任用机会。而那些致力于推动基本公共服务事业发展、促进经济社会协调发展但短期内经济增长表现稍逊的干部反而难以获得提拔任用，造成激励机制的扭曲，由此限制了基本公共服务事业乃至整个经济社会的健康发展。因此，在推进基本公共服务均等化过程中，有必要从改革创新干部政绩考核方式的角度，进一步增加基本公共服务指标在干部特别是县乡基层政府干部政绩考核指标体系中的权重，以此推动县乡基层政府进一步强化其基本公共服务职能，从而增强县乡基层政府致力于促进基本公共服务均等化的内在动力。早在 2010 年 6 月，成都市即颁布《关于进一步加强乡镇和街道工作目标绩效考核的意见（实行）》，取消了对街道的经济考核指标，减少了乡镇经济考核指标的占比，并将公共服务指标的权重提升至 15%。[2] 此后，成都市政府又将对区县经济考核指标的权重

---

[1] 参见周黎安《中国地方官员的晋升锦标赛模式研究》，《经济研究》2007 年第 7 期。
[2] 参见邓嗣华《成都不再考核街道经济指标》，《四川日报》2010 年 6 月 9 日。

下调9%左右，降至15%。① 成都市的探索，强化了县乡政府的公共服务职能，促进了县乡政府职能的"归位"，对改善干部政绩考核指标体系对基本公共服务考核不足所导致的激励机制扭曲状况，发挥了较好的示范和带动作用。

第二，建立完善基本公共服务绩效考评机制。设计和实施科学合理的基本公共服务均等化绩效考评制度，既是动态评估基本公共服务资源投入的产出效率、均等化水平的需要，也是考核干部基本公共服务政绩，对其进行奖励或问责，从而推动基本公共均等化战略持续有效推进的前提条件和重要保障。由于绩效考评机制较晚引入公共事务领域，当前我国基本公共服务领域的绩效考评制度的实施范围还相对较小，其可操作性和科学化程度还相对较低。进一步完善基本公共服务绩效考评机制，应将其着力点放在以下方面：一是构建科学合理的评价指标体系。可着重选取基本公共服务投入占财政收入比重、基础设施均衡覆盖指数、制度建设完备度、制度执行效度、决策方式、服务理念、服务方式、服务效率、服务质量、均等化指数、群众满意度等指标进行综合评估。二是评估方式的优化。实施自我评估、上级主管部门与审计部门评估、群众评估和第三方评估相结合的评估方式，提高评估结果的客观性和准确性。三是优化评估流程，加强对评估结果的管理和运用。通过评估流程的再造，确保评估过程的公开公正。评估机构应及时公布评估结果，主管机构将评估结果作为干部表彰奖励、任职升迁的重要依据，并有效督促相关部门对所发现的问题进行及时整改，对相关责任人进行问责。

第三，改变基本公共服务筹资和支付方式，强化对基本公共服务需求主体和供给主体的正向激励作用。在市场经济时代，物质利益激励具有强劲的激励效果，而基本公共服务的筹资和支付方式都直接涉及物质利益的激励，因此具有良好的激励效果。为了促进基本公共服务均等化战略的持续推进，切实提高均等化水平，有必要对当前我国基本公共服务的筹资和支付方式进行调整，以分别强化其对基本公共服务需求主体和供给主体的正向激励作用。首先，从基本公共服务的筹资方式来看，

---

① 参见邓嗣华《"不是不要经济，只为理顺关系"——成都取消街道经济指标考核前后》，《四川日报》2010年6月21日。

当前我国城镇居民的基本医疗保险和养老保险等基本公共服务都采用了工资缴费的方式，这种方式对城镇就业人员可能存在明显的负向激励，如受聘工人可能和用人单位串通瞒报其实际收入，或者变革劳动关系，以减少自己和用人单位的缴费额度，同时还可能使其感到，相较于城市居民，他们为获得基本服务而买了两次单，一次是工资缴费，另一次是缴纳的其他赋税。同时，这一缴费方式还可能增加一国商品成本，削弱其国际竞争力，减少外国直接投资。[1] 为改变这一问题，可借鉴丹麦、冰岛、意大利、葡萄牙、西班牙、荷兰、法国等国家的做法，逐步减少工资缴纳医疗保险、社会保险的比例，而逐渐加大税收筹资的比例。[2] 同时，还应随着国家财力的增长，逐步改变城乡间、群体间分割化、碎片化的筹资方式，通过基本公共服务筹资标准的统一化，减少需求主体缴费的逆向选择现象，从而为基本公共服务的资金积累提供坚实的保障。其次，从基本公共服务的支付方式来看，当前我国对医疗等基本公共服务事业的支付基本上是政府预算拨款，一些地方也进行了诸如政府购买服务、发放消费券等基本公共服务供给方式的改革。为进一步强化对基本公共服务供给方的正向激励，政府应进一步加强供给方式改革，更多地引入竞争机制，促进基本公共服务供给方的良性竞争，以发挥不同主体的比较优势。在专业性强、质量难以监督的公共服务的领域，应构建基本公共服务供给者与购买方签订服务合同，而不是与分散的服务对象签订合同的机制，以充分发挥购买方的质量监督和谈判优势，使基本公共服务供给方以更加合理的费用为分散的需求主体提供更优质的基本公共服务。[3]

我国基本公共服务均等化是一个长期而系统的工程。在我国从"富起来"向"强起来"的历史性转变过程中，基本公共服务均等化战略的推进，需要站在促进社会合意性转型，以及中国特色社会主义制度自我发展与完善的高度，根据社会转型的现实需要和宏观趋势，进行长远规划和梯次推进，努力实现基本公共服务均等化与社会转型的良性互动。

---

[1] 世界银行：《中国农村卫生改革》，2009 年，第 44—46、121—122 页。
[2] 同上书，第 44—46 页。
[3] 同上书，第 46—48 页。

结　　语

基本公共服务体制变迁作为社会转型的子系统，既在根本上受到社会转型的规约，又对社会转型产生或促进或阻碍的反向作用。基本公共服务均等化与社会转型之间存在既相互制约，又相互促进的互动关系。推动二者的良性互动，才能既促进基本公共服务的优态发展，又推动社会的合意性转型。

当代中国社会转型的本质是中国特色社会主义的成长和自我完善。推动当代中国社会的合意性转型，需要结合我国社会转型的现实情况和总体趋势，构建有利于社会合意性转型的制度支撑体系。而在不同的社会转型阶段，又必须找准制度支撑体系建设的突破口和着力点。

对当前中国社会转型过程中的突出矛盾、转型战略重心等诸多问题的认识，可谓"仁者见仁，智者见智"，但着力解决日益突出的民生问题，不断满足人民日益增长的美好生活需要，是近年来决策层和理论界的重要共识。当前，无论是决策层还是理论界大体都认为，民生问题及其所衍生的其他经济社会问题，日益成为当前乃至未来很长一段时期内影响我国社会合意性转型的突出问题、矛盾和社会风险。基本公共服务有利于保障和改善基本民生、转变经济发展方式、维护社会稳定，对解决当前我国社会转型期突出的经济社会矛盾具有基础性作用，对促进社会合意性转型具有重要正向功能。

我国基本公共服务在城乡、区域和群体间的长期非均等供给，既是我国发展不平衡不充分的重要表征，又是发展不平衡不充分的重要原因。基本公共服务非均等供给问题的长期存在，累积了大量的社会问题和矛盾，阻碍了我国社会转型的合意性推进。进入新时代，我国正处于社会全面快速转型的关键时期,需要站在促进社会合意性转型的高度,努力推动基本公共服务均等化与社会转型的良性互动,促进基本公共服务均等化与社会转型协同推进。

  基于以上思路,本书综合运用政治学、历史学、经济学、公共管理等学科的理论和知识,首先,从理论层面,探讨了社会合意性转型的条件,分析了基本公共服务对促进社会合意性转型的重要功能。其次,从大历史、长时段的角度分析了我国社会转型的螺旋式上升过程、当前我国社会转型的动力和宏观趋势,系统考察了新中国成立以来我国基本公共服务供给与社会转型互动共进的历史演变,对不同阶段的互动关系进行了反思,试图揭示基本公共服务供给与社会转型既相互制约又相互促进的互动规律,并剖析不同互动阶段存在的主要问题。再次,本书运用大量统计数据对我国城乡、区域和群体间基本公共服务非均等供给状况进行了考察,分析总结了基本公共服务非均等供给所累积的社会问题和矛盾对我国社会合意性转型的不利影响,考察了2003年以来我国基本公共服务均等化战略的进展,并对其进行了总体评价。最后,本书从我国社会转型现实情况和宏观趋势、基本公共服务均等化体制构建的宏观制度环境培育,以及基本公共服务均等化运行机制建设等方面,探讨在我国社会转型进程中促进基本公共服务均等化与社会转型良性互动的可能路径。

  进入新时代,我国社会主要矛盾已经转变为人民日益增长的美好生活需要和不平衡不充分的发展之间的矛盾。抓住矛盾的主要方面,着力解决我国社会主要矛盾,是促进我国社会合意性转型,推动我国从大国向强国飞跃,实现中华民族伟大复兴的关键。基本公共服务供给是保障民众基本生存和发展权利的基础性、制度化平台,是现代国家治理的基础性工程。提升基本公共服务均等化水平和质量,是持续保障和改善民生、不断满足人民日益增长的美好生活需要、促进高质量发展和体现中国特色社会主义优越性的内在要求。如何适应新时代国家发展的新要求,强化基本公共服务均等化与社会转型互动关系和互动规律研究,从而更好发挥基本公共服务均等化对社会转型的正向功能,理应成为理论研究的重要内容。对于这一宏大主题,本书仅是一个初步的探索,还存在诸多问题和不足。如受专业背景所限,本书对基本公共服务非均等供给水平、基本公共服务非均等供给对我国社会转型的负面影响更多的基于对事实和经验的概括,而缺乏必要的量化分析,在一定程度上影响了研究结论的说服力;对既定社会发展条件下何种水平的基本公共服务供给才最有利于社会合意性转型,尚未构建起相应的理论分析模型;对社会转型的具体问题、对基本公共服务均等化体制构建的影响仍然分析不足。上述问题都需要在后续研究中不断深化。

参考文献

一 著作类

《当代中国》丛书编委会：《当代中国的职工工资福利和社会保险》，中国社会科学出版社1987年版。

薄一波：《若干重大决策与事件的回顾》上卷，中共中央党校出版社1991年版。

陈昌盛、蔡跃洲：《中国政府公共服务：体制变迁与地区综合评估》，中国社会科学出版社2007年版。

淳于淼泠、郭春甫、金莹：《政府公共服务供给能力研究：以西部地区地方政府为例》，北京大学出版社2017年版。

邓小平：《邓小平文选》第1—2卷，人民出版社1994年版。

邓小平：《邓小平文选》第3卷，人民出版社1993年版。

董克用、魏娜：《迈向2030：中国公共服务现代化》，中国人民大学出版社2018年版。

董克用：《中国经济改革30年（社会保障卷）》，重庆大学出版社2008年版。

复旦大学发展与政策研究中心编：《公共服务与中国发展（第二辑）》，上海世纪出版集团、上海人民出版社2008年版。

关海庭、吴群芳：《渐进式的超越：中俄两国转型模式的调整与深化》，北京大学出版社2006年版。

侯惠勤、辛向阳、易定宏等：《中国城市基本公共服务力评价（2010—2011）》，社会科学文献出版社2011年版。

胡绳：《中国共产党的七十年》，中共党史出版社1991年版。

胡晓义：《走向和谐：中国社会保障制度发展60年》，中国劳动社会保障出版社2009年版。

黄海嵩：《中国国有企业改革问题研究》，中国经济出版社2007年版。

黄金辉、张衔、邓翔等：《中国西部农村人力资本投资与农民增收问题研究》，西南财经大学出版社2005年版。

贾康、刘军民：《中国住房制度改革问题研究》，经济科学出版社2007年版。

姜晓萍、田昭等：《基本公共服务均等化知识图谱与研究热点述评》，中国人民大学出版社2016年版。

解垩：《城乡卫生医疗服务均等化研究》，经济科学出版社2009年版。

景天魁、毕天云、高和荣等：《当代中国社会福利思想与制度》，中国社会出版社2011年版。

景跃进、陈明明、肖滨等：《当代中国政府与政治》，中国人民大学出版社2016年版。

雷龙乾：《中国社会转型的哲学阐释》，人民出版社2004年版。

李春玲：《断裂与碎片：当代中国社会阶层分化实证分析》，社会科学文献出版社2005年版。

李志明：《中国社会保障制度改革新进展（2014—2015）》，社会科学文献出版社2015年版。

林尚立：《党的执政能力建设》，重庆出版集团、重庆出版社2009年版。

林雪贞：《中国社会保障演进的历史维度和世界视野》，法律出版社2019年版。

林毅夫：《经济发展与转型——思潮、战略与自生能力》，北京大学出版社2008年版。

刘祖云：《社会转型解读》，武汉大学出版社2005年版。

刘祖云：《中国社会发展三论：转型·分化·和谐》，社会科学出版社2007年版。

刘祚昌、王觉非：《世界史近代史编》上卷，高等教育出版社2001年版。

陆学艺：《当代中国社会阶层研究报告》，社会科学文献出版社2002年版。

罗卫东、姚中秋：《中国转型的理论分析》，浙江大学出版社2009年版。

马克思、恩格斯:《马克思恩格斯文集》第 1—10 卷,人民出版社 2009 年版。

马克思、恩格斯:《马克思恩格斯选集》第 1—4 卷,人民出版社 1995 年版。

毛泽东:《毛泽东文集》第 1—2 卷,人民出版社 1993 年版。

毛泽东:《毛泽东文集》第 3—5 卷,人民出版社 1996 年版。

毛泽东:《毛泽东文集》第 6—8 卷,人民出版社 1999 年版。

毛泽东:《毛泽东选集》第 1—4 卷,人民出版社 1991 年版。

逄先知:《毛泽东传》(上),中央文献出版社 2003 年版。

世界银行:《1993 年世界发展报告:投资于健康》,中国财政经济出版社 1993 年版。

苏渭昌、雷克啸、章炳良:《中国教育制度通史》第 8 卷,山东教育出版社 1999 年版。

童星:《社会转型与社会保障》,中国劳动社会保障出版社 2007 年版。

王爱君:《基本公共服务均等化的制度路径研究》,经济科学出版社 2017 年版。

王绍光、胡鞍钢:《中国国家能力报告》,辽宁人民出版社 1993 年版。

王玮:《多重约束条件下我国均等化财政制度框架的构建》,中国社会科学出版社 2011 年版。

王玉华、李森:《基层政府公共服务能力研究》,中国财政经济出版社 2010 年版。

吴忠民:《走向公正的中国社会》,山东人民出版社 2008 年版。

习近平:《习近平谈治国理政》第 1 卷,外文出版社 2014 年版。

习近平:《习近平谈治国理政》第 2 卷,外文出版社 2017 年版。

项中新:《均等化:基础、理念与制度安排》,中国经济出版社 2000 年版。

谢圣远:《社会保障发展史》,经济管理出版社 2007 年版。

熊跃根:《社会政策:理论与分析方法》,中国人民大学出版社 2009 年版。

杨桂华:《社会转型社会控制论》,山西教育出版社 1998 年版。

杨宜勇、吕学静:《当代中国社会保障》,中国劳动保障出版社 2005

年版。

于秀丽：《排斥与包容：转型期的城市贫困救助政策》，商务印书馆2009年版。

俞可平、阎健：《民主是个好东西》，中国社会科学文献出版社2006年版。

俞吾金：《意识形态论》，人民出版社2009年版。

张静、关信平：《中国社会建设与发展研究》，中国人民大学出版社2009年版。

张文显：《法理学》，高等教育出版社1999年版。

张贤明等：《基本公共服务均等化研究》，经济科学出版社2017年版。

张雄：《历史转折论——一种实践主体发展哲学的思考》，上海社会科学院出版社1994年版。

郑功成：《中国社会保障30年》，人民出版社2008年版。

中共中央文献研究室：《建国以来重要文献选编》第1—3册，中央文献出版社1992年版。

中共中央文献研究室：《建国以来重要文献选编》第4—7册，中央文献出版社1993年版。

中共中央文献研究室：《建国以来重要文献选编》第8—10册，中央文献出版社1994年版。

中共中央文献研究室：《建国以来重要文献选编》第11—13册，中央文献出版社1996年版。

中共中央文献研究室：《建国以来重要文献选编》第14—17册，中央文献出版社1997年版。

中共中央文献研究室：《建国以来重要文献选编》第18—20册，中央文献出版社1998年版。

中国人民解放军政治学院党史教研室：《中共党史参考资料》，第2册，人民出版社1979年版。

中共中央文献研究室：《建国以来刘少奇文稿》第4册，中央文献出版社2005年版。

周天勇等：《中国行政体制改革30年》，格致出版社、上海人民出版社2008年版。

［比］约翰·思文、［美］罗思高：《发展转型之路：中国与东欧的不同历程》，田士超译，北京大学出版社 2008 年版。

［丹］奥勒·诺格德：《经济制度与民主改革——原苏东国家的转型比较分析》，孙友晋等译，上海世纪出版集团 2007 年版。

［丹］哥斯塔·埃斯平-安德森：《福利资本主义的三个世界》，苗正民译，商务印书馆 2010 年版。

［德］弗兰茨-克萨韦尔·考夫曼：《社会福利国家面临的挑战》，王学东译，商务印书馆 2004 年版。

［德］卡尔·曼海姆：《意识形态与乌托邦》，黎鸣等译，商务印书馆 2002 年版。

［德］克劳斯·奥菲：《福利国家的矛盾》，郭中华等译，吉林人民出版社 2006 年版。

［德］马克斯·韦伯：《新教伦理与资本主义精神》，彭强、黄晓京译，陕西师范大学出版社 2002 年版。

［德］乌尔里希·贝克：《世界风险社会》，吴英姿、孙淑敏译，南京大学出版社 2004 年版。

［加拿大］R. 米什拉：《社会政策与福利政策——全球化的视角》，中国劳动社会保障出版社 2007 年版。

［美］安瓦·沙：《公共服务提供》，孟华译，清华大学出版社 2009 年版。

［美］戴维·奥斯本、特德·盖布勒：《改革政府——企业家精神如何改革着公营部门》，周敦仁等译，上海译文出版社 1996 年版。

［美］道格拉斯·诺斯：《经济史中的结构和变迁》，陈郁、罗华平等译，生活·读书·新知三联书店 1991 年版。

［美］德克·博德：《剑桥中华人民共和国史（1949—1965）》，上海人民出版社 1990 年版。

［美］蒂莫西·耶格尔：《制度、转型与经济发展》，陈宇峰、曲亮译，华夏出版社 2010 年版。

［美］杜赞奇：《文化、权力与国家：1900—1942 年的华北农村》，杨茂林译，江苏人民出版社 1984 年版。

［美］黄仁宇：《中国大历史》，生活·读书·新知三联书店 1997 年版。

［美］吉尔·伊亚尔、伊万·塞勒尼、艾莉诺·汤斯利：《无须资本家打

造资本主义》，吕鹏、吕佳玲译，社会科学文献出版社 2008 年版。

［美］贾恩弗兰科·波齐：《近代国家的发展——社会学导论》，沈汉译，商务印书馆 1997 年版。

［美］卡罗尔·佩特曼：《参与和民主理论》，陈尧译，上海世纪出版集团 2006 年版。

［美］罗伯特·达尔：《现代政治分析》，王沪宁译，上海译文出版社 1987 年版。

［美］罗伯特·基欧汉、约瑟夫·奈：《权力与相互依赖》，门洪华译，北京大学出版社 2002 年版。

［美］罗伯特·D. 帕特南：《使民主运转起来》，王列、赖海榕译，江西人民出版社 2001 年版。

［美］塔尔科特·帕森斯：《社会行动的结构》，张明德等译，译林出版社 2003 年版。

［美］塞缪尔·P. 亨廷顿：《变化社会中的政治秩序》，王冠华等译，上海世纪出版集团 2008 年版。

［美］塞缪尔·P. 亨廷顿：《第三波——20 世纪后期民主化浪潮》，刘军宁译，生活·读书·新知三联书店 1998 年版。

［美］文森特·奥斯特罗姆：《美国联邦主义》，王建勋译，生活·读书·新知三联书店 2003 年版。

［美］西奥多·W. 舒尔茨：《人力资本投资：教育和研究的作用》，蒋斌、张蘅译，商务印书馆 1990 年版。

［美］约翰·罗尔斯：《正义论》，何怀宏等译，中国社会科学出版社 1988 年版。

［美］詹姆斯·M. 布坎南：《公共物品的供给与需求》，马珺译，上海人民出版社 2017 年版。

［美］詹姆斯·米利奇：《社会发展：社会福利视角下的发展观》，苗正民译，格致出版社、上海人民出版社 2009 年版。

［美］詹姆逊：《后现代主义与文化理论》，唐小兵译，北京大学出版社 1997 年版。

［美］珍妮特·V. 登哈特、罗伯特·B. 登哈特：《新公共服务：服务，而不是掌舵》，方兴、丁煌译，中国人民大学出版社 2004 年版。

［日］石川祯浩：《中国共产党成立史》，袁广泉译，中国社会科学出版社2006年版。

［日］武川正吾：《福利国家的社会学：全球化、个体化与社会政策》，李莲花、李永晶、朱珉译，商务印书馆2011年版。

［瑞典］拉尔斯·马格努斯：《重商主义经济学》，陈雷译，上海财经大学出版社2001年版。

［匈］雅诺什·科尔奈、翁笙和：《转轨中的福利、选择和一致性：东欧国家卫生部门改革》，中信出版社2003年版。

［匈］雅诺什·科尔奈：《后社会主义转轨的思索》，肖梦译，吉林人民出版社2011年版。

［匈］亚诺什·科尔奈：《大转型》，《比较》（第17辑），中信出版社2005年版。

［印］阿玛蒂亚·森：《以自由看待发展》，任赜、于真译，中国人民大学出版社2002年版。

［印］阿玛蒂亚·森：《资源、价值与发展》，杨茂林译，吉林人民出版社2008年版。

［英］安东尼·哈尔、詹姆斯·梅志里：《发展型社会政策》，罗敏、范酉庆译，社会科学出版社2006年版。

［英］安东尼·吉登斯：《现代性的后果》，田禾译，译林出版社2000年版。

［英］鲍勃·肯迪、米歇尔·赫尔斯、保罗·斯塔布斯：《全球社会政策——国际组织与未来》，苗正民译，商务印书馆2013年版。

［英］卡尔·波兰尼：《大转型：我们时代的政治与经济起源》，冯钢、刘阳译，浙江人民出版社2007年版。

［英］莱恩·多亚尔、伊恩·高夫：《人的需要理论》，汪淳波、张宝莹译，商务印书馆2008年版。

［英］诺尔曼·金斯伯格：《福利分化：比较社会政策批判导论》，姚俊、张丽译，浙江大学出版社2010年版。

［英］齐格姆·鲍曼：《立法者与阐释者》，洪涛译，上海人民出版社2000年版。

［英］沙琳：《需要和权利资格：转型期中国社会政策研究的新视角》，中

国劳动社会保障出版社 2007 年版。

［英］约翰·B. 汤普森：《意识形态与现代文化》，高恬等译，译林出版社 2005 年版。

二 期刊论文类

安体富、任强：《公共服务均等化：理论、问题与对策》，《财贸经济》2007 年第 8 期。

安雪慧、丁维莉：《代课教师：合理存在还是应该清退——兼论代课教师规范管理制度》，《教育研究》2011 年第 7 期。

白重恩、路江涌、陶志刚：《国有企业改制效果的实证研究》，《经济研究》2006 年第 8 期。

柏良泽：《"公共服务"界说》，《中国行政管理》2008 年第 2 期。

柏良泽：《中国基本公共服务均等化的路径和策略》，《中国浦东干部学院学报》2009 年第 1 期。

毕京福、王玉泉：《顺应时代发展 强化就业服务》，《中国人力资源社会保障》2011 年第 12 期。

财政部科研所课题组：《政府购买公共服务的理论与边界分析》，《财政研究》2014 年第 3 期。

蔡霞：《中国社会转型与中共的历史转型》，《同舟共进》2011 年第 8 期。

曹琦、崔兆涵：《我国卫生政策范式演变和新趋势：基于政策文本的分析》，《中国行政管理》2018 年第 9 期。

常修泽：《中国现阶段基本公共服务均等化研究》，《中共天津市委党校学报》2007 年第 2 期。

陈亮：《中国跨越"中等收入陷阱"的开放创新——从比较优势向竞争优势转变》，《马克思主义研究》2011 年第 3 期。

迟福林、殷仲仪：《加快转变发展方式与"十二五"基本公共服务均等化的基本目标》，《城市观察》2010 年第 5 期。

迟福林：《政府转型与基本公共服务》，《中国浦东干部学院学报》2009 年第 1 期。

戴翔、张二震：《逆全球化与中国开发发展道路再思考》，《经济学家》2018 年第 1 期。

［美］戴维·埃勒曼：《为什么休克疗法是错误的》，《国外社会科学》2003年第11期。

党秀云、彭晓祎：《我国基本公共服务供给中的中央与地方事权关系探析》，《行政论坛》2018年第2期。

邓宏图、李亚：《社会转型、意识形态、政治正义与制度变迁》，《天津社会科学》2007年第2期。

丁开杰：《经济不平等对社会阶层流动的影响——基于对美国公共服务供给经验的分析》，《学海》2018年第6期。

丁元竹：《理解均等化》，《读书》2009年第11期。

丁忠毅：《国家治理能力建设的社会政策之维：依据、路径及提升》，《四川大学学报》（哲学社会科学版）2016年第6期。

丁忠毅：《国家治理视域下省际对口支援边疆政策的运行机制研究》，《思想战线》2018年第3期。

丁忠毅：《近年来中国基本公共服务均等化问题研究回顾与反思》，《中共四川省委省级机关党校学报》2014年第2期。

丁忠毅：《托底与共享：国家治理的社会政策路径》，《社会科学战线》2017年第1期。

樊继达：《非对称性分权、财政转移支付与公共服务均等化》，《国家行政学院学报》2007年第6期。

范健：《试论实现"基本公共服务均等化"的法制基础》，《甘肃理论学刊》2008年第3期。

范艳萍、王毅杰：《农民工的公平感及社会心理后果》，《西北农林科技大学学报》（社会科学版）2017年第5期。

冯绍雷：《原苏东、南欧、拉美与东亚国家转型的比较研究》，《世界经济与政治》2004年第8期。

伏玉林：《事业单位改革：公共服务提供与生产的民营化》，《学术月刊》2007年第1期。

付珏、姚本先：《社会不公与心理失衡研究述评》，《当代社科视野》2011年第4期。

高传胜：《论包容性发展的中国要义》，《上海行政学院学报》2011年第5期。

关信平：《转变经济发展方式与转变社会发展方式》，《探索与争鸣》2011年第1期。

郭剑鸣：《民生：一个生活政治的话题——从政治学视角看民生》，《理论与改革》2007年第5期。

郭雷庆：《试析泰国1992年以来的民主转型与民族分离问题的关系》，《社会主义研究》2017年第4期。

国家发改委宏观经济研究院课题组：《促进我国的基本公共服务均等化》，《宏观经济研究》2008年第5期。

国务院发展研究中心课题组：《对中国医疗卫生体制改革的评价与建议》，《中国发展评论》（中文版）第7卷第S1期。

何雪松：《城乡社会学：观察中国社会转型的一个视角》，《南京社会科学》2019年第1期。

[美] 洪朝辉：《论中国城市社会权利的贫困》，《江苏社会科学》2003年第2期。

侯建新：《关于西欧现代社会转型起始年代的新观点》，《世界历史》2014年第4期。

侯一麟：《政府职能、事权事责与财权财力：1978年以来我国财政体制改革中财权事权划分的理论分析》，《公共行政评论》2009年第2期。

胡鞍钢、马伟：《现代中国经济社会转型：从二元结构到四元结构（1949—2009）》，《清华大学学报》（哲学社会科学版）2012年第1期。

胡辉华：《马克思的意识形态概念》，《暨南学报》（哲学社会科学版）2001年第6期。

胡晓燕：《社会转型的制度化阐释及其治理反思》，《东岳论丛》2009年第8期。

胡志平：《公共服务均等化与国家治理转型的"三维"匹配》，《探索》2016年第3期。

胡志平：《国家治理现代化的公共服务路径》，《探索》2015年第6期。

胡志平：《经济高质量发展的公共服务动力》，《社会科学研究》2018年第6期。

黄金辉、丁忠庚、丁忠毅：《促进社会长期稳定的新思路》，《理论视野》2011年第4期。

黄金辉、丁忠毅：《成就与问题：成都农村公共服务事业建设审视》，《财经科学》2010年第1期。

黄金辉、孙彦波：《唯物史观视域下中国文化结构的阶段性特征及演进趋势》，《四川大学学报》（哲学社会科学版）2018年第4期。

黄少安：《中国经济社会转型中的土地问题》，《改革》2018年第11期。

江必新：《法治思维——社会转型期治国理政的应然向度》，《法学评论》2013年第5期。

江时学：《对拉美进口替代工业化发展模式的初步总结》，《拉丁美洲研究》1995年第6期。

江时学：《拉美现代化进程中的初级产品出口型发展模式》，《拉丁美洲研究》1995年第5期。

姜晓萍、邓寒竹：《中国公共服务：30年的制度变迁与发展趋势》，《四川大学学报》（哲学社会科学版）2009年第1期。

姜晓萍、肖育才：《基本公共服务供给对城乡收入差距的影响机理与测度》，《中国行政管理》2017年第8期。

金人庆：《完善促进基本公共服务均等化的公共财政制度》，《党建研究》2006年第12期。

金雁：《利益关系调整：经济发展方式转型的动力所在》，《中共南京市委党校学报》2011年第4期。

金正一、王玥琪：《论中国新时期社会转型的基本属性》，《东北师范大学学报》（哲学社会科学版）2009年第6期。

金正一：《论中国新时期社会转型的基本属性》，《东北师范大学学报》（哲学社会科学版）2009年第6期。

金正一：《新时期社会转型的中国经验——新时期社会转型与和谐社会构建问题战略层面上的比较价值》，《东疆学刊》2009年第2期。

景天魁：《底线公平概念和指标体系——关于社会保障基础理论的探讨》，《哈尔滨工业大学学报》（社会科学版）2013年第1期。

景维民、张慧君：《转型经济的绩效、成因及展望》，《南开大学经济研究》2003年第1期。

敬海新：《政治合法性与改善民生》，《行政论坛》2011年第4期。

兰旭凌：《政府购买公共服务的风险评价：一个实证模型》，《江淮论坛》

2018 年第 3 期。

李春：《嬗变与重构：新中国成立以来公共服务模式转型分析》，《四川行政学院学报》2010 年第 1 期。

李春玲：《教育不平等的年代变化趋势（1940—2010）——对城乡教育机会不平等的再考察》，《社会学研究》2014 年第 2 期。

李德国、陈振明：《公共服务的法治构建：渊源、框架与路径》，《厦门大学学报》（哲学社会科学版）2015 年第 4 期。

李宏斌、钟瑞添：《中国当代社会转型的内容、特点及应然趋势》，《科学社会主义》2013 年第 4 期。

李景治：《解放思想是改革开放的"总开关"》，《学术界》2018 年第 8 期。

李路路：《改革开放 40 年中国社会阶层结构的变迁》，《武汉大学学报》（哲学社会科学版）2019 年第 1 期。

李培林：《改革开放近 40 年我国阶级阶层结构的变动、问题和对策》，《中共中央党校学报》2017 年第 6 期。

李培林：《另一只看不见的手：社会结构转型》，《中国社会科学》1992 年第 5 期。

李琼、周宇、田宇等：《2002—2015 年中国社会保障水平时空分异及驱动机制》，《地理研究》2018 年第 9 期。

李荣华、王文剑：《地方政府分权改革对民生性公共服务的影响——基于河南省"省直管县"分权改革的分析》，《社会主义研究》2018 年第 2 期。

李天国、沈铭辉：《中等收入陷阱的成因及启示：基于拉美与韩国经验的比较》，《拉丁美洲研究》2018 年第 4 期。

李秀玫、桂勇、黄荣贵：《政府基本公共服务供给与社会公平感》，《社会科学》2018 年第 7 期。

李迎生：《社会转型加速期的代价支持及其补偿问题》，《中国人民大学学报》2007 年第 3 期。

联合国社会发展研究院：《反对贫困与不平等——结构变迁、社会政策与政治》，《清华大学学报》（哲学社会科学版）2011 年第 4 期。

梁朋、周天勇：《解决中央和地方事权与财权失衡的理性探索》，《地方财政研究》2004 年第 1 期。

林尚立：《民主与民生：人民民主的中国逻辑》，《北京大学学报》（哲学社会科学版）2012 年第 1 期。

林尚立：《有效政治与大国成长——对中国三十年政治发展的反思》，《公共行政评论》2008 年第 1 期。

林尚立：《在有效性中累积合法性：中国政治发展的路径选择》，《复旦大学学报》2009 年第 2 期。

刘冰：《经济发展与社会转型——20 世纪初中国社会转型失败原因之我见》，《辽宁师范大学学报》1997 年第 1 期。

刘瑞：《中国经济定型之后社会转型若干问题》，《北京行政学院学报》2007 年第 3 期。

刘尚希：《基本公共服务均等化：现实要求和政策路径》，《浙江经济》2007 年第 13 期。

刘尚希：《实现消费正义和基本公共服务均等化》，《中国机构改革与管理》2011 年第 2 期。

刘涛：《社会整合与基本公共服务均等化——迈向均衡发展的德国社会政策》，《社会政策研究》2017 年第 2 期。

刘逖：《论安格斯·麦迪森对前近代中国 GDP 的估算——基于 1600—1840 年中国总量经济的分析》，《清史研究》2010 年第 2 期。

刘兴赛：《中国经济转型的内在逻辑——本质、动力、决策模式》，《经济体制改革》2008 年第 6 期。

刘燕、万欣荣、李典娜：《社会转型的"制度陷阱"与中国选择》，《上海财经大学学报》2011 年第 4 期。

刘燕、万欣荣：《中国社会转型的表现、特点与缺陷》，《社会主义研究》2011 年第 4 期。

刘正兵、张超、戴特奇：《北京多种公共服务设施可达性评价》，《经济地理》2018 年第 6 期。

刘祖云：《社会转型：一种特定的社会发展过程》，《华中师范大学学报》（哲学社会科学版）1997 年第 6 期。

陆学艺：《当代中国社会阶层的分化与流动》，《江苏社会科学》2003 年第 4 期。

陆学艺：《当前中国经济社会形势与社会建设》，《新视野》2011年第5期。

陆学艺：《社会建设就是建设社会现代化》，《社会学研究》2011年第4期。

陆学艺：《中国社会结构的变化及发展趋势》，《云南民族大学学报》（哲学社会科学版）2006年第5期。

吕同舟：《新中国成立以来政府职能的历史变迁与路径依赖》，《学术界》2017年第12期。

吕炜、王伟同：《发展失衡、公共服务与政府责任》，《中国社会科学》2008年第4期。

吕炜、赵佳佳：《中国经济发展过程中的公共服务与收入分配调节》，《财贸经济》2007年第5期。

马杰、郑秉文：《计划经济条件下新中国社会保障制度的再评价》，《马克思主义研究》2005年第1期。

马庆钰：《公共服务的几个基本理论问题》，《中共中央党校学报》2005年第1期。

马英民：《"文化大革命"时期民众主流意识形态探析》，《党的文献》2003年第6期。

缪小林、王婷、高跃光：《转移支付对城乡公共差距的影响——不同经济赶超省份的分组比较》，《经济研究》2017年第2期。

农民工城市贫困项目课题组：《农民工生活状况、工资水平及公共服务：对北京、广州、南京、兰州的调查》，《改革》2008年第7期。

《农业投入》总课题组：《农业保护：现状、依据和政策建议》，《中国社会科学》1996年第1期。

庞景君：《社会转型的动力和标志》，《社会科学辑刊》1995年第4期。

庞松：《改革开放与中国经济社会向现代化转型的互动》，《中共党史研究》2008年第6期。

邱耕田：《需要的变化与当今中国社会的转型》，《天津社会科学》2010年第5期。

邱霈恩：《基本公共服务均等化：全民均等受益、共享发展成果》，《红旗文稿》2010年第3期。

邱全东、吕元礼:《从革命到执政:党的领导方式的转型》,《理论与改革》2004 年第 4 期。

任晓辉、朱为群:《新型城镇化基本公共服务支出责任的界定》,《财政研究》2015 年第 10 期。

桑学成:《政党转型与党的现代化》,《江海学刊》2009 年第 4 期。

沙健孙:《关于社会主义改造问题的再评价》,《当代中国史研究》2005 年第 1 期。

沈宝祥:《对新中国社会转型的历史考察》,《中共宁波市委党校学报》2011 年第 3 期。

沈传宝:《马克思主义中国化在"文化大革命"中的曲折命运和经验教训》,《中共党史研究》2008 年第 2 期。

沈原:《又一个三十年?——转型社会学视野下的社会建设》,《社会》2008 年第 3 期。

宋立:《我国公共服务供给中各级政府事权财权配置改革研究》,《经济研究参考》2005 年第 25 期。

宋晓梧:《从"为国企改革配套"到公共服务均等化》,《中国社会保障》2008 年第 6 期。

宋正娜、陈雯、张桂香等:《公共服务设施空间可达性及其度量方法》,《地理科学进展》2010 年第 10 期。

苏奎:《新时期社会转型与改革观念之建构》,《兰州学刊》2018 年第 8 期。

苏莉亚·尼亚孜:《农民工市民化进程中的基本公共服务问题研究》,《新疆财经大学学报》2018 年第 3 期。

孙建军、何涛:《基本公共服务均等化研究述评》,《云南社会科学》2010 年第 5 期。

孙立平:《既得利益群体用维稳绑架社会》,《当代社科视野》2010 年第 10 期。

孙立平:《社会建设的目标是促进社会进步》,《北京工业大学学报》(社会科学版) 2009 年第 2 期。

孙立平:《社会转型:发展社会学的新议题》,《社会学研究》2005 年第 1 期。

孙爽：《公共服务是政府破解"三大差距"难题的重要着力点》，《理论与现代化》2010年第4期。

孙慕天、刘玲玲：《西方社会转型理论研究的历史和现状》，《哲学动态》1997年第4期。

孙涛、张怡梦：《从转变政府职能到绩效导向的服务型政府——基于改革开放以来机构改革文本的分析》，《南开大学学报》2018年第6期。

唐朱昌、杨特：《试论政府在经济转型和改革过程中的作用——中、俄、印三国之比较分析》，《世界经济研究》2007年第3期。

田纪云：《经济改革是怎样搞起来的——为纪念改革开放三十周年而作》，《炎黄春秋》2008年第1期。

田凯：《我国公共服务领域政府与社会组织合作关系的发展》，《国家行政学院学报》2018年第5期。

涂小雨：《社会转型与中国社会阶层分化趋势分析》，《学习论坛》2011年第5期。

汪波：《社会结构变迁中的政府职能转变与"职能悖论"》，《中国特色社会主义研究》2006年第6期。

汪玉凯：《深化改革要敢于触动既得利益——建立官员财产申报制度的几点思考》，《中共中央党校学报》2009年第2期。

王川兰：《行动者、系统与结构：社会组织参与公共服务购买的行动逻辑——基于上海S机构的实证研究》，《社会科学》2018年第3期。

王春福：《社会权利与社会性公共产品的均等供给》，《中共中央党校学报》2010年第1期。

王道勇：《改革开放以来我国民生建设的基本经验》，《中国特色社会主义研究》2018年第5期。

王菲易：《国际因素与民主化：转型学研究的新领域》，《社会科学》2011年第2期。

王菲易：《经济全球化与韩国民主化：以发展转型战略转型为视角》，《当代韩国》2010年第3期。

王贵秀：《"既得利益阶层"与"利益受损阶层"》，《同舟共进》2010年第10期。

王谦：《城乡公共服务均等化的理论思考》，《中央财经大学学报》2008

年第 8 期。

王绍光：《政策导向、汲取能力与卫生公平》，《中国社会科学》2005 年第 6 期。

王思斌：《社会政策时代与政府社会政策能力建设》，《中国社会科学》2004 年第 6 期。

王玮：《我国公共服务均等化的困境及其化解——基于现实约束条件的分析》，《经济学家》2010 年第 5 期。

王延中、冯立果：《中国医疗卫生改革何处去——"甩包袱"式市场化改革的资源集聚效应与改进》，《中国工业经济》2007 年第 8 期。

王永钦、许海波：《社会异质性、公司互动与公共品提供的最优所有权安排》，《世界经济》2010 年第 4 期。

王长江：《政治体制改革：既得利益在作怪》，《人民论坛》2010 年第 28 期。

魏杰：《中国经济体制改革历史进程及不同阶段的任务》，《社会科学战线》2008 年第 4 期。

魏娜、刘昌乾：《政府购买公共服务的边界及实现机制研究》，《中国行政管理》2015 年第 1 期。

吴忠民：《中国民生问题困局的突破口》，《探索与争鸣》2009 年第 6 期。

吴忠民：《中国社会主要群体弱势化趋向问题研究》，《东岳论丛》2006 年第 2 期。

吴宗友：《文化断裂中的中国社会转型》，《江淮论坛》2017 年第 1 期。

武力：《1949—1978 年中国"剪刀差"差额辨正》，《中国经济史研究》2001 年第 4 期。

谢芬、肖育才：《财政分权、地方政府行为与基本公共服务均等化》，《财政研究》2013 年第 11 期。

谢立中：《"社会建设"的含义与内容辨析》，《北京大学学报》（哲学社会科学版）2015 年第 2 期。

邢文增：《转变经济发展方式　提升经济发展质量》，《红旗文稿》2017 年第 22 期。

熊跃根：《转型经济国家的社会变迁与制度建构：理解中国经验》，《社会科学》2010 年第 4 期。

徐勇，项继权：《民生问题的实质是政治问题》，《华中师范大学学报》2008年第3期。

徐勇：《"回归国家"与现代国家的建构》，《东南学术》2006年第4期。

徐月宾、张秀兰：《中国政府在社会福利中的角色重建》，《中国社会科学》2005年第5期。

徐增文、房博：《社会主导意识形态变迁与中国经济发展：1978—2008》，《南京政治学院学报》2008年第6期。

徐增阳：《农民工的公共服务获得机制与"同城待遇"——对中山市"积分制"的调查与思考》，《经济社会体制比较》2011年第5期。

严强：《社会转型历程与政策范式演变》，《南京社会科学》2007年第5期。

严振书：《对中国社会转型期及其阶段性的认识与梳理》，《社会科学管理与评论》2011年第3期。

阎志刚：《社会转型与转型中的社会问题》，《广西社会科学》1996年第4期。

晏辉：《论社会转型的实质、困境与出路》，《内蒙古大学学报》（人文社会科学版）1998年第1期。

杨帆、张晓懿：《可行能力方法视阈下的精准扶贫：国际实践及对本土政策的启示》，《上海交通大学学报》（哲学社会科学版）2016年第6期。

杨光斌：《早发达国家的政治发展次序问题》，《学海》2010年第2期。

杨弘、胡永保：《实现基本公共服务均等化的民主维度——以政府角色和地位为视角》，《吉林大学社会科学学报》2012年第4期。

杨雪冬：《公共权力、合法性与公共服务型政府建设》，《华中师范大学学报》2007年第2期。

杨宜勇、黄燕芬：《十八大以来中国社会建设的新思路、新成就》，《社会学研究》2017年第6期。

于建嵘：《基本公共服务均等化与农民工问题》，《中国农村观察》2008年第2期。

于香情、李国健：《基本公共服务均等化必然性分析与对策研究》，《东岳论丛》2009年第2期。

郁建兴、陈建海：《马克思主义意识形态理论的嬗变与转型》，《北方论丛》2008 年第 1 期。

郁建兴：《中国的公共服务体系：发展历程、社会政策与体制机制》，《学术月刊》2011 年第 3 期。

岳经纶、刘璐：《协商民主与治理创新：珠三角公共服务政策的公众评议研究》，《华中师范大学学报》（人文社会科学版）2016 年第 6 期。

岳经纶：《共和国 60 年来公共政策变迁》，《湖湘论坛》2009 年第 4 期。

曾宪元：《马克思意识形态概念探源——以 MEGA－2 为基准的考察》，《马克思主义与现实》2018 年第 2 期。

曾铮：《亚洲国家和地区经济发展方式转变研究》，《经济学家》2011 年第 6 期。

湛东升、张文忠、党云晓等：《北京市公共服务设施空间集聚特征分析》，《经济地理》2018 年第 12 期。

张福运：《关于改革动力的回顾与思考》，《毛泽东邓小平理论研究》2010 年第 9 期。

张维迎：《既得利益也可能变为改革者》，《领导文萃》2014 年第 5 期。

张晖：《国家治理现代化视域下的城乡基本公共服务均等化》，《马克思主义理论学科研究》2018 年第 6 期。

张紧跟：《论国家治理体系现代化视野中的基本公共服务均等化》，《四川大学学报》（哲学社会科学版）2015 年第 4 期。

张偲、温来成：《论我国政府购买公共服务的边界》，《地方财政研究》2018 年第 4 期。

张秀兰、徐月宾、方黎明：《改革开放 30 年：在应急中建立的中国社会保障制度》，《北京师范大学学报》（社会科学版）2009 年第 2 期。

张应强：《体制创新与建设高水平民办大学》，《高等教育研究》2002 年第 7 期。

张有亮、贾晟锟、贾军：《政府购买公共服务的法治化问题》，《兰州大学学报》（社会科学版）2016 年第 3 期。

张自宽：《对合作医疗早期历史情况的回顾》，《中国卫生经济》1992 年第 6 期。

郑秉文、于环、高庆波：《新中国 60 年社会保障制度回顾》，《当代中国史研究》2010 年第 2 期。

郑秉文：《"中等收入陷阱"与中国发展道路——基于国际经验教训的视角》，《中国人口科学》2011年第1期。

郑秉文：《中国社会保障40年：经验总结与改革取向》，《中国人口科学》2018年第4期。

郑功成：《中国社会福利改革与发展战略：从照顾弱者到普惠全民》，《中国人民大学学报》2011年第2期。

郑功成：《中国社会公平状况分析——价值判断、权益失衡与制度保障》，《中国人民大学学报》2009年第2期。

郑杭生、杨敏：《新布达佩斯学派狭义转型论的重大理论缺陷》，《红旗文稿》2008年第3期。

郑杭生：《邓小平的拨乱反正与社会结构的转型》，《东南学术》2000年第2期。

郑杭生：《改革开放三十年：社会发展理论和社会转型理论》，《中国社会科学》2009年第2期。

郑杭生：《社会转型论及其在中国的表现》，《广西民族学院学报》（哲学社会科学版）2003年第5期。

郑杭生：《中国社会大转型》，《中国软科学》1994年第1期。

郑谦：《延伸与准备：1949年至1978年马克思主义中国化的曲折进程与原因》，《中共党史研究》2007年第4期。

郑曙光：《促进基本公共服务均等化立法政策探析》，《浙江学刊》2011年第6期。

郑永年：《政治改革与中国国家建设》，《战略与管理》2001年第2期。

中国（海南）改革发展研究院课题组：《基本公共服务体制变迁与制度创新》，《财贸经济》2009年第2期。

中国（海南）改革发展研究院课题组：《基本公共服务体制变迁与制度创新——惠及13亿人的基本公共服务》，《财贸经济》2009年第2期。

中国财政学会"公共服务均等化问题研究"课题组：《公共服务均等化问题研究》，《经济研究参考》2007年第58期。

中国战略与管理研究会社会结构转型课题组：《中国社会结构转型的中近期趋势与隐患》，《战略与管理》1998年第5期。

周光辉：《政治文明的主题：人类对合理的公共秩序的追求》，《社会科学战线》2003 年第 4 期。

周建勇：《中国共产党转型研究：政党—社会关系视角》，《上海行政学院学报》2011 年第 4 期。

周黎安、陈祎：《县级财政负担与地方公共服务：农村税费改革的影响》，《经济学（季刊）》2015 年第 1 期。

周黎安：《中国地方官员的晋升锦标赛模式研究》，《经济研究》2007 年第 7 期。

周晓虹：《社会转型与中国社会科学的历史使命》，《南京社会科学》2014 年第 1 期。

朱玲：《计划经济下的社会保护评析》，《中国社会科学》1998 年第 5 期。

宗晓华、杨素红、秦玉友：《追求公平而有质量的教育：新时期城乡义务教育质量差距的影响因素与均衡策略》，《清华大学教育研究》2018 年第 6 期。

三 英文文献

AlfioCerami. Central Europe in Transition: Emerging Models of Welfare and Social Assistance. Building Capacity, Improving Quality. Social Services in the New Member States. *European Social Network* (ESN), May 19 – 20, 2008.

Andrew Atkeson, Patrick J. Kehoe. Social Insurance and Transition. *International Economic Review*, Vol. 37, No. 2 (May, 1996).

Carey Doberstein, Designing Collaborative Governance Decision-Making in Search of a "Collaborative Advantage", *Public Management Review*, Vol. 18, Issue6, 2016.

Dominique van de Walle, Kimberly Nead., eds. *Public Spending and the Poor: Theory and Evidence*, Johns Hopkins University Press, Baltimore and London.

Feng Chen. Order and Stability in Social Transition: Neoconservative Political Thought in Post – 1989 China. *The China Quarterly*, No. 151, Sep. 1997.

Gries, Peter Hays and Rosen, Stanley eds. *State and Society in 21th Century*

China: Crisis, Contention, and Legitimation. NY Routledge Curzon, 2004.

James L. Gibson. Social Networks, Civil Society, and the Prospects for Consolidating Russia's Democratic Transition. *American Journal of Political Science*, Vol. 45, No. 1 Jan. 2001.

Jameson Boex, Jorge Martinez-Vazquez: The Determinants of the Incidence of Intergovernmental Grants: A Survey of the International Experience. *Public Finance and Management*, Volume 4, No. 4, 2004.

Jeni Klugman, John Micklewright, Gerry Redmond. Poverty in the Transition: Social Expenditures and the Working-Age Poor. UNICEF, 2002.

Jiang Junyan, Meng Tianguang, Zhang Qing. From Internet to Social Safety Net: The Policy Consequences of Online Oarticipation in China. *Governance*. 2019; 1 – 16. https://doi.org/10.1111/gove.12391.

Joshua Cooper Ramo. The Beijing Consensus. The Foreign Policy Centre. March 2004.

Julian Le Grand. *The Strategy of Equality: Redistribution and the Social Services*. George Allen and Unwin, London, 1982.

Juliet A. Musso, Matthew M. Young, Michael Thom, Volunteerism as Co-production in Public Service Management: Application to Public Safety in California, *Public Management Review*, 2019, Vol. 21, No. 4, 473 – 494, DOI: 10.1080/14719037.2018.1487574.

Kai-yuen Tsui. Local Tax System, Intergovernmental Transfers and China's Local Fiscal Disparities. *Journal of Comparative Economics*, Volume 33, Issue 1, March 2005.

Karen Eggleston, Winnie Yip. Hospital Competition under Regulated Prices: Application to Urban Health Sector Reforms in China, *International Journal of Health Care Finance and Economics*, Vol. 4, No. 4, 2004, .

Kati Kuitto. *Coping with the Costs of Transition-patterns of Social Outcomes and Welfare Policy Efforts in Central and Eastern Europe*. Paper prepared for presentation at the ESPA net Annual Conference 2007 Vienna University of Economics and Business Administration, Austria, 20 – 22 September, 2007.

Koen Rutten. *Social Welfare in China*: *The Role of Equity in the Transition from Egalitarianism to Capitalism.* Asia Research Centre Copenhagen Business School Asia Research Centre, CBS, Copenhagen Discussion Papers 2010 – 32.

Lucjan T. Orlowski. Transition and Growth in Post-Communist Countries: The Ten-year Experience, Sacred Heart University, Fairfield, CT, USA, 2000.

Mamatzakis, E and Christodoulakis. Transition of Social Welfare in the European Country Clubs. , University of Piraeus, 18. October 2009, http://mpra.ub.uni-muenchen.de/22490/.

Marek Kwiek. *Welfare State in Transition*: *Changing Public Services in a Wider Context.* a paper for the seminar "Geographies of Knowledge, Geometries of Power: Higher Education in the 21st Century", Gregynog, University of Wales, January 18, 2006.

Meckling Jonas, Nahm Jonas. The Power of Process: State Capacity and Climate Policy. *Governance.* 2018, Vol. 31.

Riccardo Fiorito, Tryphon Kollintzas. Public Goods, Merit Goods, and the Relation between Private and Government Consumption. *European Economic Review* Vol. 48, 2004.

Robert Holzmann. Social Policy in Transition from Plan to Market. *Journal of Public Policy*, Vol. 12, No. 1, 1992.

Ronald C. Moe. The "Reinventing Government" Exercise: Misinterpreting the Problem, Misjudging the Consequences. *Public Administration Review.* Vol. 54, No. 2.

Samuelson, Paul A. , The Pure Theory of Public Expenditure. *The Review of Economic and Statistics*, 1954, Vol. 36, No. 4.

Solinger, Dorothy J. , Contesting Citizenship in Urban China: Peasant Migrants, the State, and the Logic of the Market. University of California Press, 1999.

Tomáš Sirovátka. *Adequacy of Social Security System in Transition*: *The Czech*

Case. Paper to the NISPAcee Conference, Budapest, April 13 – 15, 2000.

Tony Saich. Social Welfare Provision and Economic Transition: Pluralism and Integration of Service Delivery. International Labour Office, Geneva, 2002 International Labour Organization 2002.

后　　记

　　本书由我的博士论文修改而成。回顾博士论文的选题与撰写，以及出版之前的修改历程，个中酸甜苦辣，我记忆犹新，但充盈心中更多的是感谢与感恩。

　　感谢我的导师黄金辉教授和师母闵丽教授。回首跟随导师学习的时光，有连续数月与导师从早上八九点钟改稿至深夜的回忆，有导师六月酷暑到学生寝室与我商讨修改文稿而汗流浃背的回忆，有导师生活琐事无微不至的关心帮助的回忆……每当想起导师对我的教诲和关爱，无不让我感激与奋进！师母闵丽教授知性严谨、慈爱贤淑，对我的关爱和教诲如春日和风，冬日暖阳！

　　感谢四川省社会科学院郭丹研究员、四川省委党校周治滨教授等诸位先生在论文开题过程中对论文的框架结构、内容安排所提出的宝贵意见！感谢教育部长江学者特聘教授、南开大学朱光磊教授、中央党史和文献研究院（原中央编译局）杨雪冬研究员、中国社会科学院罗文东研究员、华中师范大学徐增阳教授、兰州大学王学俭教授等诸位在博士论文盲审中对本研究的充分肯定和提出的宝贵意见。特别感谢教育部长江学者特聘教授朱光磊老师在百忙之中为论文撰写了近千字的评语。朱光磊教授既一针见血指出了论文在研究视野、研究内容、关键词选取等方面存在的问题，又不惜用大量笔墨对论文予以高度肯定。朱老师写道：

　　　　公共服务均等化是近年来学术界一直比较关注的一个重要课题，论文选题侧重于从推动社会良性转型的视角来探讨这一问题，选题视角新颖，也比较有特色。具体来看，作者从马克思、恩格斯人的需要理论出发，综合运用政治学、社会学、公共管理的相关理论和方法，全面考察了构建公共服务均等化体制与社会良性转型的互动关系，具有一定的综合性。从内容安排来看，论文首先对公共服务均等化与社会转型相关经典理论以及近代以来中国的社会转型历程进行了系统的梳理，在此基础上论文重点考察了新中国建立以来基本公共服务体制变迁与社会转型的互动关系，进而提出了推进中国基本公共服务均等化体制构建与社会转型良性互动的宏观路径。总体而言，论文选题不仅具有重要的理论创新性，而且对于相关公共政策的制定也具有一定的参考价值，反映了作者具有良好的学术洞察力和扎实的理论功底。

整篇论文的结构合理，条理清晰。论文的推论是严谨的，结论能够成立。论文对已有研究成果和最新进展的表述，做了全面和准确的归纳，对它们的评论也是恰当和有深度的。论文运用分析方法的能力较高，概括和各种定性方面的用语都比较准确。论文在写作和资料的编纂等方面，均符合现代学术规范，援引的资料也比较全面。该论文表明，作者具有较强的问题甄别能力和理论思维能力，比较全面地掌握了马克思主义政治学的基础知识和其他相关学科的专门知识……同意参加答辩，并郑重地向答辩委员会推荐这篇论文。

当我看到朱老师的论文评审意见时，我有三个没想到：没想到我的论文能够送到素未谋面而只能在著作和媒体上见到大名的朱老师那里评阅；没想到老师能在百忙之中撰写近千字的评阅意见；没想到论文能够得到老师的高度肯定和推荐！当然，我也深深地知道，朱老师和其他论文评阅老师对论文的肯定，更多的是对后学的鼓励和鞭策，断不能因此沾沾自喜，而应将其视为奋进的动力和方向！

感谢梁树发教授、罗中枢教授、蒋永穆教授、任中平教授、郭丹研究员在博士论文答辩过程中提出的富有挑战性的问题和具有针对性的修改建议。

感谢博士后合作导师周平教授的谆谆教诲和关爱，在博士毕业后有机会拜在老师的门下，进一步提高自己的教学科研能力，实乃学生难得的福分！感谢云南大学政治学博士后流动站博士后培养专项经费为本书的出版提供的全额资助！

感谢求学生涯和工作中给予我无私关怀、提携和教诲的领导、老师和同事，你们的关心和帮助我将永远铭记和感恩！感谢同窗好友在求学路上的支持和帮助，愿我们的情谊如甘醇的美酒历久弥香！

感谢我的父母、岳父母，你们的养育和默默付出，让我无时无刻不体悟到人间最平凡但又最无私、最伟大的爱！感谢罗德广叔叔和袁华兰阿姨，你们视我为己出，给予我父母般的关爱！感谢弟弟、弟妹和其他亲朋对我的关心和支持！感谢妻子、儿子和女儿，你们带给我家的温暖和幸福，让我更加深刻地体悟到人生的意义和责任！

感谢本书所参考的相关文献的作者，你们的理论与实践探索成果为本书提供了重要的启发。在此表示最诚挚的谢意！

感谢本书的责任编辑孔继萍编审。孔老师的敬业精神、专业能力、工作效率和工作态度深深地感动着我。

我深深地知道，本书主题的宏大和所涉问题的深奥与复杂，远非自己已有知识背景和学术修养所能驾驭，加之总希望自己独立出版的第一部专著能够更加完美，因而一直缺乏将博士论文修改出版的勇气。参加工作后，本人围绕博士论文的相关主题，成功申请到教育部人文社会科学研究青年项目，并完成了几篇小文，承蒙《四川大学学报》（哲学社会科学版）《社会科学战线》《理论与改革》等杂志对年轻老师的提携而得以公开发表，在此表示最诚挚的感谢！从去年上半年开始，本着"丑媳妇也要见公婆"的想法，本人结合新时代我国社会转型和基本公共服务均等化建设的新进展，开始着手对博士论文的修改。在修改过程中，尽管本人采纳了博士论文评审和答辩过程中各位专家提出的意见和建议，借鉴吸收了相关问题的最新研究成果，但由于自己学识浅薄，我深知书中仍存诸多不足之处，恳请各位专家学者斧正。

"惟学无际，际于天地"。面向未来，感恩惜福，笃学笃行！

丁忠毅

2019 年 6 月于四川大学